영어를 배우는 당신이 꼭 봐야 할 아란잉글리쉬

1년 만에
교포로 오해받은
김아란의

영어 정복기

약은 약사에게 영어는 아란에게

"네 무대는 세계야."

Who is Aran Kim? 저자 소개

"Hey, everyone! 안녕하세요. 아란잉글리쉬입니다. 아잉! 반갑습니다. 에듀테이너 김아란입니다." 유튜브 채널 Aran TV를 본 사람이라면 반드시 들어 봤을 저의 인사말입니다. 저는 '아란잉글리쉬', 줄여서 '아잉'을 외치며 교육을 보다 즐겁게 만들고자 미디어를 통해 문화를 반영하며 엔터테인먼트를 접목하는 에듀테이너(edutainer)로 활동하고 있습니다.

"어느 나라 사람이에요?" 아직까지 꽤나 자주 듣는 질문인데, 저는 한국에서 태어나고 자라 대학교 때까지 해외 구경은커녕 영어 원어민 수업 한 번 받아 본 적 없던 토종 한국인입니다. 저의 영어를 듣고 한국계 미국인(Korean American)이 아니냐고 의심(?)하는 원어민들에게 전 이렇게 말합니다. "I'm Korean Korean!(저는 한국계 한국인이에요!)"

대학교 3학년 때 영어 회화를 시작한 제가 20대에 세계적인 컨퍼런스인 TEDx에서 영어로 강연하고, 미국의 명문 대학 UCLA 대학생들을 대상으로 연설하며, 전 세계 40만여 명의 구독자들에게 '아란잉글리쉬'를 가르치며 30,000,000회에 달하는 조회수를 기록하는 멘토로 성장하게 될 거라고 누군가 말했다면, 저는 말도 안 되는 소리라고 했을 것입니다.

그런데 말도 안 되는 열정을 쏟아붓다 보니 그 말도 안 되는 일들이 현실이 되었고, 제 꿈은 날이 갈수록 더 말도 안 되는 일들로 채워지고 있습니다. 그리고 제 꿈의 기저에는 배웠으면 가르치고 받았으면 나누는 것이 마땅하다는 믿음이 있고, 저는 그런 저의 신념에 공감해 주시는 분들과 함께 배우고, 즐기고, 성장합니다.

동시에 저는 떡볶이를 좋아하고, 노래 부르며 샤워하기를 즐기고, 이불 안에 콕 박혀 시간을 보내기도 하는 아주 평범한 20대 청년입니다. 저는 평범한 일상에서 비범한 일을 꿈꾸는 다른 청년들을 위해 이 책을 썼습니다. 새로운 것을 배우고 도전하는 데에 있어 두려움보다 설렘이 크다면, 누구나 청춘입니다. 청춘에게 이 책을 바칩니다.

추천의 글

저자의 스승이자 멘토인
숭실대학교 기독교학과
'김회권' 교수님의 추천글

　대학에서 가르치는 교수 직업의 가장 큰 보람은 후생가외(後生可畏)와 청출어람(靑出於藍)의 기쁨을 맛보는 것이다. 후생가외는 후세대의 치고 올라오는 가열찬 지혜 앞에 선배 세대가 두려워하고 놀라는 경지를 말하며, 청출어람은 푸른 색에서 나오는 남색이 더 푸르다는 사실을 가리킨다. 이 책의 저자 김아란은 본 추천인에게 후생가외와 청출어람을 실감하게 만든다.

　김아란은 20대에 자기 인생의 사명을 자각하고 영어 공부에 있어 엄청난 도약을 경험한 청년이다. 불과 몇 년 전에는 영어 시험 지문이 길어서 힘들다고 불평한(?) 적이 있을 정도로 처음부터 영어에 도가 통한 사람이 아니었다. 그는 발랄했지만 모호한 방향 감각으로 살아가던 고단한 젊은이였다. 이런 젊은이의 특징은 뭐든지 할 수 있으나 딱히 성취하여야 할 사명은 찾지 못해 심해의 산호초처럼 이리저리 흔들리는 데 있다. 2010년 대학 1학년 때 김아란의 모습은 산호초처럼 흔들리는 청춘이었다. 모든 것에 열려 있고 자유했으나 어떤 것에도 사로잡히지 않는 인생이었다.

　다만 그의 안에는 "의미있는 삶"에 대한 열망이 마그마처럼 끓고 있었다. 그러나 가혹하리만치 획일적이고 폐쇄적인 한국 공교육 평가 체제는 그 청년 속에 잠재된 그 무한한 가능성을 알아차릴 수도 없고 극대화시킬 수도 없었다. 이런 상황에서 그는 끝내 아무도 안 가본 길을 가보기로 결단했다. 그는 영어를 잘하고자 한 게 아니라, 자신 안에 갈무리된 독특한 가능성과 고유한 잠재력을 끌어내고자 분투한 것이다. 이 과정에서 그는 미국 시골 동네로 교환 학생을 가서 놀라운 영어 도약을 이루는데, 그것이 그녀의 인생 전체를 덩달아 크게 변화시킨다. 이때 김아란 작가는 하나님께 포획된 것으로 짐작된다. 왜냐하면 그가 단기간에 습득한 탁월한 영어 실력은 하나님의 은밀한 도우심이 없이는 설명이 안 되는 부분이 있기 때문이다. 두 학기간의 교환 학생 경험만으로는 그의 괄목상대가 말이 안 된다. 그의 남편 크리스의 도움으로도 납득이 안 된다. 심지어 그가 직접 소개하는 아란한 영어 공부법도 결국 만민에게 동등한 효력을 갖지는 못할 수도 있다.

그는 그렇기 때문에 자신이 나누어야 한다고 말한다. 자신의 사명에 눈을 뜬 그는 자신이 가진 은사를 극대화하고 있다. 2017년, TEDx 연설 The Beauty of Working for Free(거저 일함의 아름다움)에서 고백하듯이 그는 자신에게 주어진 지성과 재능으로 세상과 이웃을 섬기는 삶을 살아간다. 그리고 그 과정에서 집필한 이 책은 단순히 영어 공부 비법을 전수하는 책이 아니다. 한 평범한 청년이 자기의 가능성을 계발하고 사명을 발견해 가는, 그리고 다른 이들의 잠재력까지도 일깨우는 성장 저널이다. 읽는 내내 시종일관 통쾌하고 박진감이 넘친다. 이는 자신의 가능성을 과소평가하며 위축된 삶을 살아가는 사람들에게 들려 주는 작은 위로의 글이다. 동시에 세상이 매겨 준 등급대로 살아가기를 강요당하지만 자기극복적 의지가 가득한 청년들에게 커다란 도전이 될 것이다.

저자 김아란은 모든 것을 통달하거나 이루어 낸 사람이 아니다. 그는 미완료형 청년이다. 그의 미완료감이 그를 더욱 겸손케 하고 꾸준히 정진하게 만들 것이다. 부디 이 책을 읽는 모든 독자들에게 저자의 열정과 확신, 그리고 사명감과 미완료감이 나눠지기를 기대한다.

김아란을 보며 늘 놀라고 도전받는 김회권 교수

Aran TV의 구독자
'박성화' 님의 추천글

영어, 그리고 그보다 더 값진 가르침
"삶을 대하는 자세"

저와 아란 선생님의 인연은 유튜브에서 시작되었습니다. 3년 전쯤 유튜브에서 아란 선생님을 처음 뵀는데, 토종 한국인임에도 불구하고 완벽한 영어를 구사하시는 모습이 부럽기도 하고 신기하기도 해서 선뜻 Aran TV를 구독했습니다.

'나도 저렇게 될 수 있을까'라는 생각으로 아란 선생님의 영상을 꾸준히 시청하는 사이 저는 제대로 된 영어를 즐겁게 배우는 법을 차츰 깨달아 갔습니다. 그리고 동시에 더 나은 제 자신을 발견할 수 있었습니다.

서른이 다 되어서 가치관을 재정립한다는 게 쉬운 일은 아니지만, 작은 스마트폰 너머로 큰 용기를 전하는 아란 선생님을 통해 저는 제 존재의 소중함을 깨닫고, 상처를 치유 받고, 위안을 얻고, 잠재력을 발견하며, 새로운 꿈과 목표를 설정하기도 했으며, 인간관계에 대한 고민도 해결할 수 있었습니다. 나아가 건강한 자존감으로 삶을 대하는 자세란 어떤지 배우고, 인생에 있어 어느 방향으로 나아가야 하는지에 대한 답까지 얻었습니다. 그래서 저는 이 책을 추천하기 이전에 아란 선생님이라는 사람 자체를 추천하고자 합니다.

제가 아란 선생님의 구독자로서, 팬으로서, 제자로서 받은 수많은 긍정적인 영향 중 한 가지는 아래와 같습니다.

"Create a healthy environment.
You can choose what kind of environment
you are going to put yourself in."

"건강한 환경을 만들라.
우리는 스스로를 어떤 환경에 처하게 할지 선택할 수 있다."

　미국 UCLA 대학에서 "우리의 환경은 태어난 국가나 가족처럼 바꿀 수 없는 것뿐만이 아니라 읽는 책이나 멘토로 삼는 사람, 또는 시청하는 동영상 같은 선택적인 것도 포함된다"고 강연하셨을 때, 저는 머리를 한 대 맞은 기분이었습니다. '환경을 능동적으로 만들 수 있다'는 건 태어나서 한 번도 가져본 적 없는 획기적인 시각이었기 때문입니다. 이러한 생각의 변화는 비단 제가 영어를 공부하는 자세를 변화시켰을 뿐만 아니라, 소모적인 불평을 멈추게 했고 저로 하여금 더 나은 환경을 직접 만들어 가는 사람이 되게 했습니다. 아란 선생님은 그런 저의 환경이 되어 주셨습니다.

　그러다 2018년 가을에 저는 아란 선생님의 '아름답고 찬란한 인생 학교'에 참석했고, 이때 아란 선생님을 실제로 처음 뵙고 대화를 나눈 후 참 안타까운 마음이 들었습니다. 그 이유는 아란 선생님께서 실제로 가지신 에너지가 100%라면, 영상에서는 1% 정도밖에 전달되지 않는 느낌을 받았기 때문입니다. 아란 선생님의 어떤 메시지가 저의 세계를 흔들어 놓았는지 하나하나 나열하자면 아마 제가 책을 한 권을 써야 할지도 모르겠습니다.

　이 책 또한 아란 선생님의 1%밖에 담지 못 했겠지만, 제가 읽어 보면서 몇 가지를 실천해 본 것만으로 며칠 새에 영어 실력이 껑충 뛴 느낌이 듭니다. 모쪼록 이 책을 고르신 분들 모두 마지막 장을 넘길 때쯤 영어 공부에 대한 의문이 시원히 해결되길 바라며, 더불어 남은 삶을 어떤 자세로 맞이하는게 좋을지에 대한 지혜도 얻어 가시길 바랍니다. 이 책은 여러분께서 선택하신 가장 멋진 환경 중 하나가 될 것입니다.

목차

PART 3

No!
외국어 공부,
이렇게는 하지 마라!

PART 4

40만 구독자와의 Q&A
아란쌤, 궁금한 게 있어요!

당신에게 보내는 편지

PROLOGUE
머리말

변비 때문에 이 책을 펼치셨나요? 먹은 건 많은데 싸지를 못하신다고요? 싸려고 하면 시간이 오래 걸리거나 통증이 따르시나요? 그렇다면 영어 변비가 맞습니다. 영어 변비란 오랜 시간 영어를 붙들고 공부도 할 만큼 하고 외우기도 많이 외웠음에도 영어 문장 하나 내뱉기가 좀처럼 쉽지 않은 현상으로 스트레스, 울렁증, 긴장감 및 위축감을 동반합니다. 이러한 영어 변비에 극심하게 시달리는 분들은 식은땀을 흘리기도 하고 스스로를 '영포자(영어를 포기한 자)'라 칭하며 영어 섭취를 중단합니다. 대한민국은 영어 변비에 시달리고 있습니다.

그런데 중요한 사실은 대한민국에서, 아니, 세계 사회에서 영어가 나날이 중요해지고 있다는 것입니다. 세계 공용어인 영어를 배우는 것은 더 이상 선택이 아닌 필수입니다. 그래서 아이를 수백만 원짜리 영어 유치원에 보내려고 극성인 것이 더 이상 놀랍지 않고, 초등학교 3년, 중학교 3년, 고등학교 3년 내내 영어 수업을 듣는 것도 모자라 일주일에 몇 번씩 학원에 가거나 과외를 받으며 수십 차례 시험을 치는 것은 기본이고, 대학에서도 영어 강의를 빼놓을 수 없을뿐더러 취업의 문턱에서까지 영어 시험을 피할 수 없는 것이 현실입니다. 어학연수나 워킹홀리데이도 너나 할 것 없이 떠나니 대한민국에 살면서 족히 10년에서 20년은 영어에서 자유로울 수 없다고 할 수 있는 셈입니다.

저는 영어에서 자유로울 수 없는 삶이 아닌 영어 덕분에 자유로운 삶을 추구합니다. 그리고 여러분 또한 그런 삶을 추구하시기를 추구합니다. 나날이 늘어나는 영어 면접과 외국과의 교류를 차치하고서라도 우리가 더 넓은 세상을 누비고 더 큰 무대를 발판으로 성장하고자 한다면 영어 변비를 치유해야 합니다.

아시겠지만, 변비 탈출을 위해서는 그저 '잘 싸는 것(output)'에만 집중할 게 아니라 '잘 먹는 것(input)'에도 주의를 기울여야 합니다. 어떻게 하면 영어를 잘 먹을 수 있을까요? 저는 이를 위해 '목적이 이끄는 영어'를 이야기합니다. 아무런 목적 의식 없이 그저 경쟁에서 이기기 위한 주입식 영어가 아니라 스스로 설정한 목표와 내적 동기에 따른 자기주도적 영어여야 꾸준한 섭취가 가능하기 때문입니다.

그래서 저는 먼저 영어를 왜 배워야 하는지를 다양한 관점에서 서술함으로써 여러분께서 잃어버린, 혹은 잊어버린 동기를 부여하고 충전해 드립니다. 그리고 그 다음으로는 영어를 누구와, 언제, 어디서, 어떻게, 얼마나 자주, 어떤 자세로 배우고 사용해야 하는지 다루고, 영어라는 언어에 배어 있는 영어식 문화와 미국인들의 사고방식까지 정리했습니다. 토종 한국인인 제가 대학교 3학년이 되어 영어회화를 시작하고 1년 만에 모국어 수준으로 영어를 구사하게 되고서 '누가 나에게 영어 익히는 법을 물어보면 책을 써서라도 알려줄 텐데!'라고 상상하던 것들을 한 글자 한 글자 적으며 'Why?'로 시작하는 영어를 'How?'로 접근하여 'Wow!'로 끝맺으실 수 있도록 구성했습니다. 영어를 배우는 사람이 단 한 권의 책만 읽어야 한다면, 이 책이 바로 그러한 책이 될 수 있도록 집필하였습니다.

그러나 이 책은 미완성입니다. 여러분의 참여가 없이는 말입니다. 아무리 좋은 책이라도 그냥 읽기만 한다면 그 책은 또 하나의 그저 그런 책에 불과해 먼지만 쌓이게 될 것이 분명합니다. 그래서 이 책은 미완성입니다. 여러분께서 직접 참여하여 완성해 주세요. 책을 통해 배운 것을 즉시 다짐하고 실천해 볼 수 있도록 곳곳에 빈 공간을 만들어 두었습니다. 먹은 뒤에 바로 싸야 건강하듯이, 배운 뒤에 바로 써야 건강합니다. 부디 책의 빈 공간들을 채워 이 책을 직접 완성해 주세요.

"약은 약사에게, 영어는 아란에게." 한때 영어 변비 환자였던 제가 영어 변비를 완치하고 나서 대한민국에 영어 변비 치유법을 전파하며 하는 말입니다. 이 책을 통해 여러분도 영어 변비를 완치하고 '영포자'가 아닌 '영뽀자(영어를 뽀갠 자)'로 거듭나시기를 바랍니다. 그렇게 하면 목적이 이끄는 영어 너머로 영어가 이끄는 꿈, 그리고 꿈이 이끄는 나 자신까지도 볼 수 있을 것입니다. 자, 그럼 이제 시작해 볼까요?

여러분을 저와 함께
배우고,
즐기고,
성장하는
여정에 초대합니다.

Aran Kim

PART 1

평범한 대학생에서
40만 명이 따르는
영어 멘토가 되기까지

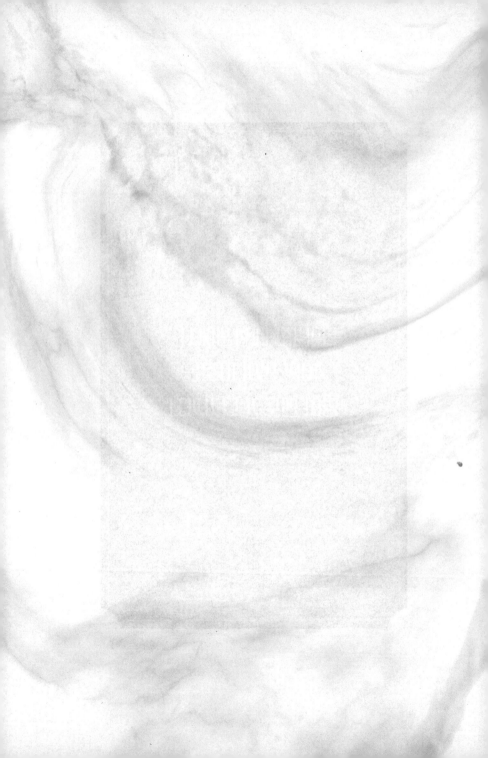

1

미국인이 묻다, "너 미국에서 태어난 거 아니었어?"

"거짓말 치시네."

저더러 위선자랍니다.

"거짓말 치시네. 미국에서 태어난 교포도 아니고, 어렸을 때 해외에서 산 적도 없다고? 그런데 이런 영어 문장 구사력, 이런 영어 발음을 갖고 있다는 게 말이 돼? 영어 조기 교육을 받았거나 하다못해 외고라도 나왔다고 해야 말이 되는 거지. 어디 한번 제대로 설명해 보시지. 한국에서만 자랐는데 이렇게까지 영어를 잘할 수 있다는 허황된 희망만 심지 말고."

제가 유튜브에서 Aran TV를 막 시작했던 무렵 달렸던 댓글 중 하나입니다. 댓글을 처음 봤을 땐 당황스러웠지만, 사실 기분이 썩 나쁘지만은 않았습니다. 곰곰이 생각해 보니 '흠. 혹시 나를 칭찬하는 지능형 팬 아니야?' 싶기도 했고요. 그저 씩 웃고 칭찬으로 듣고 말았죠.

한국인으로서 한국어 칭찬을 듣는 묘한 기쁨

가끔 한국어로 영상을 찍거나, 영어와 한국어를 모두 구사해서 영상을 찍는 날이면 꼭 아래와 같은 댓글이 달렸습니다.

와, 한국어 정말 잘하시네요!
ㅋㅋㅋ 어쩜 그렇게 한국어를 잘 하실 수가 있으신거죠?!

👍 63 👎 답글

답글 숨기기 ∧

Aran TV 1년 전
악ㅋㅋㅋㅋㅋㅋㅋㅋㅋㅋㅋㅋㅋㅋ 저 한국인입니다!

👍 111 👎 답글

1년 전
한국인이세요? 외국인이세요? 한국말,영어 둘다 너무 잘해서요

👍 👎 답글

1개월 전
와 한국사람인줄 알겠네요 한국어 짱!

👍 8 👎 답글

심지어 미국인들도 아래와 같은 댓글을 달기 시작했습니다.

1년 전
Is she a native English or korean speaker? sorry I am new

👍 👎 답글

1년 전
Yeah I thought you were a native English speaker,
I thought there was no way you'd learned English this well
as a non-native language.
Truly commendable ^^

👍 👎 답글

평생을 한국인으로 살았는데, 한국인들로부터 "한국어를 어디서 배웠길래 그렇게 유창한가요?"라는 질문을 받거나 심지어 미국인들로부터 "영어 원어민인가요, 한국어 원어민인가요?"라는 질문을 받는 건 참으로 짜릿한 일이었습니다.

이렇듯 저의 모국어가 영어인 줄 알고 제 국적과 배경에 대해 궁금해하는 사람들이 늘게 되면서, 저는 마침내 자기 소개 영상을 찍어 제 채널에 올리게 되었고, 이를 통해 제 자신을 "I am Korean Korean", 즉 '한국계 한국인'으로 소개했습니다. (사진 상단의 QR코드를 스캔하시면 영상을 시청하실 수 있습니다.)

부모님 두 분 다 한국 사람이시니 완전 토종 한국인이죠.

교포가 아닌 토종 한국인임을 밝히는 자기소개 영상

이렇듯 저의 부모님이 모두 한국인이시고, 제 자신이 한국에서 태어나 한국에서 자란 100% 토종 한국인임을 밝히자 사람들로부터 "토종 한국인? 그럼 영어는 어떻게 잘하는 거지? 완전 원어민인데?"라는 질문이 쏟아지기 시작했습니다.

2

공부,
사명이 되다

"그래서 도대체 영어를 어떻게 공부한 거예요?"

제가 살면서 가장 많이 들은 질문일지도 모릅니다. 하지만 위 질문보다도 제가 가장 먼저 답하고 싶었던 질문은 바로 '어떻게'가 아닌 '왜' 영어를 공부했느냐라는 질문이었습니다.

처음으로 공부의 이유를 찾게 된 때는 제가 스무 살이었던 2010년도였습니다. 스무 살이 되기 전 공부라는 것은 대학에 가기 위해, 남들보다 제 자신이 뛰어나다는 것을 증명하기 위해 하는 것이라고만 생각했던 저는 숭실대학교 기독교학과에 진학한 후 처음으로 사회를 진지한 시각으로 바라보게 되었습니다.

'왜 누군가는 평생 가난에서 헤어나올 수 없는 걸까?'

'왜 누군가는 여전히 배고픈 걸까?'

'주변을 보면 착한 사람도 많은 것 같은데, 왜 세상을 이끄는 리더라는 사람들 사이에는 부정부패가 그렇게 많은 걸까?'

의아함 반, 분노 반, 저는 이러한 질문을 가슴에 한가득 안고 당시 학과 교수님이자 교목실장님이셨던 김회권 교수님을 불쑥 찾아가 문을 두드렸습니다.

"똑똑"

"들어오너라."

"교수님, 저 질문 있어요."

"질문?"

"교수님께서 질문 많이 하라고 하셨잖아요. 저 질문 있으니까 시간 좀 내 주세요."

참으로 당돌한 저였습니다. 저는 반쯤 따지듯 제 가슴속에 있던 질문들을 교수님께 몽땅 쏟아 놓았습니다.

"교수님, 저라면 다른 선택을 할 거예요. 제가 리더라면 세상을 다르게 꾸려갈 거라고요."

그러자 교수님께서는 눈을 꼬옥 감고 잠시 생각에 잠기신 듯하더니, 이윽고 말씀을 이어 가셨습니다.

"아란아, 지성인이 되어라. 너 같은 사람이 지성인이 되어야 한다."

어리둥절해 고개를 갸우뚱거리니 교수님께서 물으셨습니다.

"아란아, 자비로운 사람이 리더가 되어야 하겠니? 아니면 이기적인 사람이 리더가 되어야 하겠니?"

제가 자비로운 사람이라고 대답을 하기도 전에, 교수님께서는 제 손을 꼭 잡고 부탁하듯이 말씀하셨습니다.

"자비로운 사람, 이웃의 아픔에 신음하는 사람, 옳은 것을 옳다 하고 그른 것을 그르다 할 수 있는 사람이 리더가 되어야 해. 하지만 자비심이 없는 사람이, 그저 똑똑하기만 한 사람이 리더의 자리에 오르면, 그때 바로 부정부패가 일어나게 되는 거란다. 그러니 아란아, 네가 공부해다오. 지성인이 되어다오. 그래서 리더로서 세상에 변화를 일구어 주지 않겠니?"

저는 머리를 망치로 한 대 쾅! 맞은 기분이었습니다.

'그래, 착한 사람이 착하기만 해서는 착한 세상을 만들 수 없겠구나. 착함을 발휘해 세상에 영향력을 끼치기 위해선 지성을 갖춰야 해. 그리고 지성을 갖추기 위해서는 '배움'이 필요하다.'

사실 저는 그리 착한 사람은 아닙니다. 하지만 무엇이 옳고 그른지는 아는 사람입니다. 저는 그런 사람으로서 일종의 책임감을 느꼈습니다. 지성을 가져야겠다는, 그래서 변화를 일궈야겠다는, 그리고 세상에 선한 영향력을 발휘하는 리더가 되어야겠다는 책임감을 말이죠. 그래서 저는 공부하리라 마음 먹었습니다. 그건 어쩌면 정의롭지 않은 사람이 리더의 자리를 차지하게 놔두지 않겠다는 다짐이기도 했습니다.

바로 그때, 저는 공부란 것이 시험을 잘 보기 위해, 경쟁에서 이기기 위해 하는 것이 아니라는 것을 깨달았습니다. 이런 깨달음을 얻게 된 후 제게 있어 배움이 얼마나 설레고 신나는 일이 되었는지 모릅니다. 정의에 지성을 쌓고, 지성에 영향력을 쌓아 언젠가 제가 사는 세상을 제가 태어나기 전보다는 아름답고 찬란하게 만들겠다는 꿈이 그려지기 시작했습니다. 그리고 그에 따라 대학생으로서는 공부가 최대의 사회 공헌이자 사명이라는 신념을 가지고 공부에 열심히, 즐겁게 임하게 되었습니다.

"Nice people can't change the world.
Nice people with intelligence can."
"착한 사람은 세상을 바꿀 수 없다.
세상은 착한 사람이 지성을 가질 때 바꿀 수 있다."

- 김아란(Aran Kim) -

3
무대,
세계가 되다

네가 SKY를? 그럼 난 하버드 가 줄게!

하지만 그런 다짐이 무색하게도, 저는 스물한 살이 되자 불안해졌습니다. 고등학교를 같이 다닌 몇몇 친구들이 재수해서 소위 더 명문대라는 곳에 들어갔기 때문입니다.

'쟤 고교 시절엔 나랑 성적이 비슷했는데...'

'나보다 못했는데...'

'나도 쟤처럼 잘할 수 있었는데...'

이런 미련 끝에는 '내가 지고 있구나'라는 패배감이 마음속 깊숙이 자리하고 있었습니다. 대체 무엇이 저를 이런 경쟁으로 내몰았던 것일까요? 저는 아무래도 참을 수가 없어 다시 김회권 교수님을 찾아가 문을 두드렸습니다.

"아란아, 무슨 일이니?"

"교수님, 저 이 꼬리표에 만족 못해요."

"뭐가 문제니?"

"저 숭실대도 좋고, 전공도 좋고, 교수님들도 좋아요. 근데 저 더 명문대에 가야겠어요."

저는 제 가치를 증명하고 싶었습니다. 그 당시 저는 명문대에 가야만 제가 명품이 될 수 있다고 생각했으니까요. 저는 계속해서 교수님께 질문을 던졌습니다.

"교수님, 저 어떻게 하죠? 재수할까요, 편입할까요?"

질문을 들은 교수님께서는 저를 지긋이 바라보시더니 곧 이렇게 답하셨습니다.

"재수해라."

"네?"

"네 무대가 한국이라면."

".........?"

교수님께서 말씀을 이어 가셨습니다.

"SKY에 가야지. 대한민국은 열일곱, 열여덟 살에 공부해서 열아홉 살에 친 시험으로 성인이 된 사람의 능력과 성실도, 그리고 잠재력을 평가하니까. 그러니 지금 당장 자퇴하고 재수 학원에 등록하도록 해라. 네 무대가 한국이라면."

".........."

"그런데 아란아, 네 무대는 세계야."

교수님은 망치로 제 머리를 또 한 대 쾅! 치셨습니다.

"재수 학원에 들어가서 잠도 못 자고 밥도 못 먹고, 밤낮으로 스트레스 받아 가며 공부해서 SKY에 들어가면, 재수 성공하는 거니? 아란아, 그 열정과 시간, 노력으로 영어를 배워 봐. 그럼 넌 하버드에도 갈 수 있어."

이 상황에서 다른 사람이라면 어떤 생각을 했을지 모르겠습니다만 저는 참으로 맹랑했습니다. 바로 이렇게 말했으니까요.

"저 하버드 못 가면 책임지실 거예요?"

지금 생각하면 감히 교수님께 할 수 있는 말이 아니었는데, 그때의
저는 철이 덜 들었던 것인지 당돌하게도 아래와 같이 질문을 이어 갔
습니다.

"교수님께서 말씀하신 것처럼 재수도 안 하고 편입도 안 하고 영어
를 공부했는데도 하버드에 못 가면 책임지실 거냐고요."

교수님께서는 한치의 망설임도 없이 대답하셨습니다.

"응. 책임진다."

단순했던 건지, 용감했던 건지 저는 교수님의 '책임진다'는 말 한
마디만 철석같이 믿고 정말로 공부하기 시작했습니다. 든든한 빽(?)
이라도 생긴 기분이라고 해야 할까요, 값비싼 보험을 들어 둔 기분
이라고 해야 할까요? 저보다 저를 더 믿어 주시는 교수님의 눈빛을
보니 믿는 구석이 생긴 기분이었습니다. 저는 재수의 미련을 없애고
영어에 관심을 갖기 시작했습니다.

'그래. 나는 하버드에 가 줄게.'

"Our stage is the world."

"우리의 무대는 세계야."

- 김아란(Aran Kim) -

공부하느라 두 달 만에 7kg이 빠지다

이후 저는 과목을 불문하고 공부하다 질문이 생기면 교수님께 시
도 때도 없이 문자를 보내고 전화를 걸었습니다.

어느 날은 교수님께서 계신 곳에 불쑥 찾아가 "교수님, 저 여기서

학교 안팎에서 제자들에게
열정을 심어 주시는 데에
주저함이 없으셨던
김회권 교수님

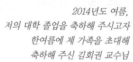

2014년도 여름,
저의 대학 졸업을 축하해 주시고자
한여름에 제 가족을 초대해
축하해 주신 김회권 교수님

졸업 후 찾아 뵌
김회권 교수님

공부 좀 하려고요. 공부하다가 질문이 생길 수도 있잖아요. 교수님께서는 할 일 하시다가 제가 질문이 생기면 그때마다 답해 주시면 돼요"라고 통보하고서 도서관에 온 양 자리를 꿰차고 앉아 책을 펴고 공부하기도 했습니다. 어휴, 철이 든 지금 생각하면 무례하기 짝이 없는 행동이었죠.

지금이야 바쁘신 교수님께 감히 그런 부탁, 아니, 명령(?)을 드리는 것은 상상도 못하지만, 당시엔 철이 덜 든 덕분에 '교수님께서 학생들에게 질문을 많이 하라고 하셨으니까, 난 시키신 대로 할 뿐이야'라는 생각으로 그렇게 뻔뻔하게 공부할 수 있었습니다. 감사하게도 교수님께서는 그런 저를 기특하게 여겨 주셨고, 나중에 말씀해 주시기를 어느 날 제가 "공부의 의지가 불탄다"라는 내용의 문자를 보낸 것을 수년간 저장해 놓고 뿌듯하게 보셨다고도 하셨습니다.

교수님께서는 평일 저녁에 학생들을 위한 영어 수업도 열어 주셨습니다. 영어 수업은 문법 위주로 진행되었는데 이는 방학까지 이어졌고, 교수님께서는 수업에 참여하지 않던 저를 '강제 소환'하셨습니다. 그리고 저를 포함한 학생들에게 늘 이렇게 말씀하셨습니다.

"너희는 크게 될 것이다."

"지성인이 되어라."

"지혜를 좇아라."

"책을 읽어라."

"그리고 세계로 나가라."

"나보다 좋은 스승을 만나 더 훌륭한 교육을 받아라."

그리고 그 말씀 끝에는 늘 이런 계명(?)을 덧붙이셨습니다.

"교환 학생을 가라."

교수님께서는 많은 학생들에게 추천 반, 사정 반으로 이 같은 말씀을 해 주셨고, 저는 교수님의 사정에 못 이겨 2011년 여름 방학 두 달 간 토플(TOEFL: Test of English as a Foreign Language)을 공부 하기로 마음 먹었습니다. 이유인즉슨 대부분의 미국 대학교 교환 학 생 프로그램에 지원하려면 토플 점수가 최소 80점은 넘어야 했기 때 문입니다. (토플이란 미국의 대학교나 대학원에서 외국인이 영어로 진행되는 전공 수업을 들을 수 있을지 여부를 가늠하는 영어 시험입 니다.)

다른 교수님들과 학생들의 말을 들어 보니 다들 토플이 만만치 않 다고 하고, 짧게는 한 학기에서 길게는 1년까지 휴학하고 오롯이 토플 만 준비하는 이들도 적지 않다고 하니 적잖이 긴장은 했지만, 저는 반 드시 방학 안에 이 시험을 끝내자는 생각으로 공부를 시작했습니다.

제가 그때 자주 상기하던 말은 "무언가를 가지기 위해서는, 그것 을 갖는 법이 아니라 그 나머지 것들을 포기하는 법부터 배워야 한 다"라는 말이었습니다. 그래서 저는 딱 두 달, 취미도, 맛집도, 친구 도 포기한 채 오직 영어 공부에만 전념하기로 했습니다. 그리고 '토 플'의 '토'자만 떠올려도 '토' 나올 만큼 공부했습니다. 아침 8시에 일 어나 9시에 공부를 시작해서 그 다음 날 새벽 3~4시까지 쉬지 않고 공부해야 하루에 끝내야 할 공부를 겨우 끝낼 수 있었습니다. 그렇 게 매일을 꼬박 두 달간 공부하면서, 저는 밥을 식탁에서 먹어 본 기 억도, 침대에서 꾸물댄 기억도 없습니다. 어떻게 밥 먹을 시간이 나 나요? 공부가 재미있어 멈춰지지를 않는데. 어떻게 잠이 오죠? 공부 가 설레 죽겠는데.

저는 그렇게 공부만 해서 두 달 만에 7kg이 빠지는 아주 진귀한 (?) 경험도 했습니다. 얼마만큼 공부에 몰입했는지 짐작하실 수 있겠 지요? 하지만 언젠가 세계를 무대로 선한 영향력을 끼치며 살아가고 있을 제 모습을 상상하니 살은 쭉쭉 빠졌지만 콧노래는 술술 나왔습니다.

**"가지고 싶은 것을 가지기 위해서는
그것을 가지는 법이 아니라
그 나머지 것들을 포기하는 법부터 배워야 한다."**

솔직히 토플이 만만치 않은 건 사실이었습니다. 듣기, 말하기, 읽기, 쓰기의 네 가지 영역이 모두 들어가 있고, 그 수준이 미국의 대학교 수업 수준이기 때문에 문학, 사회학, 심리학, 화학, 지리학 등 분야가 방대한 것은 물론 분야별 전문 용어도 많이 외워야 했습니다. 때로는 영어 단어를 사전에서 찾아봐도 그 한국어 뜻마저 생소해 이를 이해하려 국어사전까지 찾아봤고, 그렇게 해서도 이해가 안 될 땐 백과사전까지 연달아 찾아봐야 그 뜻을 겨우 이해할 수 있었습니다. 하지만 그때마다 뭔가를 알아간다는 짜릿한 기분을 즐겼습니다. 그리고 영어가 외국어인지 외계어인지 헷갈릴 때마다 "영어가 너무 안 들려요. 제발 제 귀 좀 뻥 뚫어 주세요. 세상에 선한 영향력을 끼치고 싶다는 마음을 주신 건 당신이잖아요!"라고 기도했습니다.

그렇게 공부하기를 두 달, 흔히들 말하는 "진작 이렇게 공부했으면 서울대도 갔겠다"라는 말이 제 입에서 나올 즈음 토플 시험을 쳤습니다. 그리고 시험을 친 후엔 '80점이 안 나온다 해도 토플 공부는 다신 못하겠다. 질린다 질려!' 싶은 생각이 들었습니다. 그래도 그게 전력을 다해 공부했다는 증거다 싶어 내심 흐뭇했습니다. 하지만 흐뭇함도 잠시, 저는 목표했던 점수인 80점에 못 미치는 79점을 받았습니다. 그래서 교환 학생으로 지원할 수 있는 학교가 없겠다 싶어 실망하려던 찰나, 감사하게도 79점부터 지원이 가능한 몇 개의 대학교 중 미국의 한 시골 동네 캔자스 주에 위치한 엠포리아주립대학교가 눈에 띄었습니다.

"If you want something you've never had,
you've got to do something you've never done."
"한번도 가지지 못한 걸 가지려면
한번도 안 해 본 노력을 해야 한다."

- Thomas Jeffereson -

4

영어,
도구가 되다

제가 영어 공부의 진짜 이유를 찾게 된 건 교환 학생에 지원한 동기를 적으면서였습니다.

'토플 점수야 턱걸이로 땄는데, 지원 동기는 뭐라고 적지?'

'경쟁에서 이기기 위해', '하버드에 가려고', '교수님께서 미국에 가보라고 하셨으니까'라고 적을 순 없었습니다. 그리고 생각의 꼬리는 아래와 같이 이어졌습니다.

'지성인이 되어야 할 이유는 알겠는데, 대체 영어는 왜 해야 하는 걸까?'

이렇게 고민하던 중, 저는 우연히 한 TV 인터뷰를 보게 되었습니다. 낯익은 한 한국인 앵커가 세계적으로 대단한 업적을 이룬 사람을 인터뷰하고 있었습니다. 그는 외국인이었는데, 사실 그 외국인이 누구였고 앵커와 어떤 대화를 나누었는지는 조금도 기억나지 않습니다. 기억나는 것은 단 하나, 제가 그 인터뷰를 보다가 문득 이런 생각이 들었다는 것입니다.

'아, 나는 자막만 보고 있구나.'

생각의 꼬리는 이어졌습니다.

'자막이 없다면 나는 저 사람들의 대화를 하나도 알아들을 수 없겠구나. 그리고 저런 대단한 사람이 내 옆에 앉아 자신의 경험과 노하우를 열심히 알려 주려 한다 한들, 나는 통역관이나 자막이 없다면 하나도 배울 수 없겠구나.'

정말이지 끔찍했습니다.

'그런데 저 앵커 분은 영어를 할 수 있기에 저 외국인이 수년에 걸쳐 깨달은 통찰을 단숨에 이해하시는구나. 그리고 그걸 우리에게 전달까지 하고 계셔.'

"나의 언어의 한계는 나의 세계의 한계다"라는 말이 뼛속까지 와 닿은 순간이었습니다. 저는 한계와 어울리지 않는 사람입니다. 아니, 어울리고 싶지 않은 사람입니다. 특히나 배움에 있어서, 영향력에 있어서, 인간관계에 있어서는 한계를 조금도 원하지 않습니다. 그때 깨달았습니다. 제가 영어를 배워야 할 진짜 이유를 말입니다.

"The limits of my language
are the limits of my world."
"나의 언어의 한계는 나의 세계의 한계다."

- Ludwig Wittgenstein -

TV에서 그 인터뷰를 본 건 흔히들 말하는 '신의 한 수'가 아니었나 싶습니다. 제가 영어를 배우고자 하는 마음에 '심지'가 있었다면 거기에 '불'을 붙여 준, 제대로 된 신의 한 수였던 셈이죠. 훗날 저는 영어를 배우게 된 저의 사명을 '영어 공부의 계기와 사명'이라는 제목의 영상으로 만들어 저의 유튜브 채널 Aran TV에 공유하였습니다.

so let me share with you why I learned English first.

영어 공부의 계기와 사명 | *Why I Learned English As a Mission*

영어를 구사하게 되면, 번역본 없이도 접할 수 있는 책과 영상으로 부터 얻게 되는 배움의 깊이가 얼마나 깊어질지 상상해 보세요. 다양한 사람들과의 자유로운 소통으로 내가 가진 영향력을 끼칠 수 있는 상황은 얼마나 다양해질까요? 통역관을 데리고 다니지 않고도 소통하며 어울릴 수 있는 사람은 또 얼마나 많아질 것이고요.

이와 더불어 저에게는 영어라는 언어를 통해 사람과 사람을 잇는 소통의 다리 역할을 하고 싶다는 바람이 생겼습니다. 그리고 그 다리가 가끔씩은 도움이 필요한 사람과 도움을 줄 수 있는 사람을 이을 수도 있겠다는 기대도 하게 되었습니다.

5

1년의 기쩍

남는 장사를 해 오느냐, 못 해 오느냐는 내 몫

그렇게 지원 동기를 적어 내고 떨리는 마음으로 영어 면접까지 통과해 교환 학생으로 합격하고 나니 한 가지 걱정이 남았습니다. 그것은 바로 '돈'이었습니다.

제가 합격한 미국 학교로 교환 학생을 다녀온 학생이 말하길, 1년 동안 1천만 원 가량이 들었다고 했습니다. 그나마 그 학교가 시골 동네에 있어서 물가도 저렴하고 등록금도 모교인 숭실대보다 낮았기에 망정이지, 대도시에 있는 학교였다면 1천만 원을 훨씬 웃돌았을 것입니다. 이 이야기를 듣고 저는 고민스러운 마음으로 교수님을 찾아갔습니다.

"교수님, 족히 1천만 원은 든대요. 과연 그렇게까지 해서 갈 가치가 있을까요?"

교수님께서는 딱 잘라 말씀하셨습니다.

"그럼! 가서 1억 원어치를 배워 오면 되지!"

단순한 건지 포부가 좋은 건지, 교수님의 이 말씀에 저는 냉큼 "아, 그럼 되는군요!"라며 수긍했습니다. 남는 장사를 해 올 것인지 못 해 올 것인지는 온전히 제 몫입니다. 그러니 걱정할 것이 없었습니다.

하지만 '그래도 그게 말이 쉽지' 싶은 염려가 인간이라면 아주 없지는 않다는 것을 교수님은 아셨던 걸까요? 교수님께선 제 눈동자를 보며 이렇게 말씀하셨습니다.

"아란아, 빚을 내서라도 배워. 젊은 네가 일하면 1천만 원 정도는 금방 갚아!"

아니, 남한테 빚 내라는 이야기를 이렇게 당당하게 할 수 있는 사람이 몇이나 될까요? 어떤 이는 '돈 얘길 너무 쉽게 하는 거 아닌가'라고 생각해 빈정이 상할 수도 있을 테지만, 저는 오히려 교수님의 뻔뻔함(?)에서 더 큰 확신을 얻었습니다. 예전에 하버드에 못 가면 책임져 주신다고 하셨던 것처럼, 배움에 있어 돈이 문제가 된다면 책임져 주실 것만 같은 목소리에 저는 배짱을 가져도 좋을 것 같았습니다.

물론 그 책임은 돈을 마련해 주신다는 게 아닌, 돈이 문제될 일이 없을 정도로 공부를 잘할 수 있도록 끊임없이 격려해 주시겠다는 것이었을 겁니다. 교수님께서는 늘 그러셨습니다. 공부는 돈 걱정하며 하는 게 아니라고. 공부를 잘하면 이 학교, 저 학교에서 돈 줘가며 서로 데려가려고 난리일 거라고. 그러니 돈 걱정 말고 공부만 열심히 하라고요.

미국에서 부딪힌 현실

저는 교수님의 그 말씀을 철석같이 믿고 남는 장사를 해 보자며 미국으로 떠났습니다. 그렇게 인천 공항에서 출발한 지 24시간이 지나 제가 도착한 곳은 미국의 한 시골 지역인 캔자스(Kansas) 주의 작은 동네에 위치한 엠포리아주립대학교(Emporia State University)였습니다.

엠포리아주립대학교는 교정을 채우는 키 큰 나무들 사이로 뛰노는 다람쥐들을 보는 낭만이 있는 곳이었습니다. 그리고 한적한 거리로 나와 걷다 무심코 하늘을 바라보면 반짝이는 별들이 밤하늘을 가득 메워 넋을 놓게 하는 곳이었지요.

하지만 현실은 만만치 않았습니다. 나름대로 토플 점수도 따고 영어로 학업 계획서도 써 낸 뒤 치열한 영어 면접까지 통과하여 붙은 교환 학생이었지만, 막상 영어로 말하려니 'this', 'that', 'it'과 같은 말들은 분명 초등학교 때 배웠는데도 어떤 걸 언제 써야 하는 건지 헷갈렸고, 원어민이 말만 했다 하면 'What?(뭐요?)", "Pardon?(뭐라고요?)", "Can you repeat?(다시 말씀해 주실래요?)"라는 말들을 반복하기 일쑤였습니다. 그리고 영어를 유창하게 구사하는 유학생들을 신기하게 쳐다보면서 '나도 언젠간 저렇게 될 수 있을까?'라고 생각했습니다.

실제 미국 대학 수업을 이해하는 것도 만만치 않았습니다. 하루는 어떤 미국인 교수님께서 저를 한 한국인 유학생에게 소개하시며 이렇게 말씀하셨습니다.

"여기 아란이라는 친구가 영어를 못하니까 좀 도와줘."

잊을 수 없는 순간이었습니다.

'나 그 정도는 아닌데…'

저는 민망함을 애써 감추려 했지만, 자존심이 무척이나 상했습니다. 그걸 아시는지 모르시는지, 교수님께서는 "아란아, 이 학생은 한국인인데도 영어를 무척 잘하니까 뭐든 물어보렴. 네 보조 선생님이라고 생각하면 돼. 알았지?"라고 하셨습니다. 교수님 입장에서는 저를 위해 특별히 친절을 베푸신 거였겠지만, 그러한 친절을 요청한 적이 없던 저로서는 너무나도 민망하고 치욕스러운 순간이었습니다.

그래도 어쩌겠나요? 수업이 이해되지 않는 걸. 자존심이 해결해 줄 문제는 아니었습니다. 저는 결국 그 수업을 중도에 포기했습니다. 다른 수업들도 이해되지 않는 내용이 태반이었던 터라 몰래 휴대폰만 하며 수업에 집중하지 않거나 아예 출석을 포기하기도 했습니다. 들어 봤자 안 들렸으니까요.

포기를 되돌린 한마디

그러던 중 어떤 교수님께서 이렇게 말씀하셨습니다.

"아란아, 혹여 수업이 잘 이해되지 않더라도 포기하지 마. 주의를 기울이고 끝까지 들어 봐. 계속 듣다 보면 분명 귀가 트이고 실력도 껑충 늘 거야. 아란이는 잘할 것 같아!"

저를 가르친 적도 없는 교수님께서 어찌 난데없이 그런 말씀을 하신 걸까요? 그분의 한마디가 저에겐 큰 자극이 될 거란 걸 알기라도 하셨던 걸까요?

'하긴, 그분도 중국에서 태어나 평생을 중국에서 산 중국인이시잖아. 그리고 뒤늦게 미국에서 박사 학위를 마치시고 미국 대학에서 교수로 일하시는 걸! 나라고 왜 못해?'

저는 밑져야 본전이라는 생각으로 수업 시간에 한번 진짜로 집중해 보기 시작했습니다.

게다가 미국에서 몇 년간 유학하던 한 친구가 "3개월 정도 있으면 귀가 좀 트일 거야"라고까지 하니 저는 그 말에 희망을 걸어 보았습니다. 그리고 '어디 한번 들리나 보자' 하고 시험 삼아 귀를 쫑긋 세우고 수업에 임했습니다. 그런데 그렇게 수업을 듣고 돌아오면 왜 그리도 피곤한지 생전 안 자던 낮잠을 꼭 자야 했는데, 그게 외국어를 듣고 이해하려고 뇌가 에너지를 많이 쓰다 보니 그랬던 것 같습니다.

그렇게 듣기에 집중하며 3개월이 지났을 즈음 어느덧 여름 방학이 찾아왔고, 저는 여름 방학 중 여행을 하다가 만난 한 미국인 아저씨로부터 이런 질문을 받게 되었습니다.

"미국 어디 출신이니?"

저는 답했습니다.

"아, 전 한국 출신이요. 대학교 3학년 돼서, 그러니까 한 5개월 전에 미국에 처음 왔는데요."

그랬더니 그분께서 물어보셨습니다.

"와! 그런데 영어를 무척 잘하네! 부모님께서 영어를 쓰시나 봐?"

저는 또 답했습니다.

"아니요. 부모님께서는 영어를 못하세요."

그러자 그분께서는 다소 흥미로운 말씀을 하셨습니다.

"좋은 귀를 가졌나 보구나."

좋은 귀라니? 저는 의아했습니다.

'영어를 잘해서 하시는 말씀이라면, 왜 좋은 '혀'를 가졌다고 하지 않고 좋은 '귀'를 가졌다고 하는 거지?'

하지만 이내 깨달았습니다. 저는 실로 좋은 혀보다 좋은 귀를 가지려고 부단히 애써 왔다는 것을요. 돌이켜보니 저는 지난 3개월 동안 단순히 귀로만 영어를 들은 것이 아니라, 온몸의 세포가 정신을 바짝 차려 세포 하나하나에 영어가 흡수되는 느낌이 들 만큼 집중해서 영어를 들었습니다.

원래도 다른 사람의 말을 경청하는 편이었지만, 원어민이 영어를 말할 때는 완전히 몰입했습니다. 오죽 몰입했으면 그들이 내뱉는 단어 하나하나가 저의 뇌에 실시간으로 각인되는 듯했고, 마치 제가 그 사람이 된 듯한 기분까지도 들었습니다.

만약 '저게 가능하다고? 무슨 천재야? 5개월 만에 저렇게까지 늘었다는 건 도무지 말이 안 돼'라는 생각이 드신다면, 그 의심이야말로 제가 얼마만큼 말도 안 되게 영어 듣기에 집중했는지를 설명해 주는 반증이라 할 수 있을 것입니다. 이는 물론 제가 무조건 반사처럼 원어민의 말을 듣고 바로바로 따라 말하는 습관을 들였기에 가능한 일이었을 것입니다. 그 습관을 통해 영어가 점점 자유로워졌으니까요.

그렇게 저는 미국에 온 지 대략 반년 만에 미국인으로부터 미국 어디 출신이냐는 질문까지 듣게 되어 '이게 기적인가?' 싶어 신나는 마음에 방방 뛰고 싶었지만, 그저 씩 웃으며 아래와 같이 너스레를 떨었습니다.

"제가 미국 출신의 영어 원어민이 아니라는 거, 저랑 조금만 길게 대화해 보시면 금방 눈치채실 거예요."

위 말은 정말 사실이기도 했고요.

노숙인에게 영어를 배우다

그 후 저의 영어 실력이 가장 폭발적으로 늘었던 시기는 바로 여름 방학 두 달간 미국의 한 노숙인 보호소에서 살던 때였습니다. 노숙자도 아닌데 노숙인 보호소에서 살기 위해 면접까지 보는 사람이 세상에 몇이나 될까 싶지만, 저는 미국에서 맞은 여름 방학 동안 노숙인 보호소에서 살기 위해 정성껏 지원서도 써내고 식은땀을 흘려 가며 면접도 봤습니다.

노숙인 아동 및 저소득층 가정의 자녀들이 학교에 가지 않는 여름 방학 기간 동안 안전하고 건전하게 지낼 수 있도록 노숙인 보호소에서 교육적인 캠프를 무료로 제공한다기에 저는 그곳의 선생님이 되고 싶었습니다.

면접 중 아래와 같은 질문을 받았던 기억이 납니다.

"아이들이 싸우면 어떻게 대처하실 건가요?"

저는 이 질문에 구구절절 답하다가 '화해시키겠다'라는 대목에서 영어 단어가 생각나지 않아 턱! 막혔습니다. 하지만 그 면접이 봉사자로서의 성품과 자질을 판단하는 면접이지, 결코 제 영어 실력이 얼마나 뛰어난지 여부를 판단하는 면접이 아님을 알았기에 저는 당황하지 않았습니다. 그리고 아주 행복하고도 당당한 얼굴로 아래와 같이 말했습니다.

"꼭 사용하고 싶은 영어 단어가 떠오르지 않아서 그런데, 잠시 사전을 써도 괜찮을까요?"

면접관들은 흔쾌히 허락했고, 그 덕분에 저는 사전을 보며 설명을 이어 나갈 수 있었습니다. 여기서 중요한 것은 제가 사전에 의존하여 말한 것이 저의 부족한 영어 실력을 탄로 낸 것이 아니라, 오히려 제가 부족한 영어 실력을 어떻게 극복하는지를 보여 줬다는 것입니다. 도움을 이용하는 것도 자기 능력입니다. 이를 통해 저는 완벽하지 않은 제 영어 실력이 어떻게 봉사에 문제가 되지 않도록 할 것인지를 간접적으로 증명한 것이나 마찬가지였습니다.

사실 당시 제가 사전에서 찾았던 단어 'reconcile'은 싸운 어린 아이들이 '화해한다'라는 뉘앙스로 사용하기엔 다소 어색합니다. 하지만 면접관 분들께서는 맞닥뜨린 문제에 당황하기보다 솔직하게 자신의 부족함을 인정하고 이를 적극적으로 해결하려고 노력하는 저의 태도에 호감을 느끼셨는지 "reconcile은 참 어려운 단어인데 잘 사용했다"라고 하며 격려해 주셨습니다.

덕분에 저는 편안한 마음으로 제가 가지고 있던 봉사 경험과 가치관을 끝까지 공유할 수 있었고, 그렇게 면접장은 대화의 장이 되어 약 1시간 정도 이야기 꽃을 피우게 되었습니다. 진심을 담아 전했던 제 이야기를 귀 기울여 들어 주셨던 면접관 분들의 따뜻한 눈빛이 아직도 눈에 선합니다.

그 결과, 전 기쁘게도 최종 합격 소식을 듣게 되었고, 합격 소식을 들은 후 저는 짐을 싸서 설레는 마음으로 노숙인 보호소에 들어가 약 10주 동안 그곳에서 살게 되었습니다.

이는 일종의 인턴십이었는데, 첫 인턴 교육 시간엔 영어로 전달 받는 안내 사항이 어려워 졸기도 하고, 아이들을 가르치는 동안엔 어디서도 들어 본 적 없는 '응가', '때찌'와 같은 아동 용어부터 '쩐다', '대박'과 같은 10대 은어에 당황하기도 했습니다. 그러나 이 모든 것을 수업으로 여기고 만나는 모든 이를 선생님으로 삼으며 경청하다 보니 저의 영어 실력은 하루가 다르게 발전했습니다. 또한 노숙인 보호소에 거주하는 모든 노숙인이 미국인이었고, 제가 맡았던 아이들 또한 미국인이었던 데다가 몇몇 한국인 인턴끼리 이야기할 때라도 미국인 인턴들이 소외감을 느끼지 않도록 웬만하면 영어로 이야기하려 노력했던 것이 제 영어 실력이 느는 속도를 가속화했습니다.

그리고 무엇보다 10주간 저를 포함한 열세 명의 여자 인턴들이 한 방에서 매트리스를 다닥다닥 붙인 채 단 한 개의 화장실 겸 샤워실만을 공유하며 하루 24시간 붙어 살아야 했던 것이 저로 하여금 영어라는 탕에 몸을 지질 수 있게 한 것 같습니다.

* 모든 사진은 *City Union Mission*의 동의를 받고 사용했습니다.

 하지만 그렇다고 해서 같은 환경에 있던 모든 유학생 인턴들이 저와 똑같은 속도로, 똑같은 수준으로 영어 실력을 향상시킨 건 아니었습니다. 이미 수년 전부터 미국에서 유학하시던 한 한국인 인턴 분은 저에게 인턴십을 시작할 당시 "어떻게 영어를 나보다 잘하는 거냐"고 묻기도 했고, 인턴십이 끝날 즈음 어떤 미국인은 제게 "미국에서 10년을 가까이 살았던 사람들보다도 영어를 잘한다"고 칭찬해 주기도 했습니다. 그리고 저와 똑같은 시기에 똑같은 학교에서 교환학생을 하고 똑같은 인턴십까지 했던 한 한국인은 현재 제게 영어를 배우는 학생입니다.

 제 영어 실력이 남다르게 성장할 수 있었던 이유를 생각해 보면,

제가 뭔가 '특별한 노력'이나 '추가적인 공부'를 따로 해서가 아닙니다. 그저 캠프 일정에 최선을 다하며 꼬마 아이들이 쓰는 영어를 계속해서 따라 하고, 인턴들과 둘러앉아 어려웠던 점이나 좋았던 점 등을 이야기할 때마다 온몸의 세포가 정신을 바짝 차려 있는 기분이 들 만큼 경청했던 것이 비결이라면 비결입니다.

물론 저만 경청한 것은 아닐 테지요. 중요한 건 경청의 수준입니다. 저의 경청은 일반적이었던 것 같진 않습니다. 이를테면 누군가가 영어로 말하면 1차적으로 그 영어 문장이 공기를 타고 제 귀로 전달되면서 문장 구조, 문법, 어휘, 발음이 재빠르게 분석됨과 동시에 2차적으로 뇌에 각인되고, 3차적으로는 온몸으로 그 문장을 소화하는 기분이 들 만큼의 경청이었다고 해야 할까요?

마치 영화 속에서 주인공이 첫눈에 반한 상대를 보면 그 상대가 슬로우 모션으로 움직이는 것처럼 보이듯, 제가 처음 듣는 영어 표현이 있으면 '첫 귀에 반한 듯' 그 표현이 제 귀에 천천히 닿아 뇌에 짜릿하게 박혔습니다. 모르는 표현을 듣는 것이 얼마나 재미있었는지, 얼마나 짜릿했는지, 얼마나 흥미로웠는지 모릅니다. 마치 온몸의 세포가 춤을 추듯 새로운 표현을 반기고 소화하는 듯했습니다. 그리고 좀 더 직설적으로 말하자면, 저는 한 번이라도 들은 표현은 단 하나도 놓치지도, 까먹지도 않았다고 장담할 수 있을 정도로 경청했습니다.

그런 수준으로 영어를 경청하다 보니, 인턴십이 끝날 즈음엔 귀가 완전히 뻥 트여 '영어가 이보다 더 명확하게 들릴 순 없다'라는 느낌을 받았고, 종국적으로는 들리는 모든 문장들을 100% 제 것으로 흡수해서 말할 수 있게 되었습니다. 그야말로 온몸을 활짝 열어 태양빛을 흡수하듯이 영어를 받아들였던 것이죠.

2012년 여름, City Union Mission, City Camp

미국인을 제치고 만점으로 1등

두 번째 학기 수업을 듣는 것은 첫 번째 학기와 비교할 수 없을 만큼 수월해졌습니다. 자신감도 상승하고, 의지도 더욱 샘솟았습니다. 전공 학점을 채우려고 하기보다는 한국에서 들을 기회가 적은 수업을 들으려고 했고, 그래서 선택한 수업들은 연기 수업, 무대 분장 수업, 리더십 수업, 의사소통 수업, 마법·마녀·마술 수업, 줌바 댄스 수업, 1:1 성악 수업 등이 있었습니다. 그 중 하나는 Public Speaking (대중 연설) 수업이었는데, 수업에 들어가 보니 교환 학생은 저 하나뿐인 듯했습니다. 강의실은 온통 미국인으로 가득했고 다들 유창한 영어를 구사했습니다. 아는 사람도 없이 덩그러니, 약간은 어색하게,

그러나 용감하게 앉아 있던 제가 한국이라는 먼 땅에서 평생을 살다 미국에 온 지 약 반년밖에 되지 않은 학생임을 마이클(Michael) 교수님께서는 아셨을까요?

교수님께서 주신 첫 과제는 8분 가량의 정보 제공식의 연설(informative speech)이었습니다. 저는 어떤 주제로 연설할까 고민하다 미국 시골 대학의 강의실 내 단 한 명의 한국인으로서 한국에 대해 알리는 것이 좋겠다는 생각이 들었습니다. 특히 한국 음식 말입니다. '아시아 음식'이라고 하면 대부분 중국의 로메인 면 요리나 일본의 초밥, 베트남 쌀국수, 혹은 태국의 팟타이 등을 대표적으로 떠올리지, 한국 음식을 떠올리지는 않기에 '왜 맛도 좋고 몸에도 좋은 한국 음식이 유명하지 않을까?' 싶었기 때문입니다. 저는 한국 음식 중에서도 한국을 대표하는 김치를 소재로 선택했고, 제 연설을 듣고 나면 미국인 교수님과 학생들이 김치의 유익함과 매력을 잊을래야 잊을 수 없게 만들겠다고 마음 먹었습니다. 그래서 수업 시간에 배운 내용을 적용하여 대본을 알차게도 썼습니다. 그리고 그 대본을 토씨 하나 틀리지 않고 외웠지만, 정작 '외운 것'처럼 보이지는 않도록 연습했습니다. 언제 어느 쪽을 쳐다보면서 이야기할지, 어느 부분에서 미소 짓고 어느 부분에서 의도적인 침묵을 줄지, 어떤 제스처를 쓸지도 정리해 완벽하게 연설할 때까지 연습했습니다.

그리고 대망의 연설 날, 저는 미국인으로 꽉 찬 강의실 앞에 나가 준비한 연설을 자신 있게 선보였습니다. 제 생애 첫 영어 연설이었습니다. 충분히 연습했기 때문에 떨리지 않았습니다. 학생들은 하나같이 집중해 주었고, 제 계획대로 중간중간 빵빵 터지기도 했습니다. 그를 보는 교수님은 미소를 머금으셨습니다. 그리고 만점을 주셨습니다! 유창성부터 아이 컨택까지 모든 세부 영역에서 만점이라니!

성적표를 보고 얼떨떨하기도 하고 괜히 한국인으로서 자랑스럽기도 했지만, 무엇보다 김회권 교수님이 떠올랐습니다. 저는 교수님께 당장 메일을 보냈습니다. "교수님께서 미국에 보낸 숭실의 딸이 미국인 대학생들을 모두 제치고 1등을 했어요!" 교수님께서는 강단에서 제 이메일을 큰 스크린에 띄워 다른 학생들에게 보여 주며 격려하셨다고 답해 주셨습니다. 그것은 다른 누구보다 저에게 큰 격려가 되었습니다.

실제로 저의 김치 연설은 인기가 좋았는지, '비타민'을 소재로 한 다음 연설과 '한국식 식당'을 소재로 한 그 다음 연설에서도 '김치'를 예로 들 때면 다들 이해하고 때론 빵빵 터졌고, 수업이 끝나고 저에게 자신과 자신 가족의 이름들을 한국어로 써 달라고 부탁하는 미국인 학생도 있었습니다. 저는 작은 시골 동네의 한국인 대사라도 된 양 그들의 이름을 한국어로 또박또박 크게 써 주었습니다.

1년의 기적, 한국으로 돌아오는 비행기에서

1년간의 교환 학생 생활을 마치고 한국으로 돌아가는 비행기에 탔습니다. 옆자리에는 미국인 여성이 앉았고, 저는 자연스럽게 그녀와 말을 섞었습니다. 이런 저런 대화가 오가던 중 그녀는 제게 무슨 이유로 한국에 방문하는지 물었습니다. 저는 답했습니다. "아, 저는 한국 사람이에요. 교환 학생으로 미국에 두 학기간 와 있다가 이제 돌아가는 거예요"라고 했더니, 이분은 화들짝 놀라며 이렇게 말씀하셨습니다. "Wait. What? Your English sounds like you were born and raised here in America. You don't even have an accent! (잠깐만요. 뭐라고요? 당신 영어는 미국에서 태어나고 자란 사람 같은데요. 외국인 억양조차 없네요!)"

이 말을 듣고 수줍게 씩 웃던 그 순간, 머릿속에는 온갖 기억이 교차되었습니다. 딱 1년 전에 미국으로 가는 비행기 옆자리에 앉았던 미국인 아저씨에게 어설프게나마 "미국에서 1년간 공부할 거예요"라고 하고서 응원의 말을 들었던 기억, 미국에 도착해선 it/this/that, 이 세 개가 헷갈려 언제 무엇을 써야할지 몰라 징징댔던 기억, 그리고 영어를 유창하게 하는 한국인들을 보며 마냥 신기해했던 기억. 또 미국 교환 학생 첫 학기에 한 교수님께서 한 한국인 유학생에게 "이 아란이라는 친구가 영어를 못하니까 네가 붙어서 좀 도와줘"라고 말씀하셔서 얼굴이 새빨개졌던 날과 영어가 안 들려 수업 듣는 것 자체를 포기했던 날, 그리고 존(John)이라는 한 미국인 친구가 한국에서 1년간의 교환 학생 생활을 마친 후 한국어를 한국인 뺨치게 잘하게 된 걸 보면서 '와, 나도 미국에서 1년을 살면 영어를 저 정도로 잘하게 될 수 있을까?'라는 생각으로 부러워했던 날들이 주마등처럼 지나갔습니다.

와, 그로부터 1년이 지난 한국행 비행기 안에서 "미국에서 태어나고 자란 줄 알았다"는 말을 듣다니. '미국에서 1년을 살면 영어를 잘하게 될 수 있을까?'라고 스스로를 의심했던 제게 비행기 옆 좌석의 미국인 여자는 마치 저에게 "응. 아란아, 넌 할 수 있었어!"라고 말해 준 것만 같았습니다.

교환 학생을 하면서 점차 번역의 과정을 거치지 않고 영어로 생각하고, 영어로 모든 말을 모국어만큼 편하게 말하며 소통할 수 있게되었고, 영어를 쓸 땐 저의 뇌가 외국어를 쓸 때 사용하는 부분이 아닌 모국어를 쓸 때 사용하는 부분을 쓰는 것 같다고 느꼈지만, 이건 어디까지나 저만의 뇌피셜('뇌(腦)'와 '오피셜(Official, 공식적인)'의

합성어로, 객관적인 근거 없이 자신의 생각만을 근거로 한 추측이나 주장을 이르는 말)이었습니다. 그런데 실제로 미국인에게 "미국인인 줄 알았다"라는 말을 들으니 저의 뇌피셜이 정설로 인정받은 듯해 신기하기도 하고, 미국에 오며 세운 목표 그 이상을 이뤘다는 생각에 참 뿌듯했습니다. 스스로도 마법 같다고 생각할 정도였는데, 마법은 아닐 테니 그저 선한 취지로 영어를 배우려고 한 저를 하늘이 도운 기적은 아닐까요?

"A year from now,
you will wish you had started today."
"지금으로부터 1년 뒤,
당신은 오늘 시작하지 않은 것을 후회할 것이다."

- Karen Lamb -

6

영어 멘토에서
미국인들의 슈퍼바이저가 되기까지

드리다, "드림"

거저 나누고 싶었습니다. 즐거운 경험, 유익한 교훈, 새로운 삶의 시각을 혼자만 얻어 가는 건 도둑질이라는 생각이 들 만큼 두 학기의 교환 학생 기간은 저를 완전히 바꾸어 놓았습니다. 정말로 김회권 교수님의 말씀처럼 1억 이상의 가치가 있던, 저의 삶을 완전히 뒤바꾼 한 해(life-changing year)였습니다.

특히 노숙인 아이들과 함께 살며 느낀 것들은 제가 전혀 다른 방향의 삶을 지향하게 만들었습니다. 제가 그 아이들보다 잘난 것도 없는데 노력하지 않고도 거저 받은 것이 부당하리만큼 많다고 느꼈기 때문입니다.

허름한 노숙인 보호소와 비좁은 생활 공간에 내심 불편함을 느끼고 부실하게 주어지는 식단에 싫증을 내던 제게 "원래는 길바닥에서 잤었는데 여기에서 생활하니까 꿈만 같아요! 그리고 배고파 죽을 것 같았는데 여기는 간식도 주니까 신나요!"라며 해맑게 웃던 여덟 살짜리 아이를 보면서, 또 오늘은 어떤 신발을 신을지 고민하는 사치를 부리는 제게 "어제는 그나마 있었던 신발 한 켤레를 잃어버려 어디에도 나갈 수 없었고, 캠프에도 올 수 없었어요"라고 말하는 일곱 살짜리 아이의 덤덤한 이야기를 들으며 괴로움과 죄책감에 몇 날 며칠 울기도 했던 저는 '난 뭘 잘했다고 지붕이 있는 집에서 태어나고 늘 신발이 한 켤레 이상은 있었던 걸까?'라고 생각했습니다. 누군가는 "네가 뭘 잘한 게 아니라, 네 부모가 잘한 거지. 그들 부모는 노력하지 않았고, 네 부모는 열심히 노력하신 걸 텐데 왜 죄책감을 느껴?"라고 할지도 모릅니다.

하지만 제 부모님을 제가 노력해서 만난 건 아니잖아요. 매초 건강하게 뛰어 주는 심장도 제가 선택한 게 아니잖아요. 아무리 낭비해도 매일같이 다시금 오롯이 주어지는 24시간이라는 시간 역시 제가 성취한 게 아니잖아요.

생각하면 할수록 깨달았습니다. 제 노력으로 성취한 것보다 제가 조금도 노력하지 않았음에도 거저 주어진 것들이 인생에 있어 훨씬 더 소중하고 가치 있다는 사실을 말이죠.

이를 테면 학교에서 받는 학위는 없어도 살 수 있지만 거저 받은 뇌가 없으면 살 수 없을 것이고, 신상 옷은 없어도 살 수 있지만 거저 받은 사지가 없으면 살기 불편할 것이며, 값비싼 집은 없어도 살 수 있지만 거저 받은 가족이 없으면 삶에 의미가 없을 것이란 사실이 바로 그 단적인 예입니다. 이렇듯 삶에 있어 거저 주어지는 것들 없이 온전히 제 힘으로만 이뤄냈다고 주장할 수 있는 것은 아무것도 없어 보였습니다.

그래서 저는 1년간의 교환 학생 생활을 마치고 한국에 돌아와 거저 받은 것을 마땅히 거저 드린다는 의미로 '드림'이라는 동아리를 만들어 숭실대학교에서 라이프 코칭을 시작했습니다. 제가 거저 받은 것들 중 가장 소중한 세 가지인 시간, 건강, 지성을 마음껏 나누는 데에 그 목적이 있었고, 이를 통해 그 나눔을 거저 받은 사람들도 나눔을 이어 가기를 바랐습니다.

무엇보다 '혼자 먹기 아까운' 교환 학생 생활의 맛을 어떻게 남들도 맛보게 할까 고민한 끝에 한 선택이었습니다. 모두를 해외에 나가게 해 줄 순 없지만 해외에 다녀온 제가 그들에게 작은 해외 경험을 선사할 수는 있다고 믿었으니까요.

그래서 저는 미국에서 세계와 인권, 그리고 성경에 관해 배웠던 자료들을 모두 정리하여 무료로 영어 수업과 성경 공부를 열었습니다. 이와 더불어 영어 원서를 읽고 독후감을 나누는 모임들도 진행하며 학생들의 생각의 교류를 도왔고, 함께 읽은 책의 내용을 그대로 실천하고자 노숙자 분들을 위한 주먹밥을 만들어 직접 나누어 드리기도 했습니다. 이외에도 인생 계획 세우기 및 유서 쓰기 등 다양한 활동들을 열정적으로 이끌었습니다.

나아가 사회 문제와 관련된 토론 및 캠페인을 주최하기도 했는데, 대표적인 것이 바로 강제 인신매매 및 성 노예 관련 인권 문제를 다룬 것이었습니다. 저는 토론을 진행하기 위한 장소를 섭외한 뒤 이를 위한 프레젠테이션을 준비하여 매주 수십 명의 대학생들을 대상으로 영어와 한국어를 섞어 발표하였습니다. 그리고 수주 간에 걸쳐 진행한 프레젠테이션을 바탕으로 인신매매로 인해 야기되는 현대 사회의 노예 문제 현실을 알리고 학생들이 알게 모르게 불법 성매매에 가담하지 않도록 인식을 제고하는 캠페인까지 여는 등 열정적으로 활동하였습니다.

학교 근처의 식당에도 부탁해 관련 포스터를 붙이고, 노예들을 구출하는 단체들에 보낼 후원금도 모으고, 지나가는 학생들을 붙잡고 브로슈어를 나눠주는 등 열심히 교육하다 보니 교내 교목실에서 해당 내용에 관해 설교를 해 달라는 요청까지 들어왔습니다. 대학생

신분으로 대학 채플 설교라니, 거룩한 부담감이 들어 각종 통계 자료와 피해자들의 증언 및 관련 영화들을 직접 번역까지 해 가며 준비했습니다. 그리고 이렇게 누구보다 바쁘게 1년 반 정도를 '드림'한 덕분에, 제 영어 실력은 녹슬 새가 없었습니다.

꿈꾸다, "Dream"

영어를 배우라고 동기 부여해 주셨던 김회권 교수님께서는 '목사가 되면 어떨까' 생각하던 저를 "김교수"라 부르시며 제게 교수가 되면 좋겠다고 말씀하셨습니다. 생각해 보니 제가 목사가 되고 싶었던 이유 역시, 교수님께서 제게 그렇게 하셨듯이 젊은이들의 잠재력을 이끌어 내고 용기를 북돋아 줄 수 있는 스승이자 우정을 나누는 인생 선배가 되어 주는 것이었습니다. 따라서 저도 교수님과 같은 교수가 되어 훗날 젊은이들을 교육함으로써 제가 교수님께 입은 은혜를 갚을 수 있다면 더할 나위 없이 영광이겠다는 생각이 들었습니다.

그런데 그렇게 교수의 꿈을 안고 졸업이라는 문을 열어 보니 갈림길은 생각보다 많아 보였습니다. 왜냐하면 교수가 되어 지식과 영향력을 전하는 일도 가치 있지만, 이를 직접 삶으로 살아내는 일들도 꽤나 의미 있는 일이기 때문입니다.

진로에 대한 많은 고민이 있었습니다. 인권을 위한 캠페인을 열고 메시지를 전하는 일에 열정적이었으니 인권 단체에 들어가서 일하는 것도 생각해 봤고, 사진 찍는 것을 좋아하니 사진 작가가 되는 것 또한 고려해 봤고, 영어에 소질이 있으니 영어 강사를 해 보라는 추천도 받아 봤고, 미국에 있는 '샤일로 희망의 집(Shiloh Home of Hope)'이라는 기관에 가서 미혼모 및 노숙인 여성들과 한집에 살며 그들의 친구가 되어 주는 삶도 상상해 보았습니다.

인생은 선택의 연속이라지만, 매 선택마다 주어지는 부담에는 결코 익숙해지는 것 같지 않았습니다. '고민에 고민을 거듭하여 선택했는데 그게 최선의 선택이 아니었다면 어떻게 되는 거지?', '내가 내린 선택을 후회하여 다른 길로 돌아가야 한다면 너무 많은 것을 낭비하게 되는 건 아닐까?' 등의 갖가지 생각에 저는 두려웠습니다. 최선의 길을 선택하지 못하면 어쩌나 하는 두려움은 저를 결국 아무 것도 선택하지 못하게 만들었습니다.

그래서 주변에 조언을 구하기 시작했습니다. 그리고 조언에 따라 제가 좋아하는 일과 싫어하는 일, 잘하는 일과 못하는 일을 모조리 적어 본 후 제가 사회에 나가 꼭 살려 보고 싶은 재능과 가치를 꼽아 보았습니다. 그렇게 꼽아 보았더니 아래와 같이 총 여섯 가지가 목록에 올라왔습니다.

① 대중 앞에서 말하는 일

② 글 쓰는 일

③ 사진 찍는 일

④ 가르치는 일

⑤ 영어

⑥ 대학교에서 기독교학을 전공하면서 배운 기독교적 가치

그렇다고 정답이 깔끔하게 나오는 것은 아니었습니다. 하지만 이 와중에도 제가 멈추지 않았던 것은 이런 제 고민을 주변인들과 공유하고 조언을 청하는 것이었습니다. 그런 저와 함께 머리를 맞대고 마음을 모아 주던, 현재의 남편이자 그 당시 남자친구였던 크리스(Chris)는 제가 적어 둔 목록을 보더니 다음 날인가 어떤 표를 하나 그려 왔습니다.

	교수	인권 운동가	영어 강사	사진 작가	샤일로 희망의 집
대중 앞에서 말하는 능력	○	○	○		○
글을 쓰는 능력	○	○			○
사진을 찍는 능력				○	○
가르치는 능력	○		○		○
영어 능력			○		○
기독교적 가치	○	○			○

표를 본 순간 별다른 설명은 필요 없었습니다. 저는 '샤일로 희망의 집'에 가야겠다고 곧바로 마음 먹었습니다. 꼭 그곳이 제 진로의 종착지가 되지 않더라도 괜찮았습니다. '샤일로'에서 봉사하면 종종 라디오에 출연하거나 교회에 초대받아 '대중 앞에서 말할' 기회도 있을 테고, 후원자들에게 뉴스레터를 보내느라 '글을 쓰는 일'도 할 수 있을 테고, 그곳 아이들과 여성들의 일상이나 사연을 '촬영'하여 SNS에 올린 후 게시물을 관리하는 일도 할 수 있을 테고, 또한 '영어'로 그곳 여성들에게 삶과 인간관계 등에 대한 '기독교적인 가치'를 '가르치는' 수업 또한 열 수 있을 테니, 그곳에 가면 제가 살리고 싶었던 재능과 가치를 모두 살릴 수 있으리란 생각이 들었습니다. 평생을 살면서 본인이 살리고 싶은 재능과 가치를 모두 살릴 수 있는 곳에서 일할 기회를 단 한 번이라도 가지는 사람이 몇이나 될까요?

그리고 무엇보다 거저 받은 것을 거저 나눌 수 있는 절호의 기회가 아닐까 싶어 저는 무조건 도전하기로 마음 먹었습니다. 남자친구인 크리스의 부모님께서 '샤일로'를 운영하신다는 사실이 제가 '샤일로'에 더더욱 가야할 이유, 혹은 가지 말아야 할 이유가 되진 않았습니다. 하지만 부모님께서는 이런 제 선택에 회의적이셨습니다. 그래서 전 아래와 같이 설득했습니다.

"무료 봉사라지만 오히려 제가 많은 걸 배우고 새로운 영감과 깨달음을 얻어 돌아올 거예요. 그리고 설령 제가 결국 교수의 길을 선택한다 하더라도 미혼모와 사는 것이 결코 동떨어진 경험이 되진 않을 거예요. 윤리학으로 나갈지, 사회학으로 나갈지, 상담학으로 나갈지, 교수 분야와 관련해서도 고민이 많았으니 실제 현장에 나가 부딪쳐 보면 어떤 학문이 제게 가장 필요하고 절실히 와닿는지 알 수 있는 기회가 덤으로 찾아올 거예요."

새로운 일, 새로운 시각

샤일로에서 '슈퍼바이저 멘토'직으로 정식 초청서를 받을 때까지 기다리는 동안 저는 영어 회화 강사로 일하게 되었습니다. 초등학생부터 대학생까지, 그리고 직장인부터 해외에 오래 거주하다가 한국으로 돌아온 이들까지 다양한 사람들이 제 학생으로 영어를 배우게 되었고, 저는 이들을 위해 영어로 진행하는 영어 수업을 꾸렸습니다.

제가 직접 커리큘럼을 만들어 영어 대화를 이끌고, 학생들이 영어에 대한 두려움을 깰 수 있도록 격려하고, 또한 이들이 새로운 꿈을 꿀 수 있도록 응원하는 시간이 '일'로 느껴지지 않았습니다. 90분짜리 수업을 준비하기 위해 밤을 새도 즐거울 것 같았고, 이 분야에서 나 말고 다른 사람이 최고가 되는 건 내심 싫을 것 같았습니다. 그리고 생각해 봤습니다.

'내가 박사가 되기 위해 논문을 밤새 읽고 써도 이렇게 즐거울 수 있을까? 나는 최고의 학자가 되고 싶은가?'

이에 대한 제 대답은 '아니다'였습니다. 제가 교수가 되고 싶었던 이유는 학문을 연구하는 학자가 되기 위해서가 아니라, 사람들에게 동기를 부여하고 이들이 삶에 터닝 포인트를 찾을 수 있도록 도와주는 '멘토'가 되고 싶었던 것이기 때문에 영어 강사로서도 이러한 일들을 충분히 할 수 있다면 굳이 교수직이 아니라도 괜찮겠다는 생각이 들었습니다.

그리고 오히려 교수가 아니기에 나눌 수 있는 진솔한 대화, 진행 가능한 수업 방식들이 있었습니다. 그리고 수년의 시간을 박사 학위를 받는 데에 쓰는 대신 다양한 사람들과 소통하며 함께하는 데에 쓸 수 있다는 건 아주 큰 이점이었습니다. 사실 이전에는 은연 중 영어 강사는 시험 점수만을 위해 학원에서 주입식 교육을 전달하는 사람, 반면 교수는 교양 있고 권위 있는 존재라는 인식을 갖고 있었기에 영어 강사는 주변에서 추천을 많이 했어도 피하고 싶었던 게 솔직한 심정이었습니다. 하지만 직접 겪어 보니 그건 교육자가 어떻게 교육하느냐에 달려 있는 것이지 직업 자체에 달려 있는 것이 아니라는 것을 깨닫게 되었습니다.

그러니 저만 잘한다면 수업에서 제가 전하고자 하는 메시지를 충분히 전달할 수 있고, 수요가 높은 '영어'라는 영역에 있어 질 좋은 교육을 선사할 수 있을 거라는 자신감이 생겼습니다. 저는 그렇게 영어 강사로서 자부심을 갖고 열정적으로 수업에 임했습니다. 그리고 비교적 어린 나이에 영어 강사로 자리를 잡으며 돈을 벌던 중, 마침내 '샤일로'에서 편지가 도착했고 저는 떠날 준비를 했습니다.

어떤 이들은 제게 이렇게 말했습니다.

"꼭 지금 가야 해?"

"일이 잘되고 있는데 굳이 그걸 내려놓고?"

"네가 지금 스물넷? 스물다섯? 아직 젊고 미래가 창창하니 봉사는 나이가 들어 은퇴하고 해도 늦지 않아."

저는 이렇게 답했습니다.

"제가 꽃이라면, 가장 예쁘고 싱싱할 때, 그러니까 가장 활짝 피었을 때 기꺼이 사용되고 싶습니다."

'드림'하며 살고 싶다는 'Dream'이 있던 제게, 은혜를 되갚을 수 없는 이들을 위해 온전히 거저 주며 살아 볼 수 있는 기회를 인생의 황금기에 잠시나마 얻는다는 것은 오히려 축복이었습니다.

새로운 집, 새로운 가족

그리하여 저는 미국으로 향했습니다. 그리고 미혼모와 비혼모, 이혼 여성과 노숙인 여성들이 그녀의 자녀들과 함께 희망을 바라며 살고 있는 '샤일로 희망의 집(Shiloh Home of Hope)'이라는 곳에서 6개월간 '슈퍼바이저 멘토'라는 직책으로 살았습니다.

'슈퍼바이저 멘토'라고 하면 왠지 무슨 거창한 직책처럼 들리지만, 저의 주 임무는 그저 거주자 여성들과 한집에 살며 이들의 가족과 친구가 되어 주는 일, 즉 이들의 환경이 되어 주는 일이었습니다. 그리고 이들이 상처를 회복하고 새롭게 성장할 때 옆에서 고무시키며 긍정적인 영향을 끼치는 일이었습니다.

저는 제게 주어진 임무를 다하기 위해 거주자 여성들과 함께 운동하기도 하고, 수시간 동안 대화하기도 하고, 이들의 가족 사진을 찍어 주기도 하고, 한국 요리를 가르쳐 주기도 했습니다. 그리고 이따금씩 그런 모습을 담은 영상과 사진을 '샤일로' SNS에 게시하여 홍보하고 관리하기도 했습니다.

그러다 '샤일로' 창립자들의 이야기와 거주자들의 변화 과정을 인터뷰하여 이를 영상으로 제작하기도 하였고, 과거 데이트 폭력을 당해 유산하게 된 경험이 있는 거주 여성이 죄책감을 벗고 아이의 죽음을 충분히 애도할 수 있도록 유산 장례식을 열어 주기도 했으며, '사랑과 관계(Love and Relationships)'라는 수업을 만들어 사랑이란 무엇인지, 그리고 인간은 어떠한 방식으로 사랑을 표현하고 느끼며 어떠한 관계가 건강한 관계인지 등에 대해 매주 이야기를 나누기도 했습니다.

그러자 이곳 여성들도 저에게 좋은 가족이자 친구가 되어 주었고, 이들의 자녀들은 저를 언니, 누나처럼 따르며 깔깔대는 웃음 소리를 제 귓가에서 하루도 떠나지 않게 해 주었습니다. 그 중에는 저를 여동생(little sister)이라 부르는 여섯 살짜리 꼬마 아이도 있었지요.

출퇴근하며 봉사할 수 있는 기관은 많습니다. 하지만 '샤일로 희망의 집(Shiloh Home of Hope)'과 같이 정부 지원 하나 없이 한집에서 가족처럼 다같이 살며 24시간이라는 환경을 바꿔 나가는 곳은 드뭅니다. '샤일로'에서는 거주자들에게 1:1 상담을 제공하는 것은 물론 재정 관리 수업, 육아 수업, 요리 수업, 그리고 검정고시 교육 및 대학 교육뿐 아니라 자녀들의 홈스쿨 등 다양한 활동들도 함께 지원했기 때문에 저는 이곳이 이상적인 곳이라 생각했습니다.

저는 폭언과 폭력, 자해와 중독 등으로 인해 상처받은 사람들이 과거로부터 자유로워지고 좋은 엄마로 거듭날 수 있기 위해서는 이들의 환경부터 바뀌어야 한다는 것을 절감하였고, 제가 이들의 새로운 환경의 일부가 될 수 있었던 것을 영광으로 여겼습니다.

새로운 기회, 새로운 도전

'샤일로'에 있는 동안 재미있는 기회가 생겼습니다. 그것은 바로 중국과 이라크에 있는 외국인들에게 영어를 가르치는 기회였습니다. 그런데 그보다 더 재미있는 기회는 미국인들에게 영어를 가르치는 법을 가르치는 기회였습니다. 어찌된 일인가 하면, 미국인들이 외국인들에게 영어를 가르치겠다고 튜터로서 지원했는데, 이들은 자신들의 모국어인 영어를 '외국어'로서 가르쳐 본 경험이 없었기 때문에 한국에서 반년쯤 영어 강사로 활동한 경험이 있던 제가 이들에게 교수법을 가르쳐 줄 것을 요청한 것입니다. 저는 영어학을 전공한 것도 아니고 교육학을 전공한 것도 아니었지만, 학생으로서 영어를 배운 경험과 강사로서 영어를 가르친 경험이 있었으니 이를 바탕으로 살아 있는 노하우를 정리할 수 있었습니다.

이를테면 학생에게 어떤 질문을 던지는 것이 흥미로운 대화를 이끌고 대답의 폭을 다양화할 수 있는지 이야기했고, 학생의 수준이 높지 않은 경우에는 사진이나 영상과 같은 시각 자료를 활용하는 것이 좋고 작은 것에도 칭찬으로 격려하는 것이 효과적임을 알려 주었으며, 그 반면 학생의 수준이 높은 경우에는 틀린 점을 지적하며 꼼꼼하게 알려 주는 것이 오히려 만족도를 올릴 수 있는 방법이니 어색한 표현을 짚어 주는 것을 무례하다 여기지 말고 오히려 이들에게 선물이 될 것이라 여기라는 등의 팁을 공유했습니다. 미국인들을 대상으로 영어를 가르치는 법에 대한 발표라니, 얼떨떨하면서도 자랑스러웠던 날입니다.

이라크에 있는 외국인들과의 영어 수업은 영상 통화로 진행되었는데, 저도 여기에 튜터로 참여하게 되어 간만에 영어를 가르치게 되었습니다. 그런데 이게 웬걸, 너무 재미있었습니다. '맞아, 영어를 알려 주는 것이, 앎의 기쁨을 얻는 이들을 격려하는 것이, 소통의 장을 넓혀 주는 것이 이렇듯 행복한 일이었었지!'라는 생각과 함께 제가 영어 강사로 일하던 시절이 떠올랐습니다.

그리고 당시 '시간이 나면 내가 수업하는 걸 인터넷에 올려 봐야겠다. 기왕 수업하는 거 많은 사람이 무료로 볼 수 있으면 좋을 테니까'라고 다짐했던 것도 떠올랐습니다.

그런데 '시간이 나면'이라는 핑계는 꽤 효과적이었는지 저는 영상 제작을 1년 가까이 미루고 있었습니다. 실은 영상에 나오는 제 모습이 마음에 들지 않는다는 것과 영상을 찍을 전문 촬영 장비나 편집 기술이 없다는 핑계까지 있었기 때문에 영상 제작은 '실천'이 아닌 '다짐'에만 머물러 있었습니다. 그런데 문득 그러다간 평생 못 할 것 같았고, 왠지 모르게 당장 시작하지 않으면 후회할 것 같다는 생각이 강하게 들었습니다.

저는 즉각 세 가지 핑계를 없애기로 했습니다. '시간이 나면'이라는 때는 '지금'으로 정했고, 영상에 나오는 제 모습은 받아들이기로 했고, 촬영은 제 휴대폰으로, 편집은 제 노트북으로 직접 해 보기로 했습니다. 그리고 그렇게 첫 영상을 찍어 유튜브에 올렸던 것이 바로 '아란잉글리쉬'의 탄생이었습니다.

7

Aran English의 에듀테이너에서 TEDx 강연까지

에듀테이너로 불리다

How Are You?"의 진짜 뜻과 그에 답하는 10가지 방법 | Aran English 아란잉글리쉬
조회수 237,549회

👍 43천   👎 72   ↱ 공유   ↓ 저장   ...

2015년, 유튜브에 처음 올렸던 영상 :
"How Are You?"에 대답하는 10가지 방법

주로 제 가족과 친구들, 지인들이 보리라 기대하고 올린 영상이었습니다. 그런데 정말 신기하게도 저를 전혀 모르는 사람들이 제 영상을 더 많이 보았고, 심지어 "다음 영상도 기다릴게요"라는 댓글도 달렸습니다.

얼떨떨하고 신기하기도 한 마음이 식기 전, 저는 두 번째 영상을 올렸고, 이때 누군가 저를 '에듀테이너'라 불러 주었습니다. '에듀테이너'란 '교육자(educator)'와 '엔터테이너(entertainer)'를 합친 합성어인데, 제가 교육을 즐겁게 전달해 주기 때문에 이 두 가지를 결합하여 부른 것이라고 하더군요.

정말로 그런 사람이 되고 싶었습니다. 교육의 기회는 넓히고 교육의 경험은 즐겁게 해 주는 사람 말입니다. 그래서 그 후로 한국에 와서도 꾸준히 영상을 올렸습니다. 그리고 진정 더 '에듀테이너'다워지기 위해 노력했습니다. 이를테면 영어 강좌에 상황극을 넣어 연기하기도 했고, 외국 팝송을 노래하며 가사를 설명하기도 했고, 미국 문화를 직접 체험하는 모습을 영상으로 담기도 했죠. 그렇게 저는 교육에 문화, 엔터테인먼트, 미디어를 접목해 재미있는데 유익하기까지 하고, 유익한데 재미있기까지 한 영상을 제작해 왔습니다.

그리고 처음으로 팬미팅 겸 강연을 진행했는데, 거기 오신 분들의 눈빛과 질문의 수준을 보니 제가 영어 콘텐츠에만 국한되어서는 안 되겠다는 생각이 들었습니다. 왜냐하면 그분들은 제가 삶을 함께 살아가며 다양한 것들을 배우고 성장하고 싶은, 친구가 되고 싶은 분들이었기 때문입니다. 그래서 저는 영어 콘텐츠인 '아란잉글리쉬(Aran English)'뿐만 아니라 문화와 삶에 관한 콘텐츠까지 아우르며 Aran TV를 꾸려 갔습니다. 이를테면 저의 이야기와 가치관을 담은 동기 부여 콘텐츠인 '아란톡(Aran Talks)', 한국과 미국의 문화를 다루는 콘텐츠인 '코리아메리카(KoreAmerica)', 미국인 남편 크리스와 한국어 사자성어 뜻을 추측해 보는 등의 재미있는 모습을 보여주는 콘텐츠인 '아리스커플(Aris Couple)', 미국에서의 미드 같은 일상을 담은 영상 일기(Vlog)인 '일상이 미드' 등을 제작했고, 최근에는 영어 노래를 한국어로 번역해 부르거나 한국어 노래를 영어로 번역해 부르며 가사를 해설해 주는 '아란뮤직(Aran Music)'이라는 에듀테인먼트 콘텐츠까지 제공하고 있습니다.

또 많은 분들께서 인상 깊게 봐 주시는 콘텐츠 중 하나는 흥미로운 삶의 이야기를 갖고 있거나 영감을 주는 경험을 한 사람의 내면을 보는 인터뷰 '이너뷰(Inner View)'입니다. 그러고 보니 제가 대학생일 때 영어 공부의 진짜 이유를 찾게 해 준 TV 속 앵커처럼, 저 역시 외국인들을 인터뷰하며 긍정적인 희망의 메시지를 세계에 전하고 있다고 볼 수 있겠네요. 어쩌면 이제 영어는 제가 그 앵커분보다 더 잘할지도 모르겠습니다.

아란톡 | 함께 이루는 비전

이렇게 성장해 가는 저를 봐 주시는 구독자분들은 '아둥이'라는 애칭으로 불립니다. '아둥이'라는 애칭 역시 아둥이분들 중 한 분께서 제안해 주신 건데, '아란둥이'라는 의미로 저에겐 더없이 사랑스러운 고유 명사입니다. 세계 각지의 아둥이분들은 저와 '선생님과 학생', '유튜버와 구독자'의 관계를 넘어 우정을 형성하고 공감대를 나누는 사이가 되었습니다. 우리는 비슷한 고민을 하고 멋진 상상에 함께 설레며 더 나은 자신이 되어 더 나은 삶을 살기를 다짐하며 연대합니다.

강연자로서의 성장

그렇게 유튜브 채널 'Aran TV'를 꾸준히 운영하다 보니 네이버 홈페이지 메인에 실리는 일도 생겼고, 대기업 영어 교육 회사에서 러브콜을 받거나 여러 출판사로부터 출판 제안을 받기도 했고, 다양한 매체로부터 방송 및 인터뷰 제안도 수없이 받았습니다.

그러면서 티비와 신문, 온라인 기사 등에 나오게 되었는데 어렸을 때부터 "텔레비전에 내가 나왔으면 정말 좋겠네!"라고 노래하던 것이 현실에 된 게 얼마나 신기했는지 모릅니다.

한편으로는 '내가 이럴 줄 알았어!' 싶었습니다. 유튜브가 많이 알려지지 않았을 무렵 주변에서 "돈도 안 되는 거, 뭐 하러 컴퓨터만 붙잡고 앉아서 인터넷에 동영상을 올리느냐"라고 핀잔을 줄 때 '열심히 하다 보면 누군가 알아 줄 거야!'라고 생각했던 게 증명되는 것만 같았습니다. 방에서 혼자 글을 쓰고, 카메라를 보며 떠들고, 밤새 영상을 편집하던 시간들이 쌓이고 쌓여 이제는 어느새 남들이 저에 대해 글을 쓰고, 인터뷰를 하고, 방송을 촬영하여 내보내게 됐으니까요.

그러다 2017년에는 세계적으로 유명한 강연 컨퍼런스인 TED 측에서 연락이 왔습니다. 바로 TED 측에서 TED의 자격증을 받아야만 열 수 있는 TEDx 강연회 컨퍼런스에 저를 연사로 초청하고 싶다는 겁니다. '이게 꿈이야 생시야' 싶었습니다. 꿈이 생시가 되었다고 표현하는 게 정확할까요? TED는 제가 유튜브에서 늘 존경하는 마음으로 즐겨 보던 강연 컨퍼런스였고, 내로라하는 유명인이나 대단한 업적을 이룬 사람들만 강연하는 자리로 알고 있었기에 꿈조차 꾸지 못한 무대였으니, 제겐 그야말로 꿈이 생시가 된 순간이었습니다.

영광스러운 마음으로 섭외에 응하기는 했지만, 사실 어떤 이야기를 할 수 있을까 고민했습니다. 저는 21세기를 바꿀 만한 대단한 실험 결과를 거머쥔 연구원도 아니었고, 생전 들도 보도 못한 개념을 일러 줄 사회 경험이 많은 어른도 아니었기에 TED라는 이름을 걸고 할 수 있는 이야기가 없다고 생각했습니다.

하지만 TEDx에서 전문가도 아니고, 연륜도 많지 않은 저를 섭외한 건 그게 바로 '저'이기 때문이라는 생각이 들었습니다. 그들은 저의 이야기가 듣고 싶었던 겁니다. 만약 대단한 전문가의 이야기를 듣고 싶어 했던 거라면 저를 섭외하지 않았을 것입니다. 그래서 저는 그저 제 진심이 담긴 이야기를 전하기로 마음 먹었습니다. 그리고 제 삶에 가장 큰 영향을 미쳤고, 제게 가장 강력한 힘을 불어넣어 준 사건을 이야기하기로 했습니다.

그 이야기는 제가 노숙인 보호소에서 살며 봉사했던 2012년으로 거슬러 올라갑니다. 저는 당시의 경험, 질문, 깨달음, 다짐, 그리고 그로 인한 변화들을 '노숙인 보호소에서 살며 깨달은 것: 거저 일함의 아름다움'이라는 제목으로 강연했습니다. 영어로 말입니다.

TEDx / 노숙인 보호소에서 살며 깨달은 것 : 거저 일함의 아름다움

　짧다면 짧은 시간, 15분짜리 연설이었습니다. 자기 자신을 위해 살아가기에도 바쁜 이 각박한 시대에 고생 한 번 안 해 본 듯한 젊은 여자가 '거저 일함의 아름다움'을 이야기하는 것이 혹 우스워 보이지는 않을지, 이런 제 이야기에 과연 몇 분이나 공감해 주실지, 현실을 모르는 이상적인 소리라며 콧방귀를 뀌시는 분들이 있는 건 아닐지 두려운 마음이 없지 않았습니다.

　하지만 제 강연 영상이 유튜브에 올라오고 난 뒤 이를 본 사람들의 반응을 살핀 결과, 전 잠시나마 그런 두려움을 가졌던 제 자신이 부끄럽게 느껴졌습니다. 제 강연을 본 많은 분들께서 제 이야기에 공감해 주셨고, 심지어는 제 강연을 본 뒤 자신의 삶의 방향과 모습을 바꾸어 가기 시작하셨다는 분들도 생겨났습니다. 연설을 영어로 진행한 덕분에 외국인들도 제 강연을 볼 수 있었고, 몇몇 외국인 분들은 제 강연을 자신의 나라에서 쓰는 언어로 번역해 저의 메시지를 더 널리 알리려고 하는 모습도 보여 주셨습니다.

배움의 폭과 인간관계, 제가 세상에 끼칠 수 있는 영향력의 한계를 없애고 싶어 '영어'라는 세계 공용어를 배우고자 했지만 그런 한계가 없어지는 것이 어떤 모습일지 구체적으로 상상하지는 못했었는데, 바로 그때 느꼈습니다. '영어를 통해 한계가 허물어지는 것이 바로 이런 모습인가?' 그러자 영어를 배우기로 결심했던 20대 초반의 제 자신이 새삼 기특했습니다.

그리고 이로부터 1년쯤 지나 2018년 봄이 되었을 때, 미국의 대학 UCLA(University of California, Los Angeles)의 GLA(Global Leaders Association) 측에서 한 통의 메일이 왔습니다. UCLA 대학생들에게 강연을 요청한다는 내용이었습니다.

그러자 불현듯 대학교 1학년 때 열댓 명의 학생들과 함께 학과 교수님을 따라 2주간 미국에 비전 트립(Vision Trip)이라는 이름으로 견학 겸 여행을 갔던 것이 기억났습니다. 그때 캘리포니아 주의 명문대를 구경하며 열심히 공부해야겠다는 영감을 엄청나게 받았는데, 시간이 없어 UCLA는 직접 들르지 못해 차로만 그 근처를 지나면서 '와! 저게 말로만 듣던 UCLA로구나!'라고 어린 아이처럼 신기해하던 때가 생생히 떠올랐습니다. 그때 속으로 '대체 뭘 먹고 자라면 UCLA 같은 학교를 다니나? 거기 다니는 학생들은 얼마나 똑똑할까? 대학원이라도 저런 데서 다녀 볼 수 있을까?' 했었는데, UCLA 대학생들을 상대로 강의를 하라니! 정말이지 떨리는 순간이 아닐 수 없었습니다.

저는 고민도 하지 않고 강연 요청을 승낙했습니다. 그리고 제가 대학생일 때 가장 듣고 싶었던 이야기, 바로 '일과 사랑'에 관한 이야기를 하기로 마음 먹었습니다. 진로와 연애에 관한 고민이 한창 많을 시기이기 때문에, 그 시기를 벗어난 지 그리 오래 되지 않은 선배로서 제가 그 시기를 거치면서도 흔들리지 않을 수 있었던 이유가 무엇인지, 그리고 어떤 방향성을 가지고 지금의 '천직'과 '천생연분'을 찾을 수 있었는지 공유하면 좋겠다고 생각했습니다.

UCLA 강연 / 건강한 자존감으로 일하고 사랑하는 방법

그러려면 빠질 수 없는 한 가지가 있었는데, 그것은 바로 건강한 '자존감'이었습니다. 올바른 정체성으로부터 나오는 건강한 자존감이 있어야 인간관계와 커리어를 튼튼하고도 즐겁게 쌓을 수 있기 때문입니다. 그래서 저는 '건강한 자존감으로 일하고 사랑하는 법'이라는 제목으로 저의 흔들리지 않는 자존감에 대한 철학과 경험 등을 한 시간 반 내내 강연으로 토해냈습니다. 이는 아마도 제가 대중 앞에서 영어로 한 최장 시간의 강연이었을 것입니다.

이날 강연에는 감사하게도 UCLA 학생들뿐만 아니라 신문사, 그리고 캘리포니아 주에 거주하는 직장인 및 Aran TV 시청자분들까지 찾아와 주셨습니다. 덕분에 강연 후 다양한 종류의 질문을 받고 이에 답하는 시간도 가질 수 있었습니다. 또한 한국인, 중국인, 미국인 등 다양한 국적의 아동이분들도 만나 그들의 이야기와 고민도 짧게나마 들을 수 있었던, 아주 의미 있고도 값진 시간이었습니다.

상사도 없이 집에서 혼자 온라인으로만 활동하니 아무리 밤낮으로 일하고 구독자가 늘어도 정작 일상은 똑같아 제가 사람들에게 어떤 영향력을 끼치며 살고 있는지, 잘하고 있긴 한 건지 감이 오지 않을 때가 있었는데, 제 영상을 보고 영어 공부를 시작한 사람부터 자기 내면의 빛을 발견하게 되어 새로운 일을 시작한 사람, 그리고 자존감을 높여 가는 사람들까지 실제로 만나 포옹하고 사진도 찍으니 안도가 되기도 하고, 나아가 더 큰 꿈을 꾸게 되는 짜릿한 순간이었습니다.

'작년에는 TEDx 무대에 섰고, 올해는 UCLA 강단에 올랐는데, 이제 또 어떤 일이 펼쳐질까?'라는 설레는 상상이 머릿속을 채우기도 전 저는 잇달아 서울대학교에서 열린 토크 콘서트에 연사로 서게 되었습니다. 제가 서울대에서 강연이라니요! '이거 실화냐'라는 감탄을 애써 감추며 '나만의 퍼즐 조각 찾기 : 사회 공헌은 그대가 원하는 바다(ocean)'라는 강연을 했는데, 이것이 특별했던 이유는 제가 한때는 SKY에 못 갔다는 이유로 사회에서 인정받지 못하지는 않을까 엉엉 울며 불안해했던 학생이었기 때문만은 아닙니다. 사실 제가 대학생일 때 숭실대로 강연을 오신 가수 션 씨의 강연을 듣고 무척 영감을 받아 '저런 인생 정말 멋지다. 나도 사회에 환원하고 이웃을 사랑하며 살아야지'라고 생각했는데, 그날 가수 션 씨도 같은 토크 콘서트의 연사로 서셨다는 겁니다. 저는 션 씨께 "저 기억하세요?"라며 당신의 강연을 듣고 영감을 받았던 대학생이 이렇게 커서 당신과 같이 사회 공헌에 대해 이야기하고 있다며 인사를 드렸습니다.

서울대학교 토크 콘서트 | 나만의 퍼즐 조각 찾기

제가 꿈을 이루는 방식은 '뭣도 아닌데 뭔가 척하다 보면 진짜로 뭐가 된다'는 신념을 붙드는 것입니다. 늘 제 마음 한 켠에는 동기 부여 연설가가 되고 싶은 마음이 있었습니다. 그러나 누구도 저를 동기 부여 연설가로 알아 주지도 초청해 주지도 않았습니다. 스스로도 동기 부여 연설가가 될 만한 자질이 있는지도 몰랐고요.

그래도 나름대로 제 유튜브 채널 Aran TV에 동기 부여가 될 만한 콘텐츠를 올리니 인스타그램 @aranenglish에 제 직업을 '동기 부여 연설가(motivational speaker)'라고 설정해 두었습니다. 제 이야기를 통해 누군가가 동기 부여를 받는다면 그게 틀린 말도 아니니까요. 중요한 건 그런 '척'도 꾸준히, 제대로 해야 한다는 것입니다. 저는 스스로 동기 부여 연설가가 됐다고 믿고, 그렇게 활동을 시작해 버렸던 겁니다. 제가 만든 유튜브와 인스타그램 무대 등을 통해서 말입니다. 그런데 제가 동기 부여 연설가인 척에 진짜로 성공한 걸까요? 어느 순간 '나 정말로 동기 부여 연설가가 된 건가?' 싶을 만큼 주변에서도 저를 그리 불러 주고 연사로 초대해 주기 시작했습니다. 마치 매 영상에서 스스로를 에듀테이너라고 칭하며 꾸준히 활동하다 보니 매체에서도 저를 에듀테이너라고 불러 주시는 것처럼 말입니다.

8

나의 비전,
우리의 나아감

능력이 아닌 한계를 의심하다

유튜브를 시작했을 때, 한 인터뷰에서 물었습니다.

"구독자 몇 명이 목표인가요?"

저는 그런 건 생각해 본 적 없다고 답했습니다. 그때 누군가 "3년 안에 구독자가 몇 십만 명쯤 늘어 있지 않을까요?"라고 했다면, "그럴 리는 만무하고요"라며 코웃음 쳤을 것입니다.

'누가 유튜브로 진지하게 영어를 공부하겠어?'

'쉴 겸 재미로 보겠지.'

'몇 십만 명이 보는 유튜브 채널을 운영하는 건 나 같은 사람이 할 수 있는 일은 아니야.'

이런 생각으로 제 자신의 한계를 정한 건 저 자신이었습니다.

하지만 한국에서 태어나 원어민 교사 한 명 없는 학교에서만 공부하고 자랐음에도 1년간의 꾸준함 하나로 제 영어의 한계를 넘었던 것처럼, 유튜브 채널도 멋들어진 스튜디오 하나 없이 매주 시청자를 찾아갔던 꾸준함 하나로 제 한계를 넘어서게 되었습니다.

제 영상이 전 세계 200여 개국에서 3,000만 회 가까이 조회되면서, 저와 같은 에듀테이너가 되고 싶다는 초등학생부터 '아란잉글리쉬'로 영어 공부를 시작했다는 공대생과 인터넷이 터질 때 제 영상을 모조리 다운 받아 놓고 시청한다는 아프리카 선교사, 그리고 제 채널에서 미국 문화 팁을 얻어 가는 해외 유학생과 학부모들을 포함해 40만 명의 구독자가 모이다니요! 또한 일부 교사와 교수, 원어민 강사들은 저의 영상을 수업 자료로 활용한다고도 하니 그럴 때마다 제 귀를 의심하면서도 '이제는 나의 능력이 아니라 나의 한계를 의심해야겠다'고 다짐합니다.

"If you are going to have doubts,
doubt your limits, not your potential."

"의심할 거라면,
당신의 잠재력이 아닌
당신의 한계를 의심하라."

- Bob Proctor -

나의 롤모델, 바로 '나 자신'

그래서 저는 제 자신의 롤모델이 되기로 결심했습니다. 현재의 저는 과거의 제가 상상도 못했던 삶을 살고 있으니, 미래의 저도 현재의 제가 상상도 못하는 삶을 이끌어 갈 수 있지 않을까요? 한계를 뛰어넘고 잠재력을 모두 펼친 미래의 제 자신만큼 저를 가슴 뛰게 하는 사람은 없습니다. 제게 있어 이만큼 훌륭한 롤모델이 또 어디 있을까요?

하늘이 내려준 직업, 천직

여러분은 너무 재미있어서 돈을 안 받고도 하고 싶은 일, 퇴근만을 기다렸다 하고 싶은 일, 아껴둔 휴가까지 써 가며 하고 싶은 일이 있나요? 그런데 만약 그 일을 돈까지 받고 하게 된다면 어떤 기분일까요? 상상해 보세요. 그게 바로 제 기분입니다.

제가 좋아서 시작한 일이었고, 돈 한 푼 들어오지 않아도 오히려 제 돈을 쓰고 밤을 새워 가며 한 일이었습니다. 그런데 언제부터인가 구글(Google)에서 제 유튜브 영상들 앞에 광고를 틀었다며 광고비를 주기 시작한 게 애드센스(AdSense)였습니다. 그리고 몇몇 회사들에서는 돈을 줄 테니 영상을 제작해 달라고 했습니다. 그래서 저는 다른 돈벌이를 구하지 않고도 제가 배운 것들을 다른 이들과 나누는 데에만 몰두할 수 있게 되었고, 그 일을 '직업'이라고도 부를 수 있게 되었습니다.

여기서 신의 한 수는 제 영상을 시청하고 즐기며 배우는 사람들이 어떠한 비용도 지불할 필요가 없다는 것입니다. 오히려 타 교육 업체들이 제 영상 제작비를 지원하겠다니, 이는 제 영상을 시청하는 아둔이분들의 수강료를 대신 내주는 것이나 마찬가지인 셈입니다.

돌아보니 천직 같습니다. 유튜브를 통해 에듀테인먼트를 제공하는 일이 '거저 받은 것은 거저 나누며 살겠다'는 제 삶의 테마에도 어울릴 뿐만 아니라, 대학을 졸업하기 전 진로를 고민하며 적어 보았던 제가 가진 능력과 가치, 바로 글을 쓰는 능력, 가르치는 능력, 대중 앞에서 말하는 능력, 영어 능력, 촬영하는 능력, 기독교적 가치를 모두 살릴 수 있는 일이기 때문입니다. 게다가 전 세계 시청자들과 소통하며 그들로부터 배울 수 있는 기회까지 덤으로 오니, 정말 멋지지 않나요?

저에게 인생의 터닝 포인트를 가져다 주신 김회권 교수님처럼 저 또한 젊은이들의 멘토가 되어 그들의 잠재력을 이끌어 내고, 재미와 위로를 건네며, 삶의 2막을 열어갈 용기를 북돋우며 살고 싶습니다.

즐겁습니다. 설렙니다. 저의 작은 나눔과 공유를 가지고 많은 깨달음과 변화를 일궈 주시는 분들이 계시니 저는 더 힘차게, 더 아름답고 찬란한 꿈을 꿔야겠다는 책임감이 듭니다.

'아름답고 찬란한 인생 학교' 교장

그러나 한편으로는 괴롭습니다. 나누고 싶은 건 많은데 몸은 하나이고, 하루는 24시간뿐이니 늘 아쉽습니다. 지난 3년간 매일같이 메모장에 적어 놓은 수백 가지의 영어 표현과 도움이 될 만한 공부법, 삶에 관한 이야기와 크고 작은 통찰을 아직 1%도 나누지 못했으니 뒤쳐진 것만 같은 기분으로 매일을 삽니다.

더 많은 것을 공유하고 싶어 미치겠습니다. 삶이 어느 방향으로 가는지도 몰랐던 제가 성인이 되어 공부의 이유를 깨닫고, 무너지지 않는 자존감을 쌓고, 삶의 목적을 발견하고, 추구하고 싶은 가치를 세우며, 꿈의 규모를 키우고, 진로를 탐색하다 천직을 찾아, 하나뿐인 천생연분과 기쁨으로 소명을 다하고 있다는 이야기를 전하고 싶습니다.

물론 제가 지금의 제 자신에 이르기까지는 이루 말로 다할 수 없는 수많은 일들이 있었습니다. 범죄 피해자가 되기도 했고, 임금 체불을 당해 노동부를 찾아가 고소를 진행하고 변호사를 찾아다녔던 일도 있었습니다. 잡지사에서 인턴 기자로 활동하기도 했고, 황홀한 여행도 했지만, 죽고 싶다는 생각으로 눈물로 밤을 지새운 날들도 보냈고, 주체할 수 없는 감정에 정신과 진료를 받은 경험도 있습니다.

 그러면서 연애도 하고 이별도 하고, 사랑의 정의를 깨닫고 평생 혼자 살아도 괜찮겠다는 다짐도 했습니다. 그러다 저를 더 나은 사람이 되게 해 주는 이를 만나 과분한 사랑을 받다 스물다섯 살에 뉴욕의 엠파이어 스테이트 빌딩(The Empire State Building)에서 영화 같은 프러포즈도 받았습니다. 그 사람은 남자이고, 미국인이며, 초록색 눈의 금발인 백인이었기에 여성이고, 한국인이며, 갈색 눈과 흑발을 가진 황인인 저와는 달라도 너무 달랐지만, 저를 가장 저다운 사람이 되게 해 주었습니다. 그래서 저희는 걱정 어린 반대를 극복하고 결혼했고, 미국으로 건너와 신혼 살림을 꾸렸습니다.

삶을 살아가는 이러한 모든 과정을 거치면서 만난 인연, 얻은 경험, 갈등한 고민, 배운 교훈, 깨달은 통찰, 그리고 새로이 가지게 된 시각들은 제게 너무도 소중했고, 그렇게 얻은 소중한 것들을 나누고 싶었습니다. 그리고 '이렇게 중요한 것들을 왜 진작 학교에서 가르쳐 주지 않았을까' 싶었습니다.

이를테면 자신이 세운 인생의 목적에 따라 삶의 우선 순위를 정하는 법, 결혼의 목적을 배우고 할지 말지 결정하는 법, 성숙하게 이별하는 법, 고난을 극복하는 법, 제안을 거절하면서도 상대방의 마음을 사는 법, 돈을 똑똑하게 벌고 지혜롭게 쓰는 법, 불행한 상황에서도 감사하는 법, 겸손함을 잃지 않으면서도 매력을 어필하는 법, 잘 싸우는 법, 긍정적인 주변 환경을 만드는 법, 타인의 비난에도 자존감을 지키는 법, 나를 성장시키는 진로를 찾는 법, 타인을 정중하게 지적하는 법, 희롱과 조롱에 현명하게 대처하는 법, 윤리 문제에 대해 주체적이고 비판적으로 생각하는 법, 행복을 찾는 법 등과 같은 것들 말이죠.

다 제가 계속해서 배우고 싶은 것들입니다. 위와 같은 것들은 우리네 인생에 있어 그 어떠한 공식보다도 중요한데, 이를 배울 수 있는 학교도 없고 학원도 없으니 결국 우리는 무수한 시행착오를 거치며 이에 대한 해답을 찾아 헤매게 됩니다. 하지만 그 무수한 시행착오를 거친 뒤에 우리는 이미 너무 많은 인생을 살아 버리진 않았을까요? '진작 알았으면 좋았을 텐데' 하며 흘러가 버린 시간을 아까워하진 않을까요?

이상적으로는 모두가 가정에서, 학교에서, 그리고 사회 공동체에서 그런 것들을 배우면 좋겠지만 현실적으로는 오히려 가정과 학교, 사회 공동체에서 상처를 받고 비뚤어지는 경우가 많습니다. 그래서 저는 생각했습니다. 인생에 대해 배울 수 있는 곳이 있으면 좋겠다고. 없으면 내가 만들겠다고.

그래서 인생 학교를 세웠습니다. 사실 이 책을 집필하던 중에는 인생 학교 교장이 되는 것이 장래 희망이라고 적었는데, 집필을 마친 지금은 이미 그 꿈을 이루어 인생 학교 교장이 되었다고 고쳐 씁니다. 신기하네요. 꿈에 날짜를 붙이면 목표가 된다기에 개교 날짜를 정해 버렸더니 정말로 2018년 9월 29일에 '사랑학개론'을 시작으로 개교하게 되었습니다.

누군가는 아직 20대인 저더러 "아직 인생을 많이 살아 보지도 않았으면서"라고 할지도 모르겠습니다. 하지만 그렇기에 더더욱 인생 학교를 세우고 싶었던 겁니다. 제게도 그런 학교가 필요하기 때문입니다. 수십만 명의 구독자분들로부터 제가 이러한 것들을 배울 수 있는 기회를 놓칠 수는 없었습니다. 그리고 제가 얻은 깨달음과 통찰을 세상에 공유하지 않고는 더 이상 못 배길 것 같았습니다. '헐! 이걸 몰랐으면 어쩔 뻔했을까!', '와! 이런 걸 같이 배우면 얼마나 좋을까!' 이렇게 생각했던 것들을 과목으로 설정하여 함께 토론하고, 고민하고, 고백하는 과정을 커리큘럼화하여 우리 모두 더 나은 자기 자신이 되어 더 나은 세계를 만드는 데에 일조하는 공동체를 이끌고 싶습니다. 저의 인생 학교의 1교시는 10대 자퇴 청소년부터 50대 주부까지 수백 분께서 참여해 주셨고, 제 영상을 보면서 즐겁게 공부했다는 이야기부터 힘겨운 시기에 자살을 시도하다 Aran TV를 보며 삶의 이유를 찾았다는 사연까지 나누어 주셨습니다.

한 명의 사람은 하나의 세계라고 믿는 사람이 바로 저입니다. 그래서 '아란한 인생 학교'에는 여행할 세계가 참으로 많습니다. 저의 비전이었지만 그 비전을 이루어 줄 이는 저를 봐 주시는 분들입니다.

'아란한 인생 학교' 1교시 : 사랑학개론

우리는 공존하는 세계를 함께 여행하며 각자의 세계를 더욱 이롭게 할 것이며, 그 모습은 아름답고 찬란할 것입니다. 그리하여 저의 인생 학교 이름은 '아름답고 찬란한 인생 학교'입니다. 줄여서는 '아란한 인생 학교'!

지금은 뜬구름 잡는 것 같은 소리처럼 들릴지 모릅니다. 그러나 하늘을 날겠다던 라이트 형제도, 새로운 글자를 만들겠다던 세종대왕도 처음에는 다 뜬구름 잡는 것으로밖에 보이지 않았을 겁니다. 저는 제가 잡은 이 뜬구름이 누군가에게 그늘이 되어 주기를, 척박한 곳에 비를 내려 주기를, 무료한 삶에 정말이지 아름답고 찬란한 무지개를 띄워 내기를 바랍니다. 멘토가 없고 친구가 없고 부모가 없는 이와 함께 성장하는 인생 학교를 운영함으로써 세상을 바꿔 보고 싶습니다.

미친 소리라고요? 원래 세상은 세상을 바꾸겠다는 미친 소리를 하는 사람들이 바꾸는 거 아니었나요? 한 명의 사람이 하나의 세계이니, 한 사람의 삶을 바꾸면 적어도 그 사람이 사는 세계는 바뀝니다. 나중에는 그 한 사람이 제가 잡은 뜬구름으로부터 받은 선한 영향력을 가지고 또 다른 모양의 뜬구름을 잡아 세상을 조금 더 아름답고 찬란하게 가꿔 가길 바라는 야망의 기도를 올려 봅니다.

"When you get, give.
When you learn, teach."
"받았다면 나누고, 배웠다면 가르치라."

- Maya Angelou -

나의 꿈은 지금처럼 사는 것

몇 년 전, 누군가 물었습니다.

"꿈이 뭐예요?"

저는 그리 오래 생각하지 않고도 답할 수 있었습니다.

"지금처럼 사는 거요."

당시 '샤일로 희망의 집(Shiloh Home of Hope)'에서 살고 있던 저는 앞으로 무엇을 하든 그때 제가 지니고 있었던 순수함과 호기심, 그리고 열정을 잃지 않기를 간절히 바랐습니다.

"평생 지금처럼 배우고, 나누고, 사랑하고, 꿈꾸면서 살고 싶어요."

저는 오늘도 배우고, 나누고, 사랑하고, 꿈꾸고 있습니다. 그래서 꿈을 살고 있다고 말합니다. 그리고 누가 언제 묻든 "지금처럼 사는 것이 꿈이다"라고 말할 수 있을 만한 삶을 살고 있기를 소망합니다. 유튜브 채널을 운영하든, '아란한 인생 학교'의 교장으로 활동하든, 아니면 전혀 다른 일을 찾든, 그 어떤 것이 됐든 상관없습니다. 꿈은 '무엇'을 하느냐보다도 그 무엇을 '왜', 그리고 '어떻게' 하느냐와 훨씬 더 깊은 상관이 있기 때문입니다.

그래서 저는 꿈을 설정할 때 단순히 무엇을 할지 생각하거나 직업을 떠올리지 않고 그것을 통해 궁극적으로 어떤 가치를 실현하고 싶은지를 생각합니다. 이루고 싶은 사건이나 갖고 싶은 직업에만 초점을 맞춘다면, 그 사건을 이룬 날이나 그 직업을 관두는 날부터는 이룰 꿈이 없어지는 거니까요. 그리하여 저는 특정 날짜에 이룰 수 있는 꿈이라면, 그것을 꿈이라 부르지 않고 목표라고 부릅니다.

대신 가치 중심의 꿈을 품습니다. 사랑이라는 가치, 평등이라는 가치, 정의라는 가치 등 가치를 좇는 꿈이 있는 사람은 죽는 날까지도 이룰 꿈이 있을 테니까요. 저는 꿈이 있는 삶을 살고 싶습니다. 스스로를 '꿈꾸기를 꿈꾸는 사람'이라고 칭할 만큼 저는 꿈이 우리 인생을 의미 있고 아름답게 만든다고 믿습니다.

저는 사랑을 사랑하는 사람이라고도 스스로를 칭합니다. 멘토링하며 사랑을 전하고 싶습니다. 따라서 직업이 무엇이 되든 상관없어졌습니다.

꿈꿉니다. 어디서 무엇을 하든, 누구에게서나 배우고, 저에게 은혜 갚을 수 없는 이들에게 나누며, 사랑받을 만한 자격이 없어 보이는 사람들을 사랑하고, 계속해서 새로운 일들을 꿈꾸기를 말입니다.

'내가 꿈을 이루면 나는 누군가의 꿈이 된다'는 책도 있듯이, 저 역시 제가 꿈을 향해 행복하게 나아감으로써 남들도 꿈꾸게 되리라 믿습니다.

"Dream as if you'll live forever.
Live as if you'll die today."
"영원히 살 것처럼 꿈꾸고
오늘 죽을 것처럼 살라."

- James Dean -

PART 2

1년 만에
영어가 확 터진
아란한 공부법

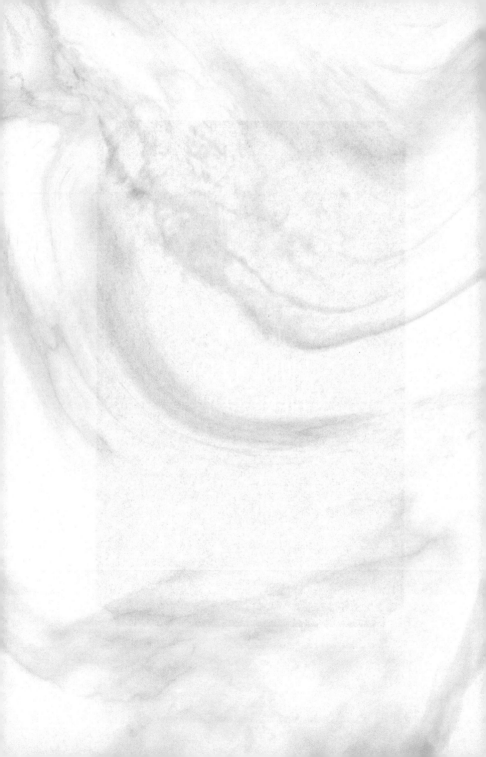

동기 : 목적이 이끄는 배움
"Motivation"

(1) 기똥찬 'How'보다 강력한 'Why' 먼저 찾기

자신이 무엇을 하는지는 알아도, '왜' 하는지 아는 사람은 많지 않습니다. 하지만 무언가를 꾸준히, 열정적으로, 그리고 무엇보다 성공적으로 하는 사람은 그걸 '왜(Why)' 하는지 아는 사람들입니다. 그러니 무엇을 하든 '왜'로부터 출발해야 합니다. 생각해 보세요. 동기가 있기 때문에 무언가를 시작하는 것이지, 무언가 시작부터 한다음 동기를 찾는 것은 어불성설입니다. 따라서 무언가를 하기 위해선, 특히 잘하기 위해선 일단 명확하고도 강력한 '동기'를 가져야 합니다.

유학 한 번 없이 7개 국어를 하시는 선현우 선생님을 인터뷰했을 때, 선생님께서도 아래와 같이 말씀하셨습니다.

"외국어를 배우는 사람을 수없이 많이 만나 봤지만, 외국어를 '왜' 배우느냐고 물어봤을 때 뚜렷한 목적이 없는 사람치고 뛰어나게 잘하는 사람을 보질 못했다."

그리고 미국 정부로부터 모든 등록금과 월급까지 받고 있는 의사겸 과학자(MD/PhD) 프로그램 과정에 있는, 공부로 둘째가라면 서러워할 저의 남편 크리스(Chris)도 이런 말을 했습니다. "살면서 목적 없이 무언가를 열심히 해 본 기억이 없다. 내가 이렇게 열심히 공부하는 이유는 그것을 가치 있게 하는 목적이 있기 때문이다."

사이먼 사이넥(Simon Sinek)이 말하는
The Golden Circle(황금 원형)이라는 개념

WHY
motivation

HOW
process

WHAT
product

앞서 이미지로 보여 드린 'The Golden Circle(황금 원형)'도 같은 개념입니다. 이는 동기 부여 연설가이자 컨설턴트로 저명한 사이먼 사이넥(Simon Sinek)이 TED 강연에서 이야기하여 주목받았던 개념인데, 성공하는 사람들은 '왜(Why)'로부터 시작한다는 것입니다. 그들이 동기, 사명, 목적으로부터 출발한다는 공통점을 지닌 것은 결코 우연이 아닐 것입니다.

따라서 일단 무엇을 하려거든 '왜(Why)' 하는지 그 목적부터 살펴보고, 그 목적을 '어떤 방식(How)'으로 이룰지 고민한 다음, 그 과정을 이루기 위해 결과적으로 '무엇(What)'을 할지 결정하는 것이 가장 이상적입니다. 이를 도식화하여 정리하면 아래와 같습니다.

'왜(Why) → 어떤 방식으로(How) → 무엇을 할지(What)'

바로 위와 같은 순서로 움직이는 것이 성공의 핵심이라는 것이죠. 위의 과정을 적용한 예시를 몇 가지 살펴보겠습니다.

예시 1

Why? 약해진 발목의 재부상을 예방하고 싶다.
How? 운동을 통해 예방한다.
What? 매일 20분씩 발목 운동을 한다.

예시 2

Why? 불법 인신매매가 근절되기를 바란다.
How? 불법 인신매매에 대한 인식을 제고함으로써 근절한다.
What? 인식 제고를 위해 대학교에서 캠페인을 연다.

제가 영어를 비교적 짧은 시간 내에 성공적으로 모국어화할 수 있었던 이유도 바로 앞서 말한 'The Golden Circle(황금 원형)'의 개념이 배움의 과정 안에 녹아 있었기 때문이라고 생각합니다. 제가 영어를 배운 것은 사회에 선한 영향력을 끼치고 직접 변화를 일굴 수 있는 리더가 되고 싶다는 '강력한 동기(Why)'에서 출발한 일입니다. 그리고 그런 리더가 되기 위해 저는 배움과 인간관계, 그리고 영향력의 한계를 최대한 없애는 것을 그 '방법(How)'으로 택했고, 그 한계를 없애고자 '영어를 구사(What)'하기로 결정한 것입니다. 이를 'Golden Circle(황금 원형)' 개념으로 정리하면 바로 아래와 같습니다.

Why? 사회에 선한 영향력을 끼치는 리더가 되고 싶다.
How? 내가 가진 한계를 최소화하여 리더의 발판을 닦는다.
What? 한계를 최소화하는 방법 중 하나로 영어를 구사한다.

그리고 앞서 'What'으로 설정한 '영어를 구사하는 것'이 또 다른 새로운 '동기(Why)'가 되었을 때, 저는 그 동기를 실현할 '방법(How)'으로서 스스로를 새로운 세상에 노출시키고 영어권 원어민들과 어울리며 실제 영어를 사용하고 문화를 체험하는 것을 택했고, 그에 따라 제가 '하기로 결정한 것(What)'이 바로 미국에 1년간 교환학생을 가는 것이었습니다. 이를 'Golden Circle' 개념으로 다시 한번 정리하면 다음과 같습니다.

Why? 한계를 없애기 위해 영어를 구사하고 싶다.
How? 원어민들과 어울리며 영어와 영어권 문화를 체득한다.
What? 그러기 위해 미국에 1년간 교환 학생을 간다.

저에게는 이렇듯 뚜렷하고도 명확한 'Why, How, What'이 있었기 때문에 누구나 아는 영어 공부법이라도 남달리 꾸준히, 누구보다 설레하며, 유달리 열정적으로 실천할 수 있었습니다. 다시 말해 작심삼일이 되지 않을 이유, 포기하지 말아야 할 이유가 뚜렷하게 있었던 것입니다.

그래서 저는 제가 더 어린 나이에 미국에 갔다고 하더라도 그때 명확한 목표 의식을 가지고 있지 않았더라면 오히려 제대로 못 배웠을 것이라는 생각이 듭니다. 'Why', 즉 '명확한 목표 의식' 없이는 그에 따르는 'How'와 'What'이 잘 실천되기 힘드니까요.

어떤 목적을 가지고 있느냐는 우리의 의식을 깊이 지배합니다. 그래서 어떤 일을 꾸준히 못 한다거나 흥미를 쉽게 잃는다면, 그것은 본인이 성실하지 않아서가 아니라, 그저 그것을 그토록 해야 할 만한 '동기(Why)'가 없어서일 확률이 높습니다. 강력한 목적이 있는 사람은 성실하지 않을 수가 없습니다. 해내지 못할 일은 없습니다. 그것을 진정 원한다면요.

(2) 외적 동기와 내적 동기

강력한 목적은 시험 합격이 될 수도, 명문대 입학이 될 수도, 성공적인 취업이 될 수도 있습니다. 시험도, 대입도, 취업도 우리 삶에 있어 중요한 일이니까요.

이렇듯 대입, 취업과 같이 외부로부터 나오는 동기를 우리는 '외적 동기(Extrinsic Motivation)'라 하는데, 사실 이러한 외적 동기보다는 자신의 내면으로부터 스스로 발견하는 '내적 동기(Intrinsic Motivation)'가 훨씬 더 큰 힘을 갖고 있습니다. 바로 외적 동기는 외부로부터 칭찬이나 보상을 받기 위해, 혹은 처벌이나 잔소리 등을 피하기 위해 생기는 동기이지만 내적 동기는 외부적인 요소와 상관없이 '스스로'가 원해서, '스스로'가 신나서, '스스로'가 즐겨서 생기는 것이기 때문입니다.

내적 동기는 외부 조건이 아무리 바뀐다 해도 흔들리는 일이 거의 없고, 남들과 비교하며 재는 일도 생기지 않기 때문에 외적 동기보다 훨씬 더 오래, 훨씬 더 강하게 작용할 수 있습니다. 따라서 이러한 외적 동기와 내적 동기를 적절히 혼합하여 활용하는 것, 즉 무언가를 하고자 하는 근본적인 이유는 내부에서 찾되 그 과정의 효율을 높일 때엔 상이나 벌과 같은 외부 요소를 활용하는 것이 효과적입니다.

제 경우, '세상에 선한 영향력을 끼치는 리더가 되고 싶다'라는 저만의 강렬한 내적 동기로 영어 공부를 시작하게 되었고, 그 무렵 저는 영어 스터디에 참여했습니다. 그리고 그 스터디에 있던 벌금 제도 덕에 제 자신이 조금도 게을러지지 않았던 기억이 납니다. 얼마 되지 않는 돈이었지만 벌금을 내야 한다는 것 자체가 자존심이 상해 숙제를 꼬박꼬박 해 갔고, 매일 수십 개의 단어도 빼먹지 않고 외워 갔습니다. 실제로 국내 다양한 스터디 모임에서도 벌금 제도를 많이 활용하고 있습니다. 바로 이 같은 예가 외적 동기와 내적 동기의 효율적인 결합이라 할 수 있을 것입니다.

(3) 영어가 당신의 삶을 바꿔 줄 '다섯 가지 이유'

2017년 3월경, 저는 저의 유튜브 채널 Aran TV에 '영어가 당신의 삶을 바꿔 줄 다섯 가지 이유'라는 제목의 영상을 아래와 같이 올렸습니다.

동기 부여 팍팍! 영어가 당신의 삶을 바꿔 줄 다섯 가지 이유

영어를 배우기 전에도 저는 배움에 대한 강력한 동기가 있었는데, 막상 배워 보니 좋은 점이 생각보다 훨씬 많았습니다. 어떤 것들은 삶을 뒤바꿀 만큼 귀중해서 '아, 영어를 몰랐으면 어쩔 뻔했나' 싶을 만큼 아찔했습니다. 그래서 저는 여러분께 영어가 '① 인간관계, ② 정보량, ③ 영향력, ④ 소득, ⑤ 삶의 질'을 높여 주고 확장시켜 준다는 점을 강조하며 영어를 공부할 것을 추천하고자 합니다.

❶ 인간관계가 상상할 수 없을 만큼 넓어진다

영어를 배우면 좋은 첫 번째 이유, 바로 '더 넓은 인간관계'를 형성할 수 있다는 것입니다. 모든 사람은 저마다의 역사와 이야기를 가지고 살아가기에 한 사람은 하나의 '세계'와도 같습니다. 이처럼 사람을 하나의 '세계'라고 가정했을 때, '사람'만큼 흥미로운 여행지가 또 어디 있을까요? 우리가 현재 살고 있는 세상에는 약 74억 명의 사람들이 살아가고 있으니 이는 곧 이 세상에 74억 개의 세상, 74억 개의 여행지가 있다는 뜻이나 마찬가지입니다.

그런데 만약 한국어만 할 줄 안다면, 여행할 수 있는 곳은 오직 한국어를 구사하는 사람들의 세상뿐일 겁니다. 그런데 문제는 한국어를 구사하는 인구가 전 세계 인구의 1%도 채 되지 않는다는 것이죠. 여러분께서는 어떠신가요? 평생 1% 미만의 좁은 세상에서만 살고 싶으신가요? 나머지 99%의 더 넓은 세상이 궁금하지 않으신가요? 물론 나머지 99%의 인구가 모두 영어를 구사하는 것은 아닙니다. 하지만 그렇기 때문에 세계 공용어가 필요합니다. 세상엔 중국어, 스페인어를 구사하는 인구도 상당하지만 중국어와 스페인어를 모국어로 구사하는 인구가 영어까지 구사할 확률은 영어를 모국어로 구사하는 인구가 중국어나 스페인어를 구사할 확률보다 훨씬 더 높습니다. 영어가 '세계 공용어'의 위치를 차지하고 있기 때문이죠.

따라서 1%의 세상을 벗어나 인간관계를 확장하고자 한다면 바로 이 '영어'를 할 줄 알아야 합니다. 저 역시 영어를 구사함으로써 전 세계의 다양한 사람들을 훨씬 많이 만나 이전보다 더 나은 사람으로 발전할 수 있었습니다. 특히 저를 성장시켰고 현재도 성장시켜 주고 있는 멘토들부터 평생을 동고동락할 친구들, 그리고 누구보다 저를 지지하고 사랑해 주는 남편과 시댁 식구들의 모국어가 한국어가 아니라는 것을 생각하면 '영어'라는 세계 공용어가 있음이 천만다행이라는 생각이 듭니다.

'만약 그들과 소통할 수 없어진다면?'

'만약 그들과 애초부터 소통할 수 없었다면?'

위와 같은 생각을 할 때면 상상할 수도 없을 만큼 끔찍합니다.

이렇듯 영어를 하고 보니 좋은 점은, 세계 속의 다양한 사람들을 만나며 내게 영감이 되는 사람을 만나고 멋지고 사랑스러운 인연들을 만들어 갈 확률이 높아진다는 것입니다. 이렇듯 더 많은 이와 소통하고 사랑하며 그들로부터 배우고 우정을 나누며 추억을 쌓을 수 있는 기회가 커진다는 것은 그 무엇으로도 환산할 수 없는 가치입니다.

2012년, 함께 멕시코로 선교 여행을 다녀온 미국인, 일본인, 한국인 친구들과 나

미국에서 친구들과 함께 보낸 할로윈 데이

대만, 방글라데시, 미국, 홍콩 출신 친구들과의 댄스 파티

미국인 친구와 함께
들었던 무대 분장 수업

미국인 친구들과
김밥을 만들었던 날

국제 페스티벌에서
태권도를 했던
존(John)과
부채춤을 췄던 나

멕시코 선교를
하던 중 만났던
꼬마 아이와 함께

로키 산맥 산장으로
함께 여행을 떠났던
브랜디(Brandi)와
스카일러(Skyler)

절친한 미국인 친구 에밀리(Emily)와
모로코 친구 에이윱(Ayoub)의
결혼식 주례를 맡았던 날

나의 미국 결혼식 피로연에
와 줬던 루이스(Louise)

사랑하고 존경하는
남편 크리스(Chris)와

언제나 사랑이 넘치시는
나의 시할머니, 시어머니,
그리고 시조카들

미국인 시댁 식구들과 함께했던 연말 여행

❷ 접할 수 있는 정보의 양이 폭발적으로 늘어난다

영어가 더 이상 선택이 아닌 필수가 된 두 번째 이유는 바로 '정보의 양' 때문입니다. 인터넷에 있는 정보는 절반 이상이 영어로 되어 있기 때문에 영어는 '인터넷의 언어'라고도 불립니다. 또한 수많은 세미나 및 컨퍼런스, 대학 강의들이 영어로 진행되며 매일 셀 수 없이 많은 책들이 영어로 출판되고 번역됩니다.

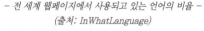

- 전 세계 웹페이지에서 사용되고 있는 언어의 비율 -
(출처: InWhatLanguage)

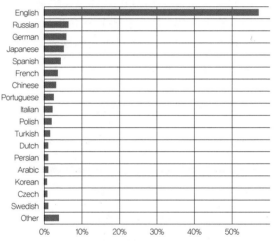

'웹페이지'에서 사용되는 언어들 중 '영어'의 비율이 가장 높다.

따라서 영어로 접할 수 있는 정보의 양은 다른 어떤 언어로 접하게 되는 정보의 양과는 비교할 수도 없을 만큼 방대합니다. 아시아 국가를 여행하면서도 영어 표지판을 흔하게 볼 수 있고, 유럽의 박물관에서도 영어로 안내 방송을 들을 수 있으며, 하다못해 중동에서 만든 영화 DVD를 틀어도 영어 자막은 삽입되어 있습니다. 하지만 한국어는 그렇지 않죠.

세상에 강연, 영상, 서적 등의 정보는 흘러 넘치는데 그 중 99%가 눈 앞에 모자이크 되어 있다고 상상해 보세요. 정말 좁은 세상 안에 갇혀 있는 기분이 아닐까요?

또한 전 세계의 다양한 사람들이 어떤 생각을 갖고 사는지 알고자 할 때 영어는 매우 중요한 도구가 됩니다. 가령 남북정상회담에 대한 세계의 시각, 트럼프가 미국 대통령으로 당선된 것에 대한 여론이 어떠한지 등은 1%만이 사용하는 한국어로 된 정보에만 의존해서는 제대로 알 수 없을 것입니다. 반면 전 세계가 폭넓게 사용하고 있는 '영어'를 안다면 주요 인물들의 인터뷰, 이슈가 되고 있는 뉴스 기사, 화제가 되고 있는 트윗, 그리고 이에 대한 세계 시민들의 댓글까지 훨씬 더 폭넓게 접할 수 있습니다.

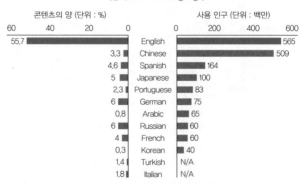

– 전 세계 인터넷에서 사용되고 있는 언어의 비율 –
(출처: InWhatLanguage)

콘텐츠의 양 (단위 : %)		사용 인구 (단위 : 백만)
55.7	English	565
3.3	Chinese	509
4.6	Spanish	164
5	Japanese	100
2.3	Portuguese	83
6	German	75
0.8	Arabic	65
6	Russian	60
4	French	60
0.3	Korean	40
1.4	Turkish	N/A
1.8	Italian	N/A

'인터넷'에서 사용되는 언어들 중 '영어'의 비율이 가장 높다.

많은 양의 정보를 접할수록 양질의 정보를 찾을 확률은 올라가기 마련입니다. 그러니 문학이든, 사회학이든, 화학이든, 신학이든, 그 어떤 분야와 학문에서든 영어를 알면 양질의 정보를 더욱 원활하게 접할 수 있기 때문에 무엇이든 더 잘 배울 수 있게 됩니다. 정보가 곧 힘이자 자원인 시대에서 정보를 습득하는 능력은 매우 중요합니다.

저 역시 미국에 교환 학생을 다녀온 후 영어를 잘 구사할 수 있게 된 덕분에 교수님들께서 추천해 주시는 참고 서적들 중 '영어로 된' 서적들까지 읽을 수 있게 되어 올 A+를 받아 학점 4.5점 만점에 4.5 학점을 받을 수 있었고, 영상 편집에 대해 아무것도 몰랐지만 '영어로 된' 유튜브 강좌를 보면서 편집 실력을 키워 스스로 영상 편집을 꽤나 잘할 수 있게 되었습니다. 한국어로 영상 편집을 가르치는 강좌는 찾아보기가 어려웠기 때문에 저는 영어를 할 줄 아는 게 다행이라고 생각했습니다.

저는 심지어 한국어를 배울 때에도 '영어를 알면' 더 잘 배울 수 있다고 말합니다. 왜냐하면 그 어떤 언어보다도 '영어로' 한국어를 가르치는 유튜브 학습 콘텐츠, 웹사이트, 그리고 교재들이 훨씬 많이 제공되고 있기 때문입니다. 따라서 영어를 알 경우 한국어를 배우는 데 필요한 학습 자료나 정보를 그만큼 더 많이 접할 수 있게 되어 한국어를 더 잘 배울 수 있습니다. 가끔 저도 '안다'와 '포옹하다'와 같은 한국어 단어들 사이에 어떠한 차이가 있는지 한국어 교육 사이트의 '영어로 된 설명'을 보고 명쾌히 이해하기도 합니다. 따라서 저는 이제 궁금한 것이 있으면 '영어'로 먼저 검색해 보는 것이 습관이 되었습니다.

자, 어떠신가요? 여러분께서는 영어를 알지 못한다는 이유 하나만으로 1%의 제한된 정보만 주고받으며 살고 싶으신가요? 아니면 영어를 통해 훨씬 더 많은 정보를 접하고 무엇이든 더 잘 배울 수 있는 기회를 누리고 싶으신가요? 선택은 여러분의 몫입니다.

❸ 세상에 더 큰 영향력을 행사할 수 있게 된다

영어를 할 수 있게 되면 좋은 점 세 번째는, 바로 세상에 발휘할 수 있는 '영향력'이 커진다는 것입니다. 여기서 말하는 영향력이란 한 나라의 법을 바꾼다거나, 세상을 뒤엎는 연구 결과를 발표한다거나, 혹은 역사를 새로 쓸 만한 업적을 남기는 것과 같이 거대한 것을 뜻하는 것만은 아닙니다.

우리 모두는 저마다의 영향력을 끼치며 살아갑니다. 예를 들어 대선과 같이 다양한 사회 이슈에 대한 자신의 생각을 SNS에 게시하는 '개인'으로서의 영향력, 또는 성차별적인 광고에 항의하는 것과 같은 '소비자'로서의 영향력, 혹은 낙심한 친구를 위로하고 격려하는 '친구'로서의 영향력, 이렇듯 우리는 주변에 크고 작은 영향력을 끊임없이 끼치며 살아갑니다.

그런데 우리가 모국어 외에도 새로운 언어, 즉 '외국어'까지 구사할 수 있게 되면 어떻게 될까요? 바로 우리가 개인으로서, 소비자로서, 친구로서, 그 외 다양한 주체로서 세상에 끼칠 수 있는 영향력의 범주가 훨씬 더 크고 넓어집니다. 따라서 언어의 장벽을 깨는 것은 곧 우리가 세상에 끼치는 '영향력의 장벽'을 깨는 것과도 같다고 할 수 있습니다.

새로운 언어를 구사할 줄 알게 되면 직접 해외에 나가 영향력을 끼칠 수도 있겠지만, 해외에 나가지 않고도 원래 있던 자리에서 자신의 목소리를 좀 더 크게, 좀 더 멀리 낼 수도 있습니다. 예를 들어 제품이나 숙소 후기를 쓸 때, 혹은 SNS에 글을 올릴 때에도 한국어만이 아닌 '영어'와 같은 외국어를 함께 쓰게 되면 더 많은 사람들에게 자신의 생각을 노출하여 더 넓은 세상으로 큰 파급력을 행사할 수 있게 됩니다.

물론 요즈음 번역기가 나날이 발전하고 있어 외국어를 못하면 번역기를 쓰면 되지 않겠느냐고 할 수도 있을 겁니다. 그리고 능력이 될 경우 전담 통역사를 구하면 되지 않겠느냐고 반박할 수도 있을 겁니다. 하지만 번역기나 통역사는 결코 '당신'일 수 없습니다. 같은 모국어도 사람마다 제각기 다르게 구사하고 자신만의 고유한 말투를 갖고 있기 때문에 번역기나 통역사는 당신처럼 말할 수도, 당신처럼 글을 쓸 수도 없습니다. 따라서 세상에 전하고자 하는 메시지를 '당신이' '당신답게' 전달하고 싶다면, 당신이 직접 당신 언어의 주인이 되세요. 당신의 생각을 100% 전달할 수 있는 것은 바로 '당신'뿐이니까요.

만약 제가 한국어만 할 줄 알았더라면, 미국 학교에 초대를 받아 미국 학생들에게 한국을 알리는 강연도 할 수 없었을 테고, 한국 문화와 미국 문화를 비교하는 영상을 제작해 미국 문화권 사람들에게 전달하지도 못했을 것입니다.

또한 제가 영어를 할 줄 몰랐더라면, 미국에 있을 때 저소득층 아이들을 대상으로 한 캠프에서 그들의 아픔을 보듬어 주는 선생님(counselor)이 되지도 못했을 것이고, 미국 미혼모들에게 멘토로서 사랑과 관계에 대한 수업도 진행할 수 없었을 것이며, 10여 년간 마약 중독에 시달리다 노숙자까지 되어 버린 여성이 어떻게 마약 중독을 끊고 여섯 아이의 엄마이자 간호사로서 성장하고 있는지를 인터뷰에 담아 전 세계 사람들에게 영감을 주지도 못했을 것입니다.

그리고 저는 영어가 가능했기에 구글(Google)에서 퇴사하고 실리콘밸리에 회사를 차려 세계적인 영어 교육 기업으로 성장하고 있는 회사의 CEO를 인터뷰하여 스타트업을 하려는 이들을 위한 조언을 전달할 수 있었고, 돈과 시간에 대한 두려움을 떨치고 미국의 50개 주를 돌아다니며 각 주에서 1주일씩 봉사하는 미국인 자매의 멋진 도전기를 영상으로 담아 젊은이들에게 도전 의식을 심어 주는 통로가 되어 줄 수 있었습니다.

미국 학교에 초대를 받아
한국에 대해 강연한 날

미국에서 노숙인 보호소 아이들에게
매일 책을 읽어 주던 아침

[이너뷰] 마약 중독 노숙자였던 나의 삶, 그리고 지금

[이너뷰] 구글 때려 치고 차린 회사, 성공 비결은? | 영어로 세계를 잇다

[이너뷰] 50주 동안 미국의 50개 주에서 봉사하기 |
돈, 시간, 두려움? 그냥 저질러!

그리고 TEDx에서도 한국어 대신 영어로 강연해서 전 세계 100여 개 국가에서 다양한 인종의 많은 사람들이 저의 메시지를 들을 수 있게 했습니다. 감명을 받은 몇몇 외국인 시청자들은 자신의 나라 언어로 제 강연을 직접 번역하여 자막을 실어 줌으로써 그들의 영향력을 발휘했고, 그것은 저의 영향력의 확장을 도왔습니다.

이밖에도 저는 이라크와 중국에 있는 외국인 선교사들에게 영어로 영어를 가르치며 이들의 인간관계와 소통의 폭을 넓히는 데 기여할 수 있었고, 미국인 튜터들에겐 효과적인 영어 교수법을 전달하여 영어가 보다 효율적으로 교육될 수 있도록 힘쓸 수 있었습니다. 이처럼 '저'라는 사람은 작지만 '세계'는 크기에, '영어'를 통해 영향력을 펼칠 수 있는 무대를 마음껏 넓혀 왔습니다.

하지만 영어를 할 수 있게 되어 무엇보다 다행인 건 극심한 우울증 때문에 자살 충동을 겪는 외국인 친구의 이야기에 고개를 끄덕여 주는 것처럼 인종과 국경을 초월해 타인의 아픔에 공감해 줄 수 있다는 것, 그리고 제가 삶의 의미를 찾게 된 여정을 전 세계의 많은 이들과 공유할 수 있게 되었다는 것입니다.

제가 멕시코로 봉사를 갔을 때 느꼈던 한계를 생각해 보면 더더욱 그렇습니다. 그 당시 저는 멕시코의 저소득층 아이들과 청년들을 만나 그들의 얼굴과 손등에 귀여운 그림을 그려 주며 그들을 미소 짓게 하고 그들을 위한 학교 건물을 세우며 벽에 페인트칠을 할 수는 있었지만, 정작 그 나라의 말을 모르니 그들이 무슨 말을 하는지 전혀 이해할 수 없었고 저 역시 해 주고 싶은 말이 있어도 해 줄 수 없었습니다.

인터넷도 되지 않는 곳에서 모두가 분주하게 움직이는 가운데 번역기를 구해서 멕시코 아이들을 붙잡고 하고 싶은 말을 번역기에 기입해 보라고 할 수도 없는 노릇이었습니다. 어찌나 아쉬웠는지 모릅니다. 그때 제가 스페인어를 할 줄 아는 사람들을 얼마나 부러워했는지 저는 생생히 기억합니다. 저는 전 세계 언어를 할 줄은 모릅니다. 하지만 한국어만 할 때보다는 더 많은 사람을 웃게 할 수 있게 되었고, 더 많은 영혼을 위로할 수 있게 되었습니다. 전 이 영향력을, 이 감사한 특권을 잃고 싶지 않습니다. 그리고 이러한 영향력과 특권을 보다 더 많은 이들이 누릴 수 있게끔 하고 싶습니다.

2013년 1월, 강제 인신 매매와 현대 노예 산업에 대한 미국의 대규모 컨퍼런스
'Passion Conference'에 참석하여 배운 것을 기반으로 한국에서 2013년 6월
'노(No)예에게 자유(You)를'이라는 캠페인을 열고 포스터, 브로슈어를 만들며 기금을 모았을 때

❹ 더 높은 소득을 얻을 수 있게 된다

영어 실력은 소득과도 비례하는 경향이 있습니다. 앞서 말한 바와 같이 영어를 통해 인간관계의 폭이 넓어지고, 정보와 배움의 양이 늘어나고, 그에 따라 세상에 대한 영향력이 커질수록 더 많은 수익을 창출할 수 있게 되는 건 자연스럽습니다. 뿐만 아니라 현재 많은 국가 경제의 국제 무역 의존도 또한 지속적으로 증가하고 있기 때문에 영어의 필요성은 더더욱 높아지고 있습니다. 국제 교육 기업인 Education First(EF)은 실제 개인의 영어 지수(영어 능력)와 소득 수준이 서로 깊은 상관관계가 있음을 아래와 같이 발표했습니다.

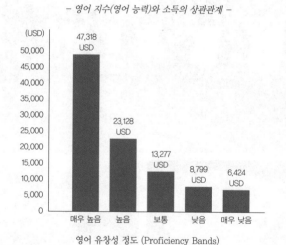

– 영어 지수(영어 능력)와 소득의 상관관계 –

영어 유창성 정도 (Proficiency Bands)

영어 유창성(Proficiency) 정도가 높을수록 소득 수준이 높게 나타나고 있다.

대학 입시에서부터 편입과 취업까지, 한국에서는 거의 모든 부분에 있어 영어 시험 점수가 요구되고 있습니다. 또한 영어나 과학과 같은 다양한 학과목에서부터 심지어 필라테스나 피아노와 같은 예체능까지, 한국에서는 이러한 것들을 '영어'로 가르치면 한국어로 가르칠 때보다 강의료를 훨씬 더 많이 받을 수 있습니다. 이처럼 영어를 잘하게 되면 국내에서 더 높은 연봉을 받는 직장을 가질 확률도 높아질 뿐만 아니라 국내를 벗어나 해외에서도 직장을 구할 수 있고, 사업을 할 경우엔 전 세계로 시장을 확장시켜 나갈 수도 있습니다.

'에이, 난 그렇게까지 대단할 걸 할 생각은 없어.'

이렇게 생각하는 사람들에게 저는 말합니다. 설령 호떡을 판다 해도 영어를 할 줄 알면 그렇지 않을 때보다 성공할 가능성이 높아진다고요. 왜냐하면 영어를 통해 요리에 대한 정보를 더 많이 얻을 수 있을 뿐 아니라 해외로 나가 호떡을 팔거나 해외 업체에 호떡을 홍보하여 이들에게 호떡을 납품할 수도 있을 것이기 때문입니다.

'흠, 꼭 내가 영어를 할 줄 알아야 되나? 그냥 영어를 잘하는 사람을 고용하면 되는 거 아냐?'

물론 이처럼 생각하시는 분들도 있을 겁니다. 맞습니다. 그러나 이는 결국 '영어를 할 줄 아는 인원 고용 → 인건비로 인한 지출 상승 → 소득의 감소'라는 결과로 이어지겠죠. 또 '영어를 할 줄 아는 인원이 소통 → 통역/번역 후 나에게 전달'이라는 과정으로 시간도 소비하게 됩니다. 자, 이제 영어와 소득 수준이 왜 비례 관계에 있는지 한층 더 잘 이해가 가시죠?

❺ 결국 영어는 삶의 질을 높이고 자유를 선사한다

앞서 말한 것과 같이 영어를 통해 ① 인간관계가 넓어지고, ② 더 많은 정보를 접하며, ③ 더 큰 영향력을 행사할 수 있게 되고, ④ 소득이 높아지면 '삶의 질'은 자연스럽게 높아질 것입니다. 국제 교육

기업인 Education First(EF)은 실제 개인의 영어 지수(영어 능력)와 삶의 질이 서로 비례 관계에 있음을 아래와 같이 발표했습니다.

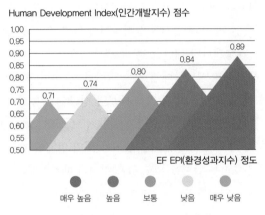

- 영어 지수(영어 능력)와 삶의 질의 상관관계 -

이뿐만 아니라 영어는 우리에게 '자유'를 선사합니다. 바로 통역 없이 소통할 수 있는 자유, 가이드 없이 여행할 수 있는 자유, 자막 없이 영화를 볼 수 있는 자유, 번역 없이 음악을 즐길 수 있는 자유, 그리고 국경을 초월해 사랑할 수 있는 자유.

저는 최근에 미국에서 제가 좋아하는 아카펠라 그룹인 펜타토닉스 콘서트에 다녀왔습니다. 그리고 농담 반 진담 반이지만, 그들이 영어로 노래하고 이야기하는 걸 '제 스스로' 직접 듣고 이해하는 순간 제 삶의 질은 향상되었습니다.

영어로 된 그들의 노래를 단순히 멜로디만 듣고 즐기는 것이 아니라, 그들의 노래가 전달하는 메시지까지 제대로 이해하고 곱씹으며 들으니 노래를 더욱 깊이 있고 풍성하게 즐길 수 있었고 그들이 영어로 말하는 농담과 인터뷰까지 알아듣고 함께 웃다 보니 정말이지 그들과 한 공간에서 같은 공기를 공유한다는 느낌을 받았습니다. 이렇듯 영어를 할 줄 앎으로써 제가 좋아하는 음악과 뮤지션을 더 가까이, 그리고 더 깊이 있게 접할 수 있게 된 것, 그럼으로써 제 삶 한 켠에 더없이 멋진 경험과 추억을 선사할 수 있었던 것, 이것은 정말이지 너무나도 흥분되는 일이었습니다.

이처럼 한국어만 알았더라면 듣고 이해할 수 없었을 메시지를 직접 이해하고 이로부터 감동을 느낄 수 있게 되면 삶은 더욱 성숙해지고 풍요로워집니다. 저는 제 인생을 송두리째 바꿔 준 책들을, 신앙을 새롭게 해 준 설교를, 그리고 패러다임을 바꿔 준 강연과 귀감이 되는 연설을 영어로 접할 수 있었고, 이 때문에 더더욱 영어를 포기하지 않고 열심히 공부할 수 있었습니다. 특히 영어로 읽었던 'Crazy Love', 'You and Me Forever', 'The Heavenly Man', 'God Is Closer Than You Think', 'The Five Love Languages', 'Crafting a Rule of Life' 등의 책들은 제게 삶의 방향을 바꿀 만한 깨우침을 주었고 제 삶의 원칙을 새롭게 정립하도록 해 주었습니다.

그 중 'Crazy Love'와 'You and Me Forever'의 저자인 프랜시스 챈(Francis Chan) 목사님은 저로 하여금 '영어 배우길 참 잘했다. 이런 분의 메시지를 들을 수 있어서!'라는 생각이 들게끔 하십니다. 동시에 '다른 사람들도 제발 영어를 해서 이 책을 봤으면 좋겠어!'라는 생각까지 들어서 저는 이분의 영상이나 책을 볼 때마다 그것이 더 널리 퍼졌으면 하는 마음에 전담 통역사나 번역가로 일해 드리고 싶은 욕심도 날 정도입니다.

물론 운이 좋으면 이분의 번역본 책이나 한국어 자막이 있는 영상을 발견하기도 하는데, '아, 원문의 느낌이 영 안 사네'라는 생각이 들 때가 많습니다. 그 이유는 번역자의 번역 능력이 탁월하지 못해서가 아닙니다. 바로 이 세상에 완벽한 번역이란 존재하지 않기 때문입니다. 설령 제가 제 영어를 한국어로, 제 한국어를 영어로 번역한다 해도 완벽하게 번역할 수는 없습니다. 각각의 언어는 번역으로 전달될 수 없는 각 언어만의 '고유의 느낌과 뉘앙스'를 가지고 있기 때문입니다. 따라서 아무리 탁월한 번역자라도 원래의 메시지가 갖고 있는 고유한 느낌까지 완벽하게 전달하는 것은 어렵습니다.

자, 한번 생각해 보세요. "나 보기가 역겨워 가실 때에는 사뿐히 즈려 밟고 가시옵소서"를 영어로 번역할 수 있을까요? '사뿐히'는 어찌어찌 번역한다 치더라도 '즈려'와 같은 한국어 고유의 느낌을 살리기는 여간 쉽지 않아 번역본으로는 원문만큼의 감동을 실을 수 없다는 걸 그 누구도 부인할 수 없을 것입니다. 따라서 저는 한국어로 번역된 영어 명언이나 시, 책, 영화, 노래 가사, 연설 등을 보면 정말이지 너무나 아쉬울 때가 많습니다.

따라서 영어를 할 수 있게 되면, 영어로 된 시, 책, 영화, 노래 가사, 연설 등에서 전달하고자 하는 메시지를 번역 없이 그대로 제대로 즐길 수 있게 됩니다. 따라서 결국 지성은 확장되고 감성은 깊어지며 삶의 질은 높아질 확률이 커집니다.

물론 이것이 제가 영어라는 언어를 숭배한다거나 혹은 영어만 할 줄 알면 인생이 무조건 술술 풀린다는 걸 의미하는 것은 아닙니다. 영어가 우리에게 무조건 성공과 행복을 가져다 주는 마법의 묘약이라도 되는 건 아니니까요. 다만 저는 우리가 가진 언어의 한계가 우리가 접하게 되는 세계의 한계라는 걸 말하고 싶었습니다. 따라서 언어의 한계를 깨는 것은 곧 여러분이 속한 세계의 한계를 깨는 것입니다. 저는 부디 여러분이 1%의 조그만 세상에서 벗어나 보다 넓은 세상을 향해 인간관계를 확장하고, 더 다양한 정보를 접하며 더 많은 것을 배우고, 이를 통해 여러분의 영향력을 널리 끼침과 동시에 소득도 높이고, 결과적으로는 여러분의 삶의 질을 향상시켰으면 하는 바람입니다. 제가 영어라는 도구를 통해 더 넓은 세상을 접하고 제 스스로를 발전시킬 수 있었던 것처럼, 여러분 역시 '영어'라는 발판을 통해 여러분이 가진 한계를 최소화하고 기회는 최대화하며 한층 더 멋진 사람으로 거듭날 수 있게 되기를 진심으로 바랍니다.

"The limits of my language
are the limits of my world."

"나의 언어의 한계는 곧 나의 세상의 한계이다."

- Ludwig Wittgenstein -

WOW!
⟨ 나도 할 수 있다! ⟩

영어를 통해 이루고 싶은 '나의 꿈' 적어 보기

❶ 당신의 인생의 목적과 비전은 무엇입니까?

_____

_____

_____

_____

❷ 단기적으로 성취하고 싶은 목표와
장기적으로 이루고 싶은 목표는 무엇입니까?

✎ _____

_____

_____

_____

❸ 그것을 이루는 데에 영어가 필요한 이유는 무엇입니까?
영어를 배우고자 하는 이유와 목적을 적어 보세요.

✎ _____

_____

_____

_____

❹ 영어를 잘하게 된 자신의 모습을 상상하면 어떤 장면이 떠오르나요?
가상 일기 또는 가상 뉴스 기사를 작성해 보세요.

✎ _____

_____

_____

_____

_____

_____

_____

어휘 : 언제나 내 손 안에!
"Addiction"

(1) 닥치는 대로 읽기

고등학교 국어 선생님께서 그러셨습니다.

"뭐든 읽어라."

책의 제목이든, 전단지든, 하다못해 지하철에 있는 광고 문구든, 뭐든 많이 읽으라고, 그래야 어휘력이 좋아지고 글솜씨가 는다고요. 제가 잘하는 것 중 하나는 바로 그런 말을 귓등으로 듣지 않는다는 것입니다. 그 뒤 저는 국어 선생님께서 말씀하셨던 대로 주변에 써 있는 글자란 글자는 죄다 읽어대기 시작했습니다. 아파트 게시판의 공지 사항부터 엘리베이터에 붙어 있는 안내문, 길가의 광고 문구까지 보이는 글자란 글자는 모조리 읽었습니다. 그렇게 닥치는 대로 읽다 보니 어설프게 뜻만 알고 있던 단어들은 그 쓰임새까지 제대로 머리에 새길 수 있었고, 더 나아가 좋은 문장을 보면 이를 따라 쓰고 싶은 마음까지 생겼습니다. 재미있었습니다. 어느새 글자가 써 있으면 읽어 보지 않고는 못 배기는 제가 되어 있었고, 저는 그렇게 알게 모르게 한국어 어휘력과 문장력을 점차 늘려 갔었던 듯합니다.

영어도 마찬가지였습니다. 지나가다 간판에라도 영어가 보이면 꼭 읽어 보게 되었고, 모르는 영어 단어를 발견하면 설레는 마음으로 메모해 두었다 집에 가면 찾아 보는 게 일이었죠. 영어를 배우기로 마음 먹고 나서는 휴대폰, 노트북, 웹사이트의 언어도 '영어'로 설정해 놓고 최대한 많은 영어 단어에 노출되려고 노력했습니다. 그렇게 하면 일상 생활 속에서 이미 익숙하게 접하던 단어들이 '영어'로 보이기 시작하기 때문에 큰 이질감 없이 쉽게 이해하고 받아들일 수 있게 됩니다.

WOW! 〈 나도 할 수 있다! 〉

영어 닥치는 대로 읽기 & 영어로 언어 설정하기

❶ 지나가다 보이는 광고 문구 읽어 보기

121

❷ 휴대폰과 노트북의 언어 설정을 영어로 바꿔 보기

한국어
한국어

English   ✓
영어

❸ 페이스북의 언어 설정을 영어로 바꿔 보기

이처럼 보이는 대로 읽어 보고, 또한 생활 속 다양한 언어 설정을 영어로 바꿔 놓으면 자연스럽게 다양한 영어 표현들을 익힐 수 있습니다. 예를 들어 페이스북의 언어를 영어로 설정했을 경우, 이로부터 'make post(게시물을 올리다)'와 'What's on your mind?(무슨 생각하세요?)'와 같은 표현들을 배울 수 있고, 이를 활용해 "I just made a post on Facebook. Have you seen it?(나 페이스북에 막 게시물 올렸어. 너 그거 봤어?)"라고 말해 보거나, 혹은 골똘히 생각에 잠긴 표정을 한 친구에게 "What's on your mind?(너 무슨 생각해?)"라고 말해 볼 수도 있을 겁니다. 그러니 여러분도 휴대폰이든 SNS든 언어 설정을 '영어'로 바꾸는 걸 꼭 시도해 보세요!

(2) 어원으로 공부하기

"concentration이라는 단어 말이야, 왠지 뜻이 딱 '집중'일 것처럼 생기지 않았어?"

학창 시절, 영어 단어를 어떻게 잘 외우느냐는 친구의 물음에 이렇게 답했다가 친구가 저를 한참 째려봤던 기억이 납니다. 그런데 제겐 이것이 정말 사실이었습니다. 'concentration'이라는 단어는 어딘지 모르게 정말 '집중'이라는 뜻이 딱 어울리게 생겼으니까요. 친구는 제게 그런 허무맹랑한 소리 좀 하지 말라는 표정을 지었는데, 저도 제가 그런 생각이 드는 것에 대해 어떤 뚜렷한 근거를 댈 수가 없어 그저 멋쩍을 뿐이었습니다. 나중에 가서 '어원'이라는 것을 알게 되기 전까지는 말이죠.

'어원'이란 단어가 생겨난 뿌리, 즉 '단어의 근원'을 뜻합니다. 예를 들어 한자를 알고 있으면 처음 보는 한국어 단어도 그 뜻을 손쉽게 유추해 볼 수 있듯이 영어도 어원을 알고 나면 처음 보는 영어 단어라도 그 뜻을 어느 정도 유추할 수 있고, 배운 후에도 이를 더욱 자연스럽게 받아들일 수 있을 뿐 아니라 훨씬 더 쉽게 암기할 수 있습니다.

예를 들어, 앞서 언급했던 concentration이라는 단어를 살펴보면 가장 앞에는 '모두, 함께'라는 뜻의 'con'이라는 접두사가 붙어 있고, 중간엔 '중심'을 뜻하는 'centr', 맨 끝엔 명사형 어미인 '-ation'이 붙어 있기 때문에 이것의 전체적인 의미를 '함께 중심을 함'으로 생각해 볼 수 있습니다. 따라서 이렇게 봤을 때 'con/centr/ation'이 '집중'이라는 뜻을 가진 단어라는 것은 무척 개연성 있고도 자연스럽게 여겨집니다.

당시 제가 '어원'이라는 것이 있다는 것을 알고서 어원들을 따로 암기하여 'concentration이라는 단어는 뜻이 딱 '집중'인 것처럼 생겼다고 생각했던 건 아니지만, 워낙 많은 영어 단어들을 접하며 유심히 쳐다보다 보니 '얼추 그런 뜻이겠구나' 하고 예상할 수 있었던 것입니다. 한국어도 많이 듣고 구사하다 보면 일일이 외우지 않아도 단어들에게서 공통적으로 나타나는 어근의 뜻을 자연스레 파악할 수 있게 되고, 한자 역시 모두 알고 쓸 줄은 모르더라도 한자어를 많이 접하다 보면 새로운 단어의 뜻도 대강 추측해낼 수 있게 되듯이 말입니다.

그 후로 저는 영어 단어는 '어원'으로 공부하기 시작했습니다. 영어 단어를 어원으로 공부하면 두 가지 장점이 있습니다. 첫째로는 '단어는 무조건 일일이 암기해야 한다'라는 명제에서 탈출할 수 있어 마음에 부담이 없어지고, 둘째로는 처음 보는 단어들도 어느 정도 그 뜻을 예측할 수 있어 단어를 매우 효율적으로 공부할 수 있다는 것입니다.

예를 들어 ped는 '발'과 관련된 의미를 내포하고 있습니다. 따라서 자전거를 탈 때 발을 올려놓는 부분을 'pedal(페달)'이라 하는 것이고, 발을 꾸며 주고 치료(cure)해 주는 작업을 'pedicure(페디큐어)'라고 하는 것입니다. 자, 이렇게 어원을 알고 뜻을 들여다보니 영어 단어가 머리에 훨씬 더 쏙쏙 잘 들어오는 걸 알 수 있죠?

또 다른 예를 들자면 stell(a)는 '별'을 뜻합니다. 그래서 우주를 다룬 영화의 제목인 'interstellar(인터스텔라)'라는 말에도 stellar가 들어 있는 것을 알 수 있습니다. 덧붙여 stellar 앞에 붙은 inter은 'between(사이의)'라는 의미를 가진 접두사입니다. 따라서 inter/stellar라는 단어는 결국 '별들 사이의'라는 뜻을 가진 말로 생각해 볼 수 있죠.

이 밖에도 수많은 어원이 있는데, 이러한 어원을 알면 단어 공부가 훨씬 재미있어집니다. 더불어 영단어에 단골로 등장하는 under-, over-, anti-, geo-, aqua-, bio-, trans-, mort- 등의 접두사를 알아 두면 단어 뜻의 일부를 미리 추측하며 단어를 익힐 수 있고, -y, -tion, -fy, -ation, -ism, -ish, -er/or, -ness, -ity, -ize, -(y)age, -able 등의 접미사를 알아 두면 단어의 품사를 바로 알아챌 수 있습니다.

< WOW! 나도 할 수 있다! >

어원으로 단어의 뜻 유추해 보기

'함께'라는 뜻을 지닌 '**con**'과 '별'을 뜻하는 '**stella**',
그리고 명사형 접미사인 '**-ation**'이 합쳐져서 만들어진 단어인
'**constellation**'은 무슨 뜻일까요?

정답: 별자리

(3) 연상법(Association Method)으로 기억하기

또한, 저는 어원으로 해결되지 않는 단어들은 '연상법'으로 공부했습니다. 연상법이란 암기해야 할 대상을 보고 떠오르는 것들을 암기해야 할 대상과 '연관 짓는(associate)' 공부법인데요. 예를 들어, 개그맨 서경석 씨는 임진왜란이 1592년에 일어났다는 사실을 외우기 위해 1592(일오구이)라는 발음에서 "임진왜란이 일어났으니 일오구이(1592)쓸 데가 아니다!(이러고 있을 때가 아니다!)"라는 문장을 연

상하여 외웠다고 합니다. 저도 방송에서 그 말을 들은 뒤로는 임진 왜란이 1592년에 일어났다는 사실을 잊을래야 잊을 수가 없게 되었습니다. 이와 마찬가지로, 영어 단어를 외울 때에도 그 단어를 떠올 렸을 때 연상되는 무언가를 실제 그 단어의 의미와 연관 지어 기억하면 그 기억이 오래 가게 되어 보다 효율적으로 암기할 수 있습니다.

따라서 저는 단어를 봤을 때 연상되는 대상을 떠올려 이를 단어와 연관 지어 암기하려고 노력했고, 자연스럽게 연상되는 무언가가 없으면 머리를 쥐어 짜내서라도 연관점을 만들어냈습니다. 예를 들어, humdrum이라는 단어의 뜻은 '단조로운, 따분한'인데, 잘 외워지지 않을 경우 '험드럼'이라는 발음에서 '험, 드럼 소리가 단조롭네?'라는 문장을 연상해서 외웠습니다. 그리고 adorable이라는 단어는 '귀여운', '사랑스러운'이라는 뜻인데, 철자를 한국식으로 옮기면 '아도라블'이 됩니다. 따라서 이 같은 발음을 활용하여 '(귀여워서) 아, 돌아 버려~'라고 연상하여 외우게 되면 보다 쉽게 단어를 암기할 수 있을 것입니다.

이렇게 의미를 부여하며 공부한 게 그저 제 엉뚱한 잔머리라고만 생각했는데, 실제 이러한 연상법은 효과적인 암기법으로 잘 알려져 있습니다. 미국에서 의학 박사 과정을 밟고 있는 미국인 신랑 크리스 (Chris) 역시 의학 공부를 하는 데 있어 이러한 연상법을 활용한 의학 지식 암기 프로그램을 유료로 수강하여 활용하는 것을 본 후 저는 이 방법에 더욱 확신을 가지게 되었습니다.

그런데 이렇게 연상법으로 단어를 암기할 경우 주의해야 할 것이 두 가지가 있습니다. 첫째로는 연상 과정만 기억에 남고 정작 외워야 할 실제 의미는 떠오르지 않는 참사를 막는 것입니다. 예를 들어, adorable을 '아도라블 → 아, 돌아 버려~'라고만 외울 경우, '아, 돌아 버려~'만 기억나고 정작 '왜' 돌아 버린다고 하며 외웠는지 그 제대로 된 의미는 떠오르지 않아 adorable의 뜻을 '돌아 버리다'로 잘 못 이해할 수도 있습니다. 따라서 adorable이 '귀여운'으로 쓰이는 예문을 많이 작성해 보면서 뜻을 익히는 것이 안전합니다.

연상법으로 영어 단어를 외울 때 주의해야 할 또 다른 사항은 바로 '발음'입니다. adorable의 발음을 한국식 표기인 '아도라블'로 바꾼 뒤 '(귀여워서) 아, 돌아 버려~'라고 연상하면 adorable의 뜻은 쉽게 기억할 수 있지만, adorable의 실제 발음과는 다소 동떨어진 '아도라블'만 기억에 남을 수 있다는 위험이 있습니다. 단어를 익힐 땐 그 단어가 어떤 소리로 발음되는지 정확히 아는 것 또한 중요합니다. 그러니 사전에서 원어민의 발음을 듣고 실제 발음까지 제대로 기억하도록 유의해야 합니다.

그래서 이 같은 연상법은 처음 보는 단어인데 도무지 외워지지 않을 때, 그리고 연상을 통해 떠올릴 수 있는 대상이 최대한 명확하고 의미 범위가 좁을 때 사용할 것을 추천합니다.

WOW!
나도 할 수 있다!

연상법을 활용하여 단어 암기해 보기

앞서 배웠던 '연상법'을 활용해 아래 단어들을 외워 보세요.

feeble [fíːbl] – 약한
drawer [drɔːr] – 서랍
▶ **feeble** – 피블 – '약해서' 툭 쳐도 '피 볼' 것 같아
  ▶ **drawer** – 드러월 – 내 '서랍'은 '드러워'

절대 못 까먹는 암기법, '연상법'!

(4) 철자가 아닌 '발음' 기억하기

철자에는 어원도 없고, 연상법도 통하지 않습니다. 따라서 "스펠링 외워!"라고 하시는 선생님 말씀에 따라 철자를 하나하나 무턱대고 외우기만 하다간 아까운 시간만 낭비하고 결국 다 까먹어 버리기 쉽습니다. 이는 그저 무작위로 나열된 글자들의 배열만을 달달 외우는 것일 뿐, 어원이나 연상법과 같이 무언가 머릿속에 남을 만한 단서를 제공하는 것이 아무것도 없으니까요.

게다가 글자들의 나열을 아무리 줄줄 외우고 읊어도 그것이 어떻게 발음되는지를 모르면 실전에서 낭패 보기 십상입니다. 왜냐하면 생긴 것 같지 않게 발음되는 단어들이 꽤 많기 때문입니다. 예를 들어 debt(빚)에서는 'b'가 묵음이고, salmon(연어)에서는 'l'이 묵음이며, receipt(영수증)에서는 'p'가 묵음이고, lamb(양)에서는 'b'가 묵음입니다. 따라서 그냥 철자만 외우고 실제 그 단어가 어떻게 발음되는지 모르면 말하기도, 듣기도 실패합니다. 외국인과 대화할 때 외국인이 단어의 철자를 하나하나 읊어 주는 것도 아니고, 우리가 철자를 하나하나 읊어 가며 말하는 것도 아니기 때문에 소통을 위해서는 단어의 '발음'을 외우는 것이 바람직합니다.

발음부터 외운 후 철자는 그에 맞게 쓰면 됩니다. 한국어로도 'ㄱ, ㅏ, ㅂ, ㅏ, ㅇ'을 외워서 '가방'을 쓰는 것이 아니라 '가방'이란 말을 듣고 'ㄱ, ㅏ, ㅂ, ㅏ, ㅇ'을 써내는 것처럼 말입니다.

WOW!
⟨ 나도 할 수 있다! ⟩

철자보다 '발음'을 외워야 할 단어들 익혀 보기

묵음에 주의할 발음

debt [det] – 빚
salmon [sǽmən] – 연어
receipt [risíːt] – 영수증
lamb [læm] – 양, 양고기

의외의 발음

infamous [ínfəməs] – 악명 높은
mature [mətjúər] – 성숙한
claw [klɔː] – (동물이나 새의) 발톱
clothes [klouðz] – 옷
law [lɔː] – 법

(5) 나만의 사전 만들기

일종의 강박 같기도, 중독 같기도 했습니다. 모르는 단어를 수집하는 병이라도 앓았던 것일까요? 전 그냥 지나칠 수가 없었습니다. 책에 나오는 단어든, 간판에 보이는 단어든, 모르는 단어라면 무조건 제 손안에 있어야만 했습니다. 그렇게 손바닥만한 크기의 수첩부터 크고 두꺼운 공책까지, 영단어를 적은 여러 권의 공책들이 제 방에 쌓여 갔습니다. 처음 보는 단어라면 모조리 받아 적어야 직성이 풀렸으니까요.

＊ throw sth to the wind
: v. to discard or dispense , especially
in an abrupt or reckless manners.

ex) There are two men in the Bible whom
God condemns for wasting their talent,
for throwing it to the wind.
ex) Proud of their accomplishment, they recently
threw secrecy to the window, opened the
basement display room to visitors.

＊ abrupt
: sudden or unexpected

ex) I was surprised by the abrupt change
of subject.

＊ secrecy
: n. the state or condition of being
secret, hidden, or concealed.

단어의 뜻과 예문을 영어로 적어 가며 공부했던 실제 나만의 영어 사전

제 경우 단어를 정리할 때엔 단어의 품사부터 시작해 그 단어가 가진 여러 가지의 뜻, 발음과 강세, 유의어와 반의어는 물론이고 예문까지 줄줄이 적었습니다. 그리고 그렇게 예문을 적다 보면 그 예문에도 모르는 단어가 있어 그 단어들까지 꼬리에 꼬리를 물고 적다 보니 단어장은 어느덧 '저만의 사전'이 되어 있었습니다. 그리고 제게 있어 모르는 단어의 기준은 단순히 뜻을 모르는 단어가 아닌 '문장으로 사용할 줄 모르는' 단어였습니다. 저는 단어를 보자마자 적절한 예문이 떠오르지 않을 경우 얄짤없이 모르는 단어로 취급하여 공부했습니다. 그러다 영어를 잘하게 됐을 즈음엔 영영 사전을 참고하여 단어의 뜻을 한글이 아닌 영어로 적기도 했습니다. 참고로 영영 사전을 참고해 단어장을 영영으로 만들기까지 한영 사전을 참고해 한국어로 만든 단어장이 수권 있었습니다.

어린아이가 그렇습니다. 새로운 것에 대한 호기심이 강해 무언가를 배울 때면 눈이 반짝반짝하죠. 저 역시 영어에 있어서는 어린 아이와 마찬가지였습니다. 몰랐던 단어나 들어는 봤지만 쓸 줄은 몰랐던 표현을 듣게 되면 '아, 아직도 모르는 말이 이렇게나 많다니!'라는 생각으로 가슴이 설렜습니다. 모르는 표현이 나타나 주기를, 그래서 배우게 될 수 있게 되기를 기다렸던 제게는 모르는 단어를 발견하는 일이 보물 찾기에서 보물을 발견하는 것이나 다름없었습니다. 알아갈 것이 여전히 많다는 것만큼 흥미롭고 설레는 일이 또 어디 있을까요?

QR코드 스캔하여 영상 시청하기!
영단어 제대로 공부하는 비결! 노트 하나로 실력 UP!

나만의 영어 사전 만들어 보기

자신이 알고 싶은 단어를 몇 가지 골라 품사를 표시하며 뜻을 적고
관련 예문까지 써 보며 자신만의 사전을 한번 만들어 보세요.

1. (단어) _____

 (뜻) _____

 (예문) _____

 _____

2. (단어) _____

 (뜻) _____

 (예문) _____

 _____

3. (단어) _____

 (뜻) _____

 (예문) _____

 _____

4. (단어) _____

 (뜻) _____

 (예문) _____

 _____

(6) 직접 영영 사전 되기

자신만의 영어 사전을 만드는 게 수월해지면 이젠 직접 사전이 되어야 합니다. 밥 먹듯이 사용하는 단어도 뜻을 풀어서 설명하거나 정의하려고 하면 우물쭈물하기 쉬운데, 저는 언어를 잘하려면, 특히 외국어를 잘하려면 이미 아는 단어도 직접 정의할 줄 알아야 한다고 생각합니다. 단어의 사전적 정의를 내리는 연습은 엄밀히 말해 외국어 실력과는 상관이 없습니다. 이는 외국어를 떠나 '언어 능력 자체'가 요구되는 일이기 때문이죠.

이제부턴 영어 단어를 한국어로라도 풀어서 정의해 보는 습관을 길러 보세요. 한국어로 정의해 본 다음엔 영어로 번역해 봐도 좋습니다. 자신이 쓰고 있는 단어의 의미를 제대로 알고 있는지 확인할 수 있는 방법 중 이만큼 좋은 방법도 없습니다.

그리고 직접 영영 사전이 되어 단어의 뜻을 정의하고 풀어서 설명하는 능력을 키우는 것이 중요한 가장 큰 이유는 이러한 능력이 있으면 모르는 단어가 있어도 소통하기 수월해지기 때문입니다. 어떻게 이게 가능하냐고요? 바로 모르는 단어를 다른 단어로 설명할 수 있는 능력이 생기기 때문입니다. 한번은 제가 운영하는 유튜브 채널 Aran TV에서 제가 이런 말을 한 적이 있습니다.

"제가 생각하는 유창함의 기준은 '이 세상 모든 단어를 아느냐'가 아닙니다. 바로 '모르는 단어가 있어도 기존에 알고 있던 단어를 이용하여 그것을 설명해낼 수 있느냐'입니다. 특정 단어를 몰라도 그것을 성공적으로 묘사하여 타인과 소통하는 데에 지장이 없다면 충분히 유창하다고 생각합니다. 마찬가지로 누군가 생소한 단어를 써서 제가 그것을 이해하지 못했다 해도, 상대방에게 그 단어의 뜻을 묻고 상대방이 그 단어에 대해 풀어서 설명한 걸 알아들을 수 있다면 충분합니다. 이 세상 모든 단어를 다 외울 순 없습니다. 원어민조차도 모르는 단어들이 존재하는 걸요. 중요한 건 '단어를 몰라도 소통하는 법', 즉 말하고자 하는 것을 에둘러서라도 설명하고 묘사해내는 실력을 기르는 겁니다."

예를 들어, '굳이'라는 말은 영어로 뭘까요? 몰라도 괜찮습니다. '굳이'라는 말을 풀어서 설명할 수 있다면요. '굳이'라는 말을 한국어로 정의하자면 '추가적인 노력을 하여'라고 할 수 있을 것이고, 이는 곧 영어로 'make an extra effort(추가적인 노력을 하여)', 또는 'try especially hard(특히 열심히 노력하여)' 정도가 될 겁니다. 또는 'make more effort than required even though it is not convenient or easy to do(편리하거나 쉬운 일이 아닌데도 요구된 노력보다 더 많은 노력을 하여)'라고도 할 수 있겠죠.

자, 어떤가요? 이렇게 '굳이'에 딱 들어맞는 영어 단어를 모른다 해도, 원래 알고 있던 단어들을 사용하여 '굳이'의 의미를 충분히 풀어서 설명할 수 있겠죠?

그렇다면 '노른자'가 영어로 뭔지 몰라도, 어휘력의 한계에 부딪힌 양 좌절하거나 곧바로 사전에 의존하기보다는 자신이 직접 영영 사전이 되어 당당하게, 그리고 자신 있게 'the yellow part of an egg(계란의 노란 부분)'이라고 묘사하면 됩니다. 그러면 충분히 소통할 수 있고, 상대로부터 "Oh! Yolk(노른자)?"라는 말을 들을 수도 있습니다. 그런 상황에서 생생하게 배우게 된 'yolk(노른자)'라는 단어는 사전을 찾아 배우는 것과는 비교도 할 수 없을 만큼 강하게 뇌리에 박혀 오래도록 잊혀지지 않을 것입니다.

스스로가 직접 영영 사전이 되어 단어를 정의하다 보면 좋은 점 또한 가지는, 어떤 한 단어를 정의하려다가 만나게 되는 새로운 단어들까지 끊임없이 공부하게 된다는 것입니다. 그렇게 되면 나만의 영어 사전은 점점 두꺼워질 것이고, 끝이 없는, 아니, 끝내고 싶지 않은 언어 공부의 매력에 빠질 것입니다.

'굳이'는 영어로? | 단어를 몰라도 소통하는 법

WOW!
⟨ 나도 할 수 있다! ⟩

셀프 영영 사전 되어 보기

초급자 분들은 '한국어'로 먼저 정의해 본 뒤 '영어'로 번역해 보시고,
중급자 분들은 바로 영어로 정의해 보세요.

❶ 'airplane(비행기)'을 직접 정의해 보세요.

❷ 'banana(바나나)'를 직접 정의해 보세요.

✎ _____

_____

❸ 'constantly(끊임없이)'를 직접 정의해 보세요.

✎ _____

_____

(7) 자꾸 까먹기

자꾸 까먹으세요. 빨리빨리 까먹고 빨리빨리 다시 외울수록 이득입니다. 모든 단어를 단번에 외워서 평생토록 기억할 수 있다면 꿈만 같겠지만, 그건 정말 꿈만 같은 소리입니다. 우리는 무언가를 딱한 번 입력하면 영원히 기억할 수 있는 기계가 아닙니다. 따라서 까먹고 다시 외우기를 반복해야 합니다. 일곱 번 까먹으면 여덟 번 외우면 됩니다. 여덟 번 까먹으면 아홉 번 외우면 되고요.

종이에 연필로 무언가를 썼다가 지우개로 지우면 내용이 싹 다 지워져서 뭐라고 썼었는지 알 수가 없지만 같은 자리에 쓰고 지우고, 쓰고 지우고를 계속해서 반복하다 보면 아무리 지우개로 지워도 종이에 연필 자국이 남게 되어 어떤 말을 썼었는지 눈치챌 수 있습니다. 이와 마찬가지로 단어를 외울 때에도 까먹었다 외웠다를 계속해서 반복하다 보면 이는 어느새 '장기 기억'이 되어 뇌리에 깊숙이 박히게 됩니다. 마치 '뇌'라는 종이 위에 '단어'라는 연필 자국이 남게 되는 것과 같이 말이죠.

그래서 저는 많은 단어를 암기할 때 한 단어만 오래 쳐다보고 있지 않습니다. '이거 다 외우고 나서 다음 단어 봐야지!'라는 생각은 금물입니다. 왜냐하면 처음 단어를 다 외웠다고 생각한 후 다음 단어로 넘어가 이를 외우고 다시 처음 단어로 돌아오면, 처음에 외웠던 단어는 어차피 다 까먹게 된 상태가 될 테니까요. 한 번에 다 외우겠다는 생각은 절대 금물!

10분이 있다면 10분 동안 한 단어만 뚫어져라 쳐다보며 외우는 것보다는 10분 동안 여러 단어를 돌아가면서 본 뒤에 다시 처음 단어로 돌아가서 '이게 뭐더라? 아... 생각 안 나... 알 것 같은데... 그... (정답을 본 뒤) 맞아! 이거였지!'를 반복하는 것이 훨씬 더 효과적입니다. 금세 잊어버려도 좋으니 뇌에게 기억했던 정보를 꺼내려고 노력할 기회를 최대한 많이 주세요. 그렇게 노력의 횟수가 많아질수록, 그러니까 '맞아! 이거였지!'를 계속 반복할수록 아무리 없애려 해도 사라지지 않는 연필 자국을 뇌에 남기게 될 테니까요.

WOW!
〈 나도 할 수 있다! 〉

여러 번 까먹고 더 여러 번 외워 보기

지금부터 4회에 걸쳐 아래 단어들을 외워 봅시다.
1차엔 눈으로 보고 입으로 말하면서 단어를 외우고,
2차와 3차엔 빈칸을 채우면서 잘 외웠는지 확인하고,
4차엔 단어들의 순서를 바꿔서도 잘 외웠는지 확인해 봅시다.

1차 암기 : 단어 외우기

convincing : (a) 설득력 있는, 납득할 만한, 유력한

plead : (v) 애원하다, 변호하다

whip : (n) 채찍 (v) 채찍질하다

seduce : (v) 유혹하다, 꾀다

exaggerate : (v) 과장하다

2차 암기 : 직접 뜻을 적어 보며 다시 외우기

convincing : (a) _____, _____, _____

plead : (v) _____, _____

whip : (n) _____ (v) _____

seduce : (v) _____, _____

exaggerate : (v) _____

3차 암기 : 직접 영어 단어를 적어 보며 다시 외우기

_____ : (a) 설득력 있는, 납득할 만한, 유력한

_____ : (v) 애원하다, 변호하다

_____ : (n) 채찍 (v) 채찍질하다

_____ : (v) 유혹하다, 꾀다

_____ : (v) 과장하다

4차 암기 : 순서를 바꿔서 적어 보며 다시 외우기

seduce : (___) _____, _____

_____ : (v) 과장하다

plead : (___) _____, _____

_____ : (a) 설득력 있는, 납득할 만한, 유력한

_____ : (n) 채찍 (v) 채찍질하다

(8) 바로 써먹기

성인이 새로운 외국어 단어를 기억하고 비로소 이를 직접 사용할 수 있게 되기까지는 그 단어에 15번에서 30번 정도 노출되어야 한다고 합니다. 그래야만 각인되고 익숙해질 수 있기 때문이죠. 제가 영어를 빨리 익힌 비결은 이 횟수를 줄인 데에 있습니다. 저는 새로운 단어에 1번 노출되었을 때 이를 그 즉시 사용하기 시작해 버려서 앞서 말한 15에서 30번이라는 횟수를 1번으로 줄여 버렸습니다. 남들보다 15~30배 빨리 사용했으니 저는 남들보다 15~30배 빨리 익힌 셈이라 할 수 있습니다.

제가 교환 학생을 시작하며 세운 두 가지 철칙이 있는데, 이 두 가지 철칙은 제가 영어를 공부하는 데 있어 정말 큰 도움이 되었습니다. 첫 번째 철칙은 '오늘 배운 건 오늘 써먹는다'였고, 두 번째 철칙은 '페이스북에 글을 올릴 때 외국인 친구들과도 소통할 수 있도록 꼭 영어와 한국어로 모두 적는다'였는데, 저는 이 두 철칙을 1년간 하루도 빠짐없이 지켰습니다.

어린아이가 말을 배울 때 곧잘 하는 행동 중 하나가 배운 말을 야무지게도 금세 써먹는다는 것입니다. '나는 이런 말도 할 줄 안다!' 싶어 스스로가 자랑스러운지 새로 배운 말을 자꾸만 써먹는 경향이 있고, 심지어 '이런 상황에서는 안 써도 되는데' 싶을 때도 있죠. 혹시 이처럼 배운 말을 못 써서 안달 난 아이를 본 적이 있으신가요? 바로 제가 그랬답니다. 제가 초등학생일 때 하루는 국어사전을 뒤적거리다가 '통상'이라는 단어를 발견하곤 엄마께 "엄마, '통상'이 뭐야?"라고 여쭈어 본 적이 있습니다. 그때 엄마께서는 "음, '보통'이라는 말이야"라고 하셨죠. 저는 '와, 나는 이제 '통상'이라는 어려운 말도 아네!'라는 생각에 어깨가 으쓱해졌습니다. 그리고 제가 만든 미니 홈페이지에 냉큼 들어가 친구들이 모두 볼 수 있게끔 '통상'이라는 말을 사용해서 글을 남겼던 기억이 생생합니다. 올려 놓고 얼마나 뿌듯했는지 모릅니다.

비슷한 사례로, 우연히 뉴스에 출연해 인터뷰를 하게 된 미국 꼬마 아이가 'apparently(보아 하니)'라는 말을 거의 매 문장마다 사용해 화제가 된 적이 있었는데요. 그 인터뷰 영상은 유튜브에서 약 3천5백만 조회수를 기록할 정도로 화제가 되었고, 이 꼬마는 'apparently kid'라는 별명까지 얻게 되어 광고도 찍고 유명 토크쇼인 Ellen Show에까지 출연하게 되었습니다. 이 꼬마 아이의 인터뷰 영상 댓글에선 누군가 이렇게 말하기도 했습니다.

"He probably just learned the word and just started using it whenever possible.(이 녀석 'apparently'라는 말을 이제 막 배웠나 보네. 그래서 'apparently'라는 말을 쓸 수 있는 상황만 되면 무조건 쓰는 거야.)"

QR코드 스캔하여 영상 시청하기!
("Apparently" This Kid Is Awesome, Steals the Show During Interview ("보아 하니" 이 아이는 대박적 인터뷰 씬 스틸러!)

이렇듯 어린아이들은 새로 배운 말을 써 볼 기회만 오면 기다렸다는 듯이 그 말을 사용합니다. 저도 학창 시절엔 영어 단어를 하루에 수십 개씩 외운 다음에 이를 어떻게든 바로 사용해 보고자 머리를 쥐어짰습니다. 그렇게 하면 그 단어가 기억에 오래 남을 뿐만 아니라 확실히 '내 것'까지 되어 그 단어로 문장을 말하는 것이 훨씬 더 수월해졌으니까요. 이와 마찬가지로 저는 미국에서 교환 학생을 하는 동안에도 처음 들어 본 단어는 어떻게든 기회를 만들어 사용하려 노력했는데, 이것이 바로 제가 지킨 첫 번째 철칙, '오늘 배운 건 오늘 써먹는다'였습니다.

오늘 배운 걸 오늘 써먹는 가장 좋은 방법은 원어민에게 직접 써먹어 보는 것입니다. 그러면 자신이 쓴 단어가 진짜로 원어민에게 통하는지 아닌지도 알 수 있고, 실제 써먹은 말이 원어민에게 제대로 통했을 경우엔 그 쾌감으로 공부에 더욱 동기 부여가 될 수도 있습니다. 또한 상대방의 반응을 보고 내가 배운 단어가 정확히 어떤 뉘앙스를 갖고 있는지도 파악해 볼 수 있고, 운이 좋다면 내가 한 말을 상대방이 더 좋은 문장으로 교정해 줄 수도 있습니다. 또는 배운 말을 써서 원어민에게 말을 걸어 본 것이 대화의 물꼬를 터서 이것이 좀 더 긴 대화로 이어질 수도 있지요. 그리고 이렇게 원어민에게 직접 배운 것을 써먹으면, 배운 걸 연습해 볼 수 있다는 이점도 있지만 언어를 배우는 목적 그 자체 중 하나인 '관계를 형성하는 것'을 이루는 것이기도 하니 재미도 있고 의미도 있을 겁니다.

저는 원어민 친구들에게 새로 배운 말을 써먹어 본 후엔 조금 멋쩍더라도 "나 오늘 이 단어 처음 써 봤는데, 잘 쓴 거 맞아?", "만약 이럴 때 쓰는 게 아니라면, 어떨 때 쓰는 거야? 예문 좀 몇 개 알려 줘!", "혹시 이 단어보다 더 적절했을 다른 단어가 있으면 그것도 가르쳐 줘!"라고 꼭 덧붙였습니다. 그럴 때마다 원어민 친구들은 생각보다 귀찮아하지 않고 친절하게, 그리고 자세하게 알려 주곤 했습니다.

원어민에게 써 볼 수 없다면, 스스로에게 써 봤습니다. 생각해 보니 저는 영어로 혼잣말을 참 많이도 했습니다. 사실 딱히 영어를 공부하기 위해 혼잣말을 했다기보다는 원래 한국어로도 종종 혼잣말을 하던 저였기에 원래의 저대로 살았던 것이나 다름없었습니다. 그렇게 잠꼬대도 영어로, 혼잣말도 영어로 하기 시작했는데 혼잣말로나마 배웠던 단어를 써 보니 저절로 복습이 되는 효과가 있었습니다. 또 스스로를 영어에 다시 한 번 노출시키는 효과도 있었고요.

저는 SNS도 영어 공부에 이용했습니다. 제가 세웠던 두 번째 철칙인 '페이스북에 글을 올릴 때 외국인 친구들과도 소통할 수 있도록 꼭 영어와 한국어로 모두 적는다'가 바로 그것이었죠. 저는 새로 배운 단어를 SNS에 꼭 써 봤습니다. 남들이 보는 공간에 쓰는 것이기 때문에 단어의 의미나 뉘앙스를 확인하고 또 확인한 다음 글을 써서 올릴 수밖에 없었는데, 이로 인해 더더욱 영어 공부가 될 수밖에 없었습니다. 그리고 새로 배운 단어로 쓴 제 글에 외국인 친구들이 댓글을 달기라도 하면 이를 토대로 대화까지 열려 새로 써먹은 단어를 잊을래야 절대 잊을 수가 없었습니다.

만약 SNS에 쓰는 것이 어렵다면, 자신의 일기장에 써 봐도 좋고 휴대폰 메모장에 적어 봐도 좋습니다. 단 한 번이라도 직접 써 본 단어는 한 번도 안 써 본 단어보다 훨씬 더 잘 기억하게 됩니다. 옷도 눈으로 보기만 했을 때와 직접 입어 봤을 때가 다르듯이, 단어도 눈으로 보기만 할 때와 직접 써 볼 때가 다릅니다. 그냥 봤을 땐 이해가 잘 가는 것 같고 직접 사용할 수도 있을 것 같아도 막상 사용하려고 보면 막막하기도 하고 '이렇게 쓰는 게 맞나?'라는 질문을 던지며 더 고민해 보게 되는 경우가 많습니다. 그리고 그런 질문을 던지며 고민하는 단어일수록 기억에 강하게 남습니다.

많은 사람들이 외국어는 나이가 어릴수록 더 잘 습득할 것이라 생각하지만, 나이가 들어 배우는 것에도 여러 장점이 있습니다. 나이가 들어 배우는 것의 가장 큰 장점 하나는 주체적 내적 동기를 가지

Give thanks in all circumstances ; for this is
God's will for you in Christ Jesus. 1Thessalonians 5

Write down at least three things you are
thankful for each day. It's not always
something that happens. It's something you
can 'find'. It's already around and in you!
Please share. ☺ Also, ask your kid(s) too
and write down thiers. It'll be your quality time.

May 18th.

Aran
① I am so thankful for my eyesight because I
love seeing Everlane's smiles!!
② I am thankful Miracle let me massage her body
and I hope she feels better soon.
③ I was so close to where Tornado was last
Saturday ,but I was safe. Thank God for His
protection.

Dakota (Aran wrote.)
① He is thankful, because he can go outside.
He says (-for everybody-) "Thank you!"

미국 샤일로 희망의 집 여성들에게
매일 감사한 걸 나누자고 제안해 적었던 감사 교환 일기고 공부를 하고자 하는 의지력을 스스로 발휘할 수 있다는 점인데, 제가 1년을 매일같이 대화 중에, 혼잣말로, SNS를 통해 새로 배운 단어를 사용한 것은 '영어를 잘하고 싶다'는 주체적 내적 동기를 가질 수 있었기 때문입니다.

누군가는 이렇게 묻습니다. "혼잣말을 하다가 틀리면 아무도 고쳐 주지 않을 텐데, 그럼 혼잣말이 무슨 소용인가요?", "일기를 틀린 문장으로 쓰면 어떡해요?" 그럼 저는 답합니다. "100% 정확하게 쓰기 위해 배운 단어를 써 보는 게 아닙니다. 써 보기 위해 써 보는 거죠. 맞게 쓴 건지 아닌지를 고민하기 위해 써 보는 거죠. 배운 단어를 잘 기억하기 위해 써 보는 거죠. 일단 써 보면 맞을 수도 있고 틀릴 수도 있지만, 안 써 보면 100% 틀린 거나 마찬가지입니다."

우리는 앞서 말한 미국 꼬마 아이, apparently kid처럼 기회가 될 때마다 배운 단어를 써먹어 봐야 합니다. 써먹지 않고서는 못 배겨 안달이 나야 합니다. 그래야 비로소 그 말이 진정한 '내 것'이 될 수 있으니까요. 그러니 여러분, 오늘 바로 'apparently(보아 하니)'라는 말을 쓸 기회를 스스로 만들어 보시는 건 어떨까요? 혼잣말을 하든, 일기장에 적어 보든, 휴대폰의 메모장에 써 보든, 그 어떤 방식으로든 오늘 바로 'apparently'라는 말을 꼭 써먹어 보도록 하세요.

WOW!
〈 나도 할 수 있다! 〉

오늘 배운 단어 오늘 써먹어 보기

❶ 어휘 공부법 중 꼭 실천해 보고 싶은
마인드와 공부법은 무엇인가요?
(ex: 혼잣말, 일기, SNS 등) 어떻게 실천해 보셨나요?

❷ 오늘 바로 활용해 보고 싶은
단어나 표현은 무엇인가요?
어떻게 활용해 보셨나요?

(9) 예문 보기

단어를 배우는 데 있어 예문을 보는 것이 얼마나 중요한지 이야기하기 전에, 예문을 보지 않는 것이 얼마나 위험한지부터 먼저 이야기해 보고자 합니다. 앞서 '(8) 바로 써먹기'에서 언급한대로, 저는 초등학생일 때 '통상'이라는 단어가 '보통'을 뜻한다는 것을 엄마께 듣자마자 '통상'이라는 말을 사용할 줄 안다는 것을 친구들에게 뽐내기 위해 제 미니 홈페이지에 들어가 당당히 투표창을 개설해 친구들에게 아래와 같이 물었습니다.

"당신은 당신이 얼마나 멋지다고 생각하나요? - 매우 멋짐 / 멋짐

/ *통상* / 별로 안 멋짐 / 매우 안 멋짐"

그리고 엄마께 달려가 자랑스럽게 말씀드렸습니다.

"엄마! 나 '통상'이라는 말 바로 써먹었어! 엄마가 '통상'은 '보통'이라고 그랬잖아! 나 잘했지?"

결과는 말하지 않아도 다 아실 겁니다. '통상'이 말하는 '보통'이 그 '보통'이 아니라는 것을요. 저는 그때 '통상'에 대한 엄마의 부연 설명을 듣고 난 후 얼굴이 화끈거려 미니 홈페이지의 투표창을 잽싸게 삭제해 버렸습니다. 그리고는 '예문을 몇 개만 봤더라면 '통상'이 '정도(수준)의 보통'이 아니라 '빈도(횟수)의 보통'을 뜻한다는 걸 금방 알아챌 수 있었을 텐데...'라고 생각하며 후회했습니다. 이후 저는 앞으로 단어를 배울 때엔 반드시 예문을 참고해야겠다고 다짐했습니다. 그리고 그 이후부터는 예문을 보고 단어를 공부하는 습관이 굳게 굳어져 훗날 외국어를 공부할 때까지 쭉 이어졌습니다.

써 놓은 영어 문장을 보면 그 사람이 공부할 때 예문을 봤는지 안 봤는지 여부를 알 수 있습니다. 한번은 누군가가 '일기를 쓰다'를 'spend diary'로 번역해 놓은 걸 본 적이 있는데, 전 그걸 보고 이 사람이 spend를 '쓰다'라고만 외우고 예문은 한 번도 보지 않았다는 것을 알 수 있었습니다. 그는 사전에 'spend = 쓰다'라고 나와 있는 것만 암기했을 게 분명합니다. 그가 'spend'가 들어간 예문을 몇 개 봤더라면 spend가 '쓰다 = 적다, 기재하다'가 아니라 '쓰다 = (돈, 노력, 시간 등을) 소비하다'라는 의미로 쓰인다는 것을 정확히 인지하여 '일기를 쓰다'를 'spend diary(일기를 소비하다)'라고 오역하는 일은 없었을 것입니다.

이처럼 예문을 보지 않고 뜻만 암기하면 위와 같은 실수를 충분히 저지를 수 있습니다. 제가 '통상'을 '빈도(횟수)의 보통'이 아닌 '정도(

수준)의 보통'으로 오해했던 것처럼 말이죠.

마찬가지로 probably와 maybe도 대부분 '아마도'라고만 외워서 그 뜻이 서로 같다고 생각하는 경우가 많은데 사실 이 둘은 전혀 다른 의미를 갖고 있다는 것, 그리고 sure와 of course도 흔히 '물론이지'라고만 외우는데 실상 이 둘은 서로 너무 다른 의미와 뉘앙스를 갖고 있어서 혼용해서 썼다가는 큰일날 수 있다는 것, 그리고 say, tell, talk, speak를 모두 '말하다'라고만 외우는 경우가 많은데 실제로 이 넷의 쓰임은 제각기 다르다는 것 등은 단순히 뜻만 외워서는 알 수 없고 예문을 많이 봐야만 알 수 있는 사실들입니다.

실제로 한번은 제가 미국에서 친구와 만나기로 약속한 후 약속 장소에 갔는데, 시간이 지나도 친구가 보이지 않아 한참을 찾아 헤매다 결국 그 친구를 카페 안에서 발견하고는 "나 너 밖에서 찾고 있었는데!"라는 말을 영어로 아래와 같이 했습니다.

"I was finding you outside!"

그때 이 말을 듣고 당황해하던 그 친구의 표정을 아직도 잊을 수 없습니다. 다행히도 옆에 있던 미국인이 "You were looking for her outside?"라고 제 마음을 통역(?)해 준 덕에 비로소 제대로 된 의사소통이 이뤄질 수 있었는데요. 전 그때 깨달았습니다. find가 가진 '찾다'라는 의미와 look for이 가진 '찾다'라는 의미가 완전히 다르다는 것을 말이죠. find는 '찾아 헤매던 것을 비로소 발견하다'라는 의미의 '찾다'로 쓰이고, look for은 '무언가를 발견하기 위해 찾아 헤매다'라는 의미의 '찾다'로 쓰입니다. 저는 예문을 충분히 보지 않았기 때문에 이 둘을 혼용했던 것입니다.

또 예문을 보지 않고 '기대하다'라고만 외웠던 expect도 잘못 쓰는 바람에 오해를 산 적이 있었습니다. 한번은 제가 설레는 마음을 안고

"나는 Jenny가 여기에 올 게 기대돼!"라는 말을 영어로 "I'm expecting Jenny to come here!"이라고 한 적이 있는데, 실상 이 문장은 "나는 Jenny가 여기에 올 게 기대돼!"라는 뜻이 아닌 "나는 Jenny가 여기에 오리라 예측해!"라는 뜻이라는 걸 나중에 알게 되었습니다. 저는 'expect = 기대하다'라고만 알고 있었는데, expect가 들어간 예문들을 보고 나니 expect라는 단어가 '무언가를 바라고 고대한다'는 의미의 '기대하다'가 아닌, '예상하고 예측한다'는 의미의 '기대하다'라는 것을 알게 되었죠.

문제는 "I'm expecting Jenny to come here!"이라는 문장이 문법적으로는 아무런 문제없이 완벽하기 때문에 이 말을 들은 그 누구도 어떠한 지적을 하지 않았다는 것입니다. 그들은 그저 제가 'Jenny가 여기에 오리라 예상한다'라는 의미로 저 말을 했다고 생각했겠죠. 사실 저는 그런 의미로 한 말이 아닌데 말입니다. 참고로 "I'm expecting!"이라고 하면 "나 기대돼!"가 아닌 "나 임신했어!"라는 뜻이 됩니다. 바로 뱃속의 아이가 태어날 것을 '예상하고 예측한다'는 의미로 쓰이기 때문이죠. 이렇듯 예문을 보지 않고 단어의 뜻만 외웠다가는 상황에 맞지 않는 단어를 써서 어색한 뉘앙스를 가진 문장, 의도하지 않은 완전히 다른 뜻을 가진 문장을 말하게 될 수 있으니 조심해야 합니다.

영어에 이런 말이 있습니다. "Live and learn.", 바로 '살면서 배운다'라는 뜻인데요. 이 말은 곧 '경험으로 배운다'라는 의미인데, 결국 '저지른 실수를 두고 후회만 하기보다는 그 실수를 교훈 삼아 무언가를 배운다'라는 뜻입니다. 이를 앞서 말한 제 경우에 빗대어 생각해 보자면, '잘못된 표현을 써서 창피를 당했지만 그게 배움이 됐으니 그로서 충분히 의미가 있다'로 생각해 볼 수 있을 겁니다. 꽤나 긍정적인 태도라 할 수 있죠? 하지만 이보다 더 훌륭한 태도는 "Learn and live."일 것입니다. 바로 배우고 나서 사는 거죠. 단어를 엉터리로 외운 뒤 잘못 써먹고 나서야 단어의 진정한 의미를 깨닫기보다는, 단어의 제대로 된 의미를 확실히 알고 나서 사용하여 잘못 써먹는 실수를 피하는 것이 이상적입니다. 그렇게 하기 위해서는 어떻게 해야 한다? 바로 예문, 예문, 예문! 자나 깨나 예문을 보는 것입니다.

WOW!
나도 할 수 있다!

예문으로 단어의 뜻과 뉘앙스 파악해 보기

아래 단어들의 예문을 찾아본 뒤
단어들 사이의 차이점을 적어 보세요.

❶ Find vs. Look for / 같은 '찾다'이지만?

_____

_____

❷ Maybe vs. Probably / 같은 '아마도'이지만?

_____

_____

❸ Sure vs. Of course / 같은 '긍정의 말'이지만?

_____

_____

❹ Say vs. Tell vs. Talk vs. Speak / 같은 '말하다'이지만?

❺ Expect vs. Be excited / 같은 '기대하다'이지만?

(10) 예문 만들기

단어를 공부할 때 예문을 보는 것만큼이나 중요한 것은 바로 예문을 직접 만드는 것입니다. 예문을 직접 만들면 이미 만들어진 예문을 보기만 할 때보다 단어 암기 효과도 훨씬 뛰어납니다. 이는 '(8) 바로 써먹기'에서 이야기한 것과 같은 맥락인데, 예문을 직접 만들어 보는 것은 정보를 '입력(input)'하는 과정이 아니라 '출력(output)'하는 과정이기 때문에 우리의 두뇌가 훨씬 더 많은 노력과 고민을 하게 됩니다. 따라서 단어가 머릿속에 더 뚜렷하게 각인될 수밖에 없고, 결과적으로 단어가 머릿속에 더 오래 남게 됩니다.

새로운 단어를 배워 예문을 만들 때 주의할 것은 바로 '그 단어이어야만' 뜻이 통하는 문장을 만드는 것입니다. 이 말을 좀 풀어서 설명하자면, 단어의 뜻을 모른 채 예문만 봐도 그 단어의 뜻을 유추할 수 있을 만한 예문, 곧 단어의 뜻이 드러나는 상황을 띠는 예문을 만들라는 것입니다. 필요한 경우, 이 같은 상황을 보다 잘 드러내 줄 수 있도록 예문 앞뒤에 다른 문장들을 추가해도 좋습니다.

예를 들어, 'nerve-wracking(긴장하게 만드는)'이라는 단어를 배운 뒤 'It is nerve-wracking.(이건 긴장되는 일이야.)'와 같은 예문을 만드는 건 아무런 의미가 없습니다. 바로 nerve-wracking이 가진 의미를 보여 주는 상황이 전혀 드러난 것이 없는, 빈 껍데기에 불과한 문장이기 때문이죠.

nerve-wracking의 의미를 제대로 전달해 주는, 진짜 공부가 될 만한 예문들은 바로 아래와 같은 문장들입니다.

First dates are always nerve-wracking, aren't they?
첫 데이트는 항상 긴장돼, 그렇지 않아?

*first date : 첫 데이트

Stephanie has never given a public speech, so it is nerve-wracking for her to think about speaking in front of hundreds of people.
스테파니는 대중 연설을 해 본 적이 없다. 그래서 그녀가 수백 명의 사람들 앞에서 말하는 걸 생각하는 건 긴장되는 일이다.

*public speech : 대중 연설
*in front of ~ : ~의 앞에서

They spent a nerve-wracking day worrying about their grandfather's health.
그들은 그들 할아버지의 건강을 걱정하며 불안한 하루를 보냈다.

*spend A ~ing : A를 ~하면서 보내다/소비하다

I left the room because making small talk with the boss was too nerve-wracking since I was trying to make a good impression.

나는 방을 떠났어. 왜냐하면 내가 좋은 인상을 남기려고 했기에 사장님과 간단한 이야기를 나누는 것이 너무 떨렸거든.

*small talk : 한담, 간단한 이야기
*make a good impression : 좋은 인상을 남기다

A: Hey! How was performing at the show?

쇼에서 공연한 거 어땠어?

B: It was such a nerve-wracking experience,

but I had fun!

아주 떨리는 경험이었지만, 재미있었어!

A: That is awesome!

잘됐다!

*perform : 공연하다, 연주하다
*have fun : 재미있게 보내다, 즐거워하다

이같이 예문을 만들 때 추천하는 또 한 가지는 바로 다양한 문장 형태로 예문을 만드는 것입니다. 주어를 늘 I로만 하는 건 너무 지루하지 않나요? 주어 자리에 Aran, Chris 등의 사람 이름이나 she / he / we / they / what / those / who 등을 넣어 보는 것처럼 주어를 다양하게 바꾸며 예문을 만들면 정말 많은 도움이 됩니다. 저는 예문을 만들 때 꼭 3인칭 단수가 주어인 문장도 만들어 봐서 동사 끝에 s/es를 붙여 쓰는 연습을 하고, 더 나아가 이것이 입에 착 붙어 익숙해질 수 있도록 소리 내어 되뇌기도 했었습니다.

또는 시제를 달리하며 예문을 만들어 볼 필요도 있습니다. 현재형으로만 예문을 만들지 말고, 과거형 / 대과거형 / 현재완료형 / 현재진행형 / 미래형 등 다양한 시제의 예문을 만드는 걸 시도해 보세요. 특히

동사 단어를 외울 때엔 동사가 시제별로 형태가 달라지기 때문에 예문을 만들면서 자연스럽게 동사의 시제별 형태 변화를 공부하게 됩니다.

그리고 평서문뿐만 아니라 부정문, 의문문, 명령문, 감탄문 등의 형태로도 예문을 만들어 봐야 배운 단어를 진정 자유자재로 쓸 수 있게 되었다고 말할 수 있을 것입니다. 한번은 제가 저의 유튜브 채널 Aran TV에서 '굳이(일부러)'라는 말을 영어로는 'go out of one's way'라고 옮길 수 있다고 하며 이와 관련된 다양한 주어와 다양한 시제, 다양한 형태의 예문들을 아래와 같이 보여 드렸었습니다.

▶ '1인칭' 주어 – 과거형 – 평서문

I really went out of my way to inspire you by sharing my study methods.

저는 제 공부법을 공유함으로써 일부러 자극을 드리려고 했어요.

▶ '3인칭 단수' 주어 – 현재형 – 평서문

If someone goes out of their way to make time for you, you can tell they like you.

누군가가 당신을 위해 일부러 시간을 낸다면, 당신은 그 사람이 당신을 좋아한다는 걸 알 수 있습니다.

▶ '3인칭 복수' 주어 – 과거형 – 평서문

Hey, why don't you write a thank-you card to your coworkers? They went out of their way to arrange your work schedule.

동료들에게 감사 쪽지를 쓰는 건 어때요? 그들이 당신 근무 시간을 조정해 주려고 굳이 나섰거든요.

▶ '2인칭' 주어 - 미래형 - 부정문

Eggnog doesn't taste terrible, but I feel like you would never go out of your way to drink it.

에그녹 맛이 끔찍한 건 아니지만, 제 느낌에 당신이 그걸 마시려고 굳이 찾아 나서진 않을 것 같아요.

▶ 명령문

We would appreciate any help, but please don't go out of your way or anything.

어떻게든 도와주신다면 감사하겠지만, 굳이 나서거나 그러진 마세요.

▶ '3인칭 복수' 주어 - 현재형 - 의문문

I can't believe these "satisfying" videos get millions of viewers. Why do people go out of their way to watch that kind of stuff?

나는 소위 "기분 좋아진다는" 영상들이 수백만 조회수를 얻는다는 걸 믿을 수 없어. 왜 사람들은 굳이 찾아 나서서 그런 것을 보지?

▶ '2인칭' 주어 - 미래형 - 의문문

Seriously? Are you really going to go out of your way to make this inconvenient for me?

장난해? 너 진짜 일부러 나서서 이걸 나한테 불편하게 만드는 거야?

('seriously(진지하게)'라는 단어는 깜짝 놀라거나 당황할 만한 말을 들었을 경우 "장난해?"라는 뉘앙스로 말할 때에도 쓸 수 있습니다.)

▶ '1인칭' 주어 - 현재형 - 부정문

I don't go out of my way to eat healthy foods that I don't

like. For example, I don't like celery, and I don't force myself to eat it just because it is healthy. I just avoid it and eat other healthy foods.

난 내가 좋아하지 않는 건강에 좋은 음식을 굳이 찾아 먹진 않아. 예를 들어, 난 샐러리를 안 좋아하는데 이게 단지 건강에 좋다고 해서 억지로 먹진 않아. 그냥 샐러리를 피하고 몸에 좋은 다른 음식들을 먹지.

또한 한 단어의 뜻이 여러 개라면 예문도 그와 같은 여러 가지의 뜻에 맞춰 다양하게 만들어 봐야 합니다. 영어에서는 한 단어가 한 개 이상의 뜻을 내포하고 있는 경우가 흔하기 때문에 단어를 사전에서 찾았을 때 가장 상단에 나와 있는 하나의 의미만 외우고 나머지 의미로는 예문을 만들어 보지 않으면 낭패 보기 십상입니다.

"혼자 예문을 만들다가 틀리면 어떡하나요?"라고 걱정하는 분들께 말씀드립니다. 예문을 만들어 보는 이유는 바로 '질문하기 위해서'라고 말이죠. '이게 맞나? 틀린가?', '뉘앙스가 이게 맞나?', '이 단어엔 전치사가 필요한가?', '이 단어는 목적어를 써야 되는 건가?'와 같이, 난생 처음 보는 단어를 가지고 문장을 탄생시키려 하다 보면 여러 가지 고민들을 할 수밖에 없습니다. 이렇게 하나 둘 생기는 고민에 대한 해답을 찾아 나가는 과정이야말로 '참 배움'이라 할 수 있습니다. 자신이 스스로 떠올린 질문에 대한 해답을 찾는 과정, 즉 자신에게 필요한 정보를 주체적으로 탐색하는 과정을 통해 뇌는 주어지는 정보를 더욱 즐겁게 그리고 중요하게 받아들입니다.

이렇게 예문을 만들며 공부하다가 아무리 생각해도 해소되지 않는 질문이 생긴다면, 이는 오히려 다행인 일입니다. 왜냐하면 예문을 만들어 보지 않았다면, 이런 질문을 가질 상상조차 하지 못했을 테니까요. 질문은 재산입니다. 항상 질문을 모아 머릿속에 지니고 다니세요. 우리가 가지고 있는 질문은 우리에게 쏟아지는 수많은 정보 중 어떤 정보가 더 중요하고 어떤 정보를 더 우선적으로 받아들여야 할지 구별하고 선택하게 해 줍니다. 어떤 것에 대한 질문을 가지고 있다면 우연히라도 이에 관한 정보를 듣게 됐을 때 '아! 내가 찾던 그거!'라고 하며 이를 중요한 정보로 재빨리 인지한 후 강렬히 받아들일 수 있게 됩니다. 반면 아무런 궁금증이 없는 사람은 수많은 정보에 노출되더라도 그것이 자신에게 필요한 정보인지 아닌지 구별할 기준이 없기 때문에 중요한 정보라도 쉽게 흘려 보낼 확률이 높습니다. 자신이 배우고자 하는 것에 대해 질문을 갖고 있어야 이에 대한 해답을 접했을 때 재빨리 잡아내어 자기 것으로 만들 수 있습니다.

또한 완벽하진 않더라도 예문을 직접 만들어 보는 것이 큰 도움이 되는 또 다른 이유는 바로 예문을 만듦으로써 스스로 나름대로의 최고 실력을 유지할 수 있기 때문입니다. 가라앉지 않으려면 끊임없이 헤엄쳐야 합니다. 특히 언어는 머리로만 알고 있으면 되는 것이 아닌, 운동이나 악기 연주처럼 몸으로 하는 '연습'까지 따라 줘야 하는 영역이기 때문에 이를 그저 머리로만 배우고 손으로, 입으로 내뱉는 연습을 안 하면 실력이 녹슬게 됩니다.

이것이 바로 많은 사람들이 영어를 오랜 기간 공부했음에도 제자리 걸음을 벗어나기 어려운 이유입니다. 연습 없이 머리로만 이론 공부하듯이 하는데다 꾸준히 하기보다는 하다 말다 하다 말다 하는 작심삼일이 흔하기 때문입니다. 이건 마치 피아노를 배우다 말다 배우다 말다 하는 것과 같은데, 매일같이 꾸준히 피아노 연습을 하면 어느새 눈으로 악보를 읽기도 전에 손가락이 먼저 뻗어 나갈 정도로 '생각하지 않고도' 잘 치게 됩니다. 하지만 연습을 게을리 하면 금세 손가락이 굳어 실력이 뚝 떨어지게 되죠. 언어도 마찬가지로 계속

쓰다 보면 생각하는 과정을 거치기도 전에 손이 먼저 글을 쓰고, 혀가 먼저 말을 하게 됩니다.

"가라앉지 않으려면

끊임없이 헤엄쳐야 한다."

- 김아란(Aran Kim) -

실력이 녹슬지 않게 하는 것도 실력입니다. 그러니 자기 나름의 최대치 실력을 발휘해 자꾸 예문을 만들어 보세요. 그럼으로써 자신이 가지고 있는 외국어 실력이 녹슬지 않게 하세요. 백지인 상태에서 문장을 만들기 위해서는 자신이 아는 지식을 최대한 총동원할 수밖에 없습니다. 문법이면 문법, 어휘면 어휘, 문장 구조면 문장 구조 등 모든 지식을 점검하며 써 보게 되기 때문에 자연스럽게 알고 있는 것을 복습하는 효과도 누릴 수 있고, 이와 동시에 자신의 실력이 처지는 것도 방지할 수 있습니다.

실력이 처지도록 방치하면 그 상태에서 새로운 지식을 공부한다 해도 이전보다 나은 실력이 되는 것이 아니라, 처져 버린 실력에서 제자리로 돌아가는 데에 에너지를 쓰게 됩니다. 예를 들어 물을 끓이려다가 불을 끄고, 다시 물을 끓이려다가 또 불을 끄고, 그러다가 다시 물을 끓이는 걸 반복하면 아무리 뜨거운 물로 끓인다 해도 시작점은 이미 식어 버린 온도이기 때문에 다시 데우기까지 불필요하게 많은 에너지를 소모하게 됩니다. 외국어 학습 역시 이와 마찬가지라 할 수 있죠.

'틀린 예문을 만들면 어떻게 하지?'라며 그걸 왜 두려워하시나요? 틀린 예문을 만들었다는 것은 어차피 이미 틀린 지식이 머릿속에 있었다는 뜻입니다. 다시 말해 예문을 만들다가 틀린 것이 아니라, 이미 가지고 있던 틀린 지식이 예문을 통해 드러나는 것뿐입니다. 우리가 두려워해야 할 건 틀리는 것이 아니라 틀린 걸 알아채지 못하는 것입니다. 틀렸다는 것을 모르면 제대로 배울 수 있는 기회를 잃게 되는 것이니까요. '오늘 난 뭘 틀릴까?'라는 마음으로 항상 기대하세요. 틀리는 걸 안다는 건 부끄럽고 피해야 할 일이 아니라, 잘 배울 수 있는 기회를 주는 아주 기쁘고도 반가운 일이니까요.

마이크로소프트와 애플, 구글에서 동시에 러브콜을 받은 한 여성이 있습니다. 그녀는 심리학계의 독보적인 권위자 캐롤 드웩(Carol Dweck) 교수인데요. 그녀가 주목받은 이유는 바로 그녀가 40년간 연구한 한 실험 때문이라고 합니다. 그 실험의 이름은 '안전하게 실패하는 법'입니다. 이름부터 참 재미있죠?

그녀는 실험을 통해 아이들에게 아주 어려운 수준의 퍼즐을 풀게 했습니다. 실험의 목적이 아이들이 실패했을 경우 이에 어떻게 대처하는지를 관찰하는 것이었기 때문입니다. 실험에 참여한 많은 아이들은 퍼즐을 푸는 중도에 포기한 뒤 자신이 퍼즐을 푸는 데에 실패했다는 것을 비관하며 오랫동안 침울해했습니다. 반면 긍정적이고 자신감 있는 아이들은 실패의 아픔을 빨리 떨쳐냈습니다.

그런데 여기서 생각지도 못했던 이상한 아이들이 있었다고 합니다. 바로 실패한 걸 더 좋아하는 아이들. 그 이유를 분석해 본 결과 이 아이들은 정답을 맞히는 것보다는 새로운 것을 알아 가는 걸 더 좋아했기 때문에 실패를 더 좋아한 것으로 나타났습니다. 그리고 이러한 차이를 만들어낸 것은 단 하나, 바로 자신이 더 발전할 수 있다고 믿는 사고방식이었습니다.

세상에는 두 종류의 사람이 있다고 합니다. 사람의 재능은 날 때부터 정해져 있다고 생각하는 사람, 그 반면 재능은 살면서 점차 키워가는 것이라고 생각하는 사람. 이 둘의 결정적 차이는 그들이 실패했을 때 나타난다고 합니다. 재능이 날 때부터 정해져 있다고 생각하는 사람에게 실패란 자신이 가진 능력의 한계를 뜻합니다. 따라서 실패는 그들에게 엄청난 좌절과 자기 비하를 안겨 주죠. 하지만 성장과 발전을 믿는 사람에겐 실패가 없습니다. 실패는 단지 '교훈'의 다른 이름일 뿐이니까요. 항상 성공할 수만은 없는, 늘 정답만 맞힐 수만은 없는 우리의 삶 속에서 우리는 더 이상 틀리는 걸 두려워하지 말고, 이를 성장과 발전의 원동력으로 여겨야 하지 않을까요?

> **"실력이 녹슬지 않게 하는 것도**
> **실력이다."**
>
> - 김아란(Aran Kim) -

자, 이젠 여러분이 스스로 단어를 활용하여 직접 예문을 만들어 볼 차례입니다. 예문을 어떻게 만들어야 할지 도통 감이 오지 않는다면, 우선 예문을 만들고자 하는 단어를 사전에 검색해 보도록 하세요. 그리고 사전에 나온 예문을 그대로 따라 쓰되 거기서 한두 개의 단어나 시제만 변형해 보세요. 참고로 실제 원어민이 쓴 문장들을 보고 싶다면 영영 사전이나 구글 검색창에 검색하면 됩니다. 예를 들어 'plead(애원하다)'라는 단어가 들어간 예문을 보고 싶다면, 구글에서 'plead in a sentence'라고 쳐서 검색하세요. 실제 원어민이 쓴 plead가 들어간 다양한 예문들을 살펴볼 수 있습니다.

그리고 그렇게 구글에서 검색한 plead와 관련된 다양한 예문들을 보다 보면 알 수 있는 사실이 있습니다. 바로 애원하는 내용은 plead

뒤에 바로 올 수 있지만, 애원하는 대상이 plead 뒤에 올 경우엔 plead 뒤에 with라는 전치사를 함께 써야 한다는 것을요. 자, 이런 식으로 예문을 보니 단어의 정확한 쓰임새까지 알 수 있고, 가히 일석이조라 할 수 있죠?

"Do something!" Kevin pleaded.
"뭐라도 해 봐!" 케빈은 애원했다.

His eyes pleaded to be allowed to see his mother.
그의 눈은 그의 엄마를 보도록 허락해 달라고 애원했다.

Do you not know she pleaded with you not to disturb her?
그녀가 방해하지 말아 달라고 네게 애원한 걸 몰라?

'take ~ for granted(~을 당연시 여기다, ~을 대수롭지 않게 여기다)'라는 표현도 구글에서 'take for granted in a sentence'라고 검색한 뒤 예문을 찾아보면 아래와 같습니다.

Health is something we tend to take for granted. We realize its importance when we lose it.
건강은 우리가 당연시 여기는 경향이 있는 것이다. 우리는 건강을 잃을 때 건강의 중요성을 깨닫는다.

Why do you take my love for granted?
왜 너는 나의 사랑을 당연시 여겨?

Never take it for granted that we live in a society where there is freedom of speech.

우리가 언론의 자유가 있는 사회에 산다는 것을 <u>당연시 여기지</u> 말라.

자, 그럼 한번 '예문 만들기' 시작해 볼까요?

"아무것도 하지 않으면

아무 일도 일어나지 않는다."

- 기미시 이치로 -

─── WOW! ───
⟨ 나도 할 수 있다! ⟩

내 스스로 다양한 예문 만들어 보기

wear 입다

❶ '1인칭' 주어

_____

_____

❷ '2인칭' 주어

_____

_____

❸ '3인칭 단수' 주어

_____

_____

❹ '3인칭 복수' 주어

❺ 현재형

❻ 과거형

❼ 미래형

❽ 현재진행형

❾ 현재완료형

❿ 평서문

⓫ 부정문

⓬ 의문문

⓭ 명령문

step **3**

문법 : 모국어를 적용해라
"Application"

(1) 모국어를 알면 보인다

대부분 영어와 한국어는 반대라고 생각합니다. 우리가 이렇게 생각하는 가장 흔한 이유는 바로 영어와 한국어의 어순 차이 때문입니다. 한국어로는 "저는 / 당신을 / 사랑합니다."와 같이 '주어-목적어-서술어'의 순서로 말하지만, 영어는 "I / love / you.(저는 / 사랑합니다 / 당신을.)"과 같이 '주어-서술어-목적어'의 순서로 말하기 때문입니다. 따라서 이러한 차이를 이유로 들며 마치 한국어와 영어 문법이 전부 다른 것처럼 설파하는 경우가 흔한데, 이는 결국 영어를 배우려는 사람에게 막연하게 "영어엔 외울 것이 많다. 특히 문법은 한국어와는 정반대라 모조리 외우는 것만이 답이다"라는 무거운 인상과 두려움을 주게 됩니다.

맞습니다. 앞서 말한 것처럼 영어와 한국어의 어순이 다른 것은 분명합니다. 영어를 배울 때 외워야 할 문법도 물론 존재하고요. 하지만 여러분에게 기쁜 소식이 있습니다. 영어와 한국어는 둘 다 '언어'라는 같은 카테고리에 속해 있다는 것, 그래서 비슷한 속성을 상당량 공유하고 있다는 것, 심지어 똑같은 규칙도 꽤나 많다는 것입니다.

한국어도 영어와 같은 '언어'이기 때문에, 한국어 역시 문법이 존재합니다. 하지만 우리에게 한국어는 매일같이 자연스럽게 쓰는 모국어이기 때문에 문법을 굳이 관찰하려 들지 않습니다. 그런데 바로 이러한 '한국어 문법에 대한 관찰의 부재'가 영어 문법을 생소하게 받아들이게 합니다.

앞서 말했듯이 한국어와 영어는 '언어'라는 같은 카테고리에 속한 존재로서 비슷한 속성을 상당히 많이 갖고 있습니다. 예를 들어 영어 문장이 기본적으로 '주어+동사'로 이루어져 있듯이 한국어 문장도 기본적으로 '주어+동사'로 이루어져 있습니다. 이렇듯 영어와 한국어 모두 '언어'로서 비슷한 부분을 공유하고 있음에도 불구하고, 우리는 영어를 한국어와 완전히 다른 낯선 것으로 받아들이는 경향이 있고, 심지어 영어의 몇 가지 문법은 마치 한국어엔 아예 없는데 영어에만 존재하는 개념인 양 외우려고 듭니다.

영어 문법도 한국어 문법과 똑같은 부분이 많습니다. 그러니 새삼스럽게 외울 필요가 없는 것들이 많지요. 예를 들면 아래와 같은 것들이 바로 그러한 부분들이라 할 수 있습니다.

❶ "외워! 영어에는 '품사'가 있다."

영어엔 8품사가 있다며 품사란 무엇인지부터 설명하는 영어 학원에 다녔습니다. 그런데 품사는 한국어에도 있습니다. 영어에는 '명사, 대명사, 동사, 형용사, 부사, 전치사, 접속사, 감탄사'가 있고, 한국어에는 '명사, 대명사, 동사, 형용사, 부사, 조사, 전치사, 접속사, 수사'가 있습니다. 두 언어 모두 품사가 존재합니다.

❷ "외워! '명사'란 사물/사람의 이름을 나타내는 품사이다."

이는 우리가 이미 알고 있는 사실입니다. 명사란 영어에만 존재하는 것이 아니니까요. 예를 들어 영어에서 'tiger'가 명사인 것처럼, 한국어에서도 '호랑이' 역시 명사이고, 영어에서 'person'이 명사인 것처럼, 한국어에서도 '사람' 역시 명사입니다.

❸ "외워! '동사'란 사물/사람의 동작/작용을 나타내는 품사이다."

이 또한 우리가 이미 알고 있는 사실입니다. 앞서 말한 명사와 마찬가지로 동사 역시 영어에만 존재하는 것이 아니니까요. 예를 들어 영어에서 'walk'가 동사인 것처럼 한국어에서도 '걷다' 역시 동사이고, 영어에서 'breathe'가 동사인 것처럼 한국어에서도 '호흡하다' 역시 동사입니다.

❹ "외워! '형용사'는 명사, '부사'는 형용사/부사/문장을 꾸민다."

이 또한 새삼스럽게 외울 필요가 전혀 없습니다. 한국어 역시 이와 마찬가지이니까요. 이것은 영어이기에 외워야 하는 정보가 아닌 보편적인 '언어 지식'이라 할 수 있기 때문입니다. 예를 들어 'strong woman'이란 표현에서 'strong'이라는 형용사가 'woman'이라는 명사를 꾸미듯이, 한국어의 '강한 여성'이라는 표현에서도 '강한'이라는 형용사가 '여성'이라는 명사를 꾸밉니다. 그리고 'very strong woman'이라는 표현에서 'very'라는 부사가 'strong'이라는 형용사를 꾸미듯이, 한국어의 '매우 강한 여성'이라는 표현에서도 '매우'라는 부사가 '강한'이라는 형용사를 꾸밉니다.

❺ "외워! 문장은 '주어와 동사'로 이루어진다."

당연한 소리입니다. '언어'라면 당연히 주어와 동사로 문장이 형성됩니다. 이 역시 보편적인 언어 지식이라 할 수 있지요. 한국어로도 아무 문장이나 한번 만들어 보세요. 동사가 없는 문장이 있는지. 주어도 마찬가지입니다. 주어가 생략될 수는 있어도 주어가 아예 없는 문장은 한국어에도 없습니다.

❻ "외워! 주어가 될 수 있는 품사는 '명사'뿐이다."

이것 역시 너무나 당연한 소리입니다. 이걸 대체 왜 외우나요? 한국어 문장에서도 주어는 명사밖에 안 됩니다. 동사로 주어를 만들어 보세요. 되나요? 형용사로 주어를 만들어 보세요. 되나요? 접속사로 주어를 만들어 보세요. 되나요? 안 됩니다. 영어에서뿐만이 아니라 한국어에서도 주어는 명사로밖에 안 만들어집니다. 몇 가지 예문을 통해 이를 살펴보면,

(영어)
"Walk is healthy." (X)
→ 영어에서 '동사(walk)'는 주어가 될 수 없습니다.
"Walking is healthy." (O)
→ 영어에서 주어는 '명사(walking)'만 가능합니다.

(한국어)
"걷는다는 몸에 좋다." (×)
→ 한국어에서도 '동사(걷는다)'는 주어가 될 수 없습니다.
"걷는 것은 몸에 좋다." (O)
→ 한국어에서도 주어는 '명사(걷는 것)'만 가능합니다.

❼ "외워! 문장과 문장을 이으려면 '접속사'가 필요하다."

이것도 너무 당연한 소리입니다. 한국어에서도 두 문장을 한 문장으로 이으려면 접속사가 필요합니다. 예를 들어 "When I was younger, I was shy."라는 문장이 'when'이라는 접속사로 두 문장이 하나로 연결되는 것처럼, 한국어로 된 "내가 더 어렸을 때, 난 부끄러움이 많았어."라는 문장 역시 '때'라는 접속사로 두 문장이 하나로 연결됩니다. 따라서 두 문장을 하나로 잇기 위해서 '접속사'가 필요하다는 개념 역시 새삼스럽게 외울 필요가 없습니다.

❽ "외워! 전치사 다음에는 '명사'만 올 수 있다."

이 역시 당연하죠! 한국어에서도 전치사에 명사 말고 다른 품사가 오는 경우는 없습니다. 예를 들어, '에'라는 전치사를 두고 문장을 만들어 봅시다.

(동사+전치사? No!)
"지수는 아픔을 <u>참다</u>에 익숙해요."(×)
→ 한국어에서도 전치사는 '동사(참다)'와 쓰지 않습니다.

(형용사+전치사? No!)
"지수는 <u>참는</u>에 익숙해요."(×)
"지수는 <u>참을</u>에 익숙해요."(×)
→ 한국어에서도 전치사는 '형용사(참는/참을)'와 쓰지 않습니다.

(명사+전치사? Yes!)
"지수는 <u>참는 것</u>에 익숙해요."(○)

"지수는 참기에 익숙해요." (O)
→ 한국어에서도 전치사는 '명사(참는 것/참기)'에만 씁니다.

❾ "외워! 가정법 문장의 시제는 실제 시제보다 한 단계 더 과거 시제의 동사를 쓴다."

한국어로도 그럴 때가 있습니다. 예를 들어 "야, 내가 너였으면 진작에 헤어졌다!"라는 문장 역시 가만히 들여다보면 '현재' 내가 너라면 어떻게 할 것이다라는 의미로 쓰인 말인데, '너였으면, 헤어졌다'와 같이 '~였으면, ~했다'와 같은 '과거 시제' 표현을 써서 이야기하고 있죠?

❿ "외워! 대과거 시제는 한 번 언급된 과거 시제보다 더 과거임을 나타낼 때 쓴다."

이 같은 개념 역시 한국어에도 있긴 합니다. 예를 들어,

가: "아까 너 왜 떡을 조금밖에 안 먹었어?"
나: "아, 나 밥을 이미 먹었었어."

라는 대화에서 '이미 밥을 먹은' 상황은 '떡을 조금밖에 안 먹은' 과거의 상황보다 더 이전에 일어난 일이기 때문에 '먹었어'라는 과거 시제 동사에 '었'을 하나 더 붙여 '먹었었어'라고 한 것을 알 수 있습니다. 이렇듯 한국어에도 과거 시제끼리의 시점 차이를 나타내 주는 개념이 존재합니다.

제가 영어 문법을 재미있게 배울 수 있었던 이유는 바로 이처럼 영

어와 한국어를 '언어'라는 같은 카테고리 내에 있는 것으로 인식하며 받아들이고 외국어에 대한 막연한 두려움을 없앴기 때문입니다. 그리고 '언어 자체의 실력'을 키우며 모국어의 문법을 들여다보고 분석하는 습관을 들이고 이를 외국어에도 적용한 덕분입니다. 우리는 외국어를 완전히 별개의 것이 아닌, '언어'라는 같은 엄마에게서 태어난 형제자매 개념으로 받아들여야 보다 쉽게 배울 수 있을 것입니다.

(2) 예문으로 익히기

앞서 제가 거듭 강조했던 것, 바로 '예문'! 입력했으면 출력하고 먹었으면 싸야 하듯, 배웠으면 '써먹는 것'이 인지상정입니다. 따라서 문법을 배우고 머릿속에만 담아 두고 있을 것이 아니라 이를 활용해 스스로 예문을 만들어 봐야 비로소 이것이 언제 어떻게 쓰이는지 실감나게 체험하고 오래도록 기억할 수 있습니다. 예를 들어, 과거에 일어난 일이 현재에 영향을 끼쳤다는 걸 나타낼 때 쓰는 시제인 '현재완료' 시제가 'have+과거분사' 형태라는 것을 배웠다면 이를 활용해 바로 예문을 만들어 봐야 합니다.

"나 열쇠를 잃어버렸어."
(과거에 열쇠를 잃어버려서 현재 내겐 열쇠가 없다.)
→ "I have lost my key."

"제이는 한국에서 산 지 얼마나 되었니?"
(과거부터 살기 시작해 현재까지 얼마나 오래 살고 있는가?)
→ "How long has Jay been living in Korea?"

"난 그거 한 번도 들어본 적이 없어."

(과거에 못 들어 봤기에 현재 난 그걸 모른다.)

→ "I have never heard of it before."

위와 같이 문법 개념을 배운 뒤 이를 담은 실생활 예문까지 만들면, 머릿속에 둥둥 떠다니기만 하던 문법 개념들이 단순히 이해만 되는 것을 넘어 정확한 쓰임새까지 머릿속에 착! 자리잡는 것을 체험하게 됩니다. 그리고 하나의 문법을 배운 뒤 이를 활용해 예문을 만들다 보면, 그 예문을 만드는 데 필요한 또 다른 새로운 문법 개념들도 함께 공부하게 되고, 따라서 예문 만들기는 꼬리에 꼬리를 물고 새로운 문법 지식까지 찾아보고, 확인하고, 공부하는 효과를 거두게 합니다.

예문 만들기의 또 다른 장점은 자꾸만 질문하게 된다는 것입니다. '이 문법이 이렇게 쓰는 게 맞나?', '이 문법이 이런 뉘앙스를 가진 게 맞나?', '이 문법을 써서 만든 문장에 오류는 없나?'와 같은 고민에 해답을 찾는 과정을 통해 우리의 문법 지식은 머릿속에 좀 더 뚜렷이 각인됩니다.

(3) 오답 노트로 익히기

저는 수학 문제를 풀 때에 오답 노트를 많이 썼습니다. 틀린 문제가 있으면 그냥 넘어가지 않고 왜 틀렸는지 파악한 뒤 다시는 틀리지 않도록 제대로 된 풀이까지 노트에 정리하여 완벽히 익힐 수 있도록 하는 것이 오답 노트의 핵심이죠.

저는 이것이 영어에도 필요하다고 느꼈습니다. 영어 역시 틀렸으면 다시는 틀리지 않도록 방지하는 노력이 필요했으니까요. 그래서 저는 영어를 공부할 때에도 수학을 공부할 때처럼 오답 노트를 썼었는데, 이것은 제게 있어 영어 공부의 터닝 포인트가 될 만큼 아주 큰 도움이 되었습니다.

"인간은 누구나 실수를 하고 같은 실수를 반복한다"라는 말이 있습니다. 하지만 그것은 남에게 관용을 베풀 때에나 새길 말이지, 자신이 반복적으로 저지르는 실수를 정당화할 때 쓸 말은 아니기 때문에 저는 오답 노트를 통해 제 실수를 철저히 분석하고 같은 실수를 저지르는 걸 방지하고자 했습니다. 문법적인 실수를 범할 때마다 제 스스로가 왜 처음엔 그게 정답이라고 생각했는지 나름의 논리를 적었고, 그 후엔 그 논리가 어디에서부터 잘못되었는지, 왜 타당하지 않은지, 그 결과 어째서 틀렸는지를 조목조목 따지듯 써내려 갔습니다. 마치 수학 문제의 풀이 과정을 채점하듯이 제 영어의 사고 과정을 채점한 것이지요. 그리고 마지막으로는 같은 실수를 두 번 다시 반복하지 않기 위해 어느 단계에서 어떤 생각을 거치고 검토를 추가해야 하는지, 무엇을 염두에 두어야 할지 등까지 최종적으로 정리해서 기록했습니다.

아래는 오답 노트의 예시입니다. 앞서 말한 것과 같이 애초에 왜 틀린 답을 정답으로 골랐는지 나름의 논리를 먼저 쓴 후, 그것이 틀린 이유를 논리적으로 분석하고 마지막엔 다시는 틀리지 않도록 주의할 점을 적었습니다.

Q. It's such a bummer that I couldn't make it to the talk
   show. I was looking forward to _____ her.

   (A) see (내가 고른 답)   (B) seeing (정답)   (C) seen

(오답을 선택했던 나름의 논리와 그 논리가 잘못된 이유)

1. 나름의 논리 (1): to 뒤에 나오는 동사 형태는 무조건 동사원형일 것이다. 당연히 to부정사일 테니까.

2. 논리 (1)이 틀린 이유 : to가 나왔다고 해서 무조건 to부정사일 것이라고 짐작하는 것은 오류이다. to는 동사원형 앞에 붙어서 to부정사를 만들기도 하지만, 명사 앞에서 전치사로 쓰이기도 한다. 예를 들어 'to you'나 'to Seoul'과 같이 일반명사 앞에 전치사로서 붙을 수도 있고, 'to seeing' 처럼 동명사 앞에 전치사로서 붙을 수도 있는 것이다. 'seeing'이 동명사라는 이유만으로 to 뒤의 빈칸에 올 수 없다는 논리는 오류이다.

3. 나름의 논리 (2): 'look forward'가 '기대한다'는 미래적인 뜻을 갖고 있으니 'seeing'이나 'seen'보다 미래적인 뉘앙스가 있는 to부정사가 'look forward'에 어울릴 것 같았다.

4. 논리 (2)가 틀린 이유 : 'look forward'가 '기대한다'는 뜻으로 미래적인 것도 맞고 to부정사가 미래적인 뉘앙스를 가질 때가 있는 것도 맞지만, 여기서의 to가 전치사로서의 to로 쓰였을 가능성을 완전히 배제한 것이 내가 범한 오류이다. 여기서의 to 는 방향을 가리키는 전치사로서 'look'의 방향을 가리킨다. 즉 어디를 '보는지(look)' 가리키는 것이다. 그리고 'forward(앞으로)'이니 앞쪽을 내다보는 것이긴 한데, 구체적으로 어떤 방향을 내다보는 것인지는 전치사 'to' 뒤에 나와야 하는 것이다. 이 문장에서 I가 내다보는 방향은 'seeing her(그녀를 보는 것)'이었다. 그녀를 보는 것을 내다보는 것이기 때문에

'기대한다'는 뜻으로 'look forward to seeing her'이 된다.

5. 앞으로 주의할 점

   1) to가 무조건 to부정사일 것이란 전제를 버리자.

   2) to가 전치사일 수도 있다. 그럼 뒤에는 동사원형이 아닌
      명사가 오게 된다. (동명사도 명사임을 잊지 말 것!)

   3) 'look forward to 명사'를 아예 외우자. 바라보는 '방향'
      을 서술함으로써 '기대한다'는 의미를 띠는 숙어다.

한 번 범한 오류는 배움의 기회로 삼았습니다. 문제를 푸는 이유는 내가 얼마나 맞고 틀리는지를 채점하기 위함이 아닌, 잘못 알고 있는 것이 무엇인지 효율적으로 확인하고 배우기 위함임을 잊지 말아야 합니다. 이렇게 오답 노트를 통해 틀렸던 원인을 정확히 분석한 뒤 똑같은 실수를 반복하지 않는 방법을 스스로에게 납득시키는 과정을 거치면, 오늘 틀린 것을 내일은 절대 틀리지 않게 됩니다.

앞서 "인간은 누구나 실수를 하고 같은 실수를 반복한다"라고 했습니다. 하지만 오답 노트를 통해 자신의 실수를 파악하고, 이를 철저히 분석하고, 그에 대한 해결책을 스스로 찾는 노력을 하다 보면 아래와 같이 자신 있게 말할 수 있게 될 겁니다.

"인간은 누구나 실수를 하지만, 나라는 인간은 절대 같은 실수는 반복하지 않는다!"

(4) 선생님으로 빙의하기

배웠으면 가르쳐야 하고, 가르치기 위해선 배워야 합니다. 제 경우

가르칠 사람이 없으면 인형이라도 세워 두고, 아니면 허공이라도 쳐다보고 마치 제 자신이 선생님이라도 된 양 문법을 가르치듯 설명해 보았습니다. 10만큼을 설명하기 위해선 15만큼 알아야 합니다. 그만큼 완벽하게 알아야 한다는 뜻이죠. 스스로도 납득하지 못했거나 완벽히 이해하지 못해 긴가민가한 부분이 조금이라도 있을 경우에는 남을 가르칠 수 없습니다. 그래서 무언가를 가르치려고 하다 보면 먼저 자신의 지식에 확신을 가지기 위해 복습하고, 질문하고, 질문에 해답을 찾아 나설 동기를 얻게 됩니다. 그리고 그렇게 찾은 해답을 누군가에게 가르치기까지 할 수 있을 때 비로소 그 지식은 온전히 자기 것이 됩니다. 가르치는 과정을 통해 우리는 배운 내용을 온전히 이해하게 되고, 이를 소리 내어 설명하는 동안 그 내용을 저도 모르게 정리하게 되며, 또한 그 소리를 스스로 들으면서 복습까지 하게 되기 때문입니다. 선생님으로 빙의하는 학생이 되십시오. 그래야 배운 내용을 오래도록 기억할 수 있게 됩니다.

WOW!
〈 나도 할 수 있다! 〉

문장을 관찰하고 분석하는 실력 길러 보기

❶ 한국어 문장부터 연습해 보기!
아래의 문장에서 주어, 동사, 목적어, 형용사를 찾아 보세요.

> "운명 같은 건 없다고 믿었는데, 달빛 아래 선 너의
> 달빛보다 더 빛나는 눈동자를 본 순간 네가 나의 운명이란 걸 알았다."

주어 : _____   동사 : _____

목적어 : _____

형용사 : _____

주어 – (나는) / 동사 – 알았다
목적어 – 네가 나의 운명이란 걸 / 형용사 – 달빛 아래 선, 달빛보다 빛나는

❷ 배운 문법을 활용해 직접 예문 만들어 보기!
아래의 문법을 활용하여 다양한 형태의 예문을 만들어 보도록 하세요.

> 과거에 일어난 일이 현재에 영향을 끼쳤다는 걸 나타낼 때 쓰는
> '현재완료' 시제의 형태는 'have+과거분사'이다.

예문 1 : _____

_____

예문 2 : _____

_____

예문 3 : _____

_____

❸ 나만의 오답 노트 만들어 보기!
내가 틀렸던 문법 실수 중 하나를 적고,
왜 그걸 맞다고 생각했는지 나름의 논리를 적은 후
그 논리가 왜 틀렸는지 적은 뒤 앞으로 주의할 점까지 써 보도록 하세요.

1. 나의 문법 실수 : _____

_____

2. 나름의 논리 : _____

_____

3. 논리가 틀린 이유 : _____

_____

_____

_____

_____

4. 앞으로 주의할 점 : _____

_____

_____

_____

_____

❹ 선생님으로 빙의해 보기!
위의 오답 노트에서 정리한 내용, 혹은 새로운 문법 내용을
앞에 누군가가 있다고 생각하고 한번 소리 내어 가르쳐 보세요.
(가르친 내용을 녹음까지 하고 들어보면 부족한 점을 더 잘 파악할 수 있습니다.)

듣기 : 안 들리면 들릴 때까지
"Attention"

(1) 포기하지 않기

삶의 모든 분야가 그렇지만, 외국어 듣기에 있어서도 포기하지 않는 단계가 중요합니다. '안 들려도 끝까지 듣는 것', 그것이 핵심입니다. 제가 영어를 잘할 수 있게 된 지금이야 원어민이 영어로 말할 때 지금 말하고 있는 내용 다음엔 무슨 단어를 말할지까지 예상할 수 있을 정도로 듣기가 150% 가능해졌지만, 원래 제게 있어 듣기는 쥐약이었습니다.

도대체 어떻게 하면 쏟아지는 외국어 단어들을 듣고 이를 조합해 실시간으로 이해할 수 있는 건지 도무지 알 수가 없었습니다. 차라리 문법 같은 건 찬찬히 납득하고 외우겠는데, 듣기는 외운다고 되는 것도 아니고 미국 물로 귀를 씻는다고 되는 것도 아니니 학교에서 푸는 영어 듣기 문제를 명쾌하게 이해하고 풀어 본 적이 단 한 번도 없었습니다. 그리고 '키워드'를 들으라고들 하는데, 대체 뭐가 키워드인지 애초에 영어가 안 들리는데 어떻게 아나요? 그러니 시험에서도 대충 듣고 대강 찍고, 운 좋으면 맞고 운 나쁘면 틀리는 게 저의 영어 듣기였습니다.

수능에서도 영어 듣기는 거의 포기하다시피 했습니다. 하지만 그
래도 운 좋게 대학엔 들어가 미국 교환 학생까지 준비하게 되었는데
이 과정에서 토플 듣기 영역이라는 난관에 봉착했습니다. 정말이지
도통 알아들을 수가 없었습니다.

'이렇게 빨리 지나가는 단어들 사이에서 뭘 들어야 하는 거지? 다
들 이걸 어떻게 이해하는 거야? 귀에 버터라도 발랐나?'

갈피를 잡을 수 없어 저는 간절히 기도했습니다.

'안 들려요. 귀가 트여야 말할 수 있을 거 아녜요. 말할 수 있어야
세상에 영향을 끼칠 테고요! 제발, 제발, 제발 제 귀 좀 열어 주세요.
제게 공부하고 싶은 마음을 주셨으니 책임지세요!'

그리고 제가 한 것 딱 한 가지는 바로 '버티기'였습니다. 버텼습니
다. 포기하지 않았습니다. 그냥 들었습니다. 계속해서 듣고, 무턱대
고 듣고, 끝까지 들어 봤습니다. 그 결과, 저는 턱걸이로 토플 점수를
받아 설레는 마음으로 미국에 교환 학생을 가게 되었습니다.

그런데 웬걸, 산 넘어 산이라 했던가요? 수업을 이해하기란 보통
일이 아니었습니다. 미국 교수님께서 숙제가 있다고 하시는 건 대충
알아듣겠는데 그 숙제가 뭐라는 건지는 도통 들리질 않았습니다. 그
럴 때가 한두 번이 아니었고요. 이건 뭐 듣기 파일 듣듯이 안 들리는
타이밍에 일시 정지했다가 되감아 들을 수도 없고, 듣고 이해를 못
할 때마다 손을 들고 "교수님, 방금 뭐라고 하셨어요?"라고 질문하
며 민폐를 끼칠 수도 없는 노릇이니 답답했습니다. 강의실에 있어
봤자 멍하니 시간만 낭비하는 것 같아 아예 듣기를 포기했습니다.
차라리 휴대폰을 만지작거리며 딴짓하는 게 더 생산적이라 느꼈죠.

그러던 어느 날, 한 중국인 교수님께서 중국 명절을 기념해 파티를
여신다며 몇몇 중국인 학생들과 저를 파티에 초대해 주셨습니다. 저

를 수업에서 가르치셨던 분도 아닌데, 교환 학생 오리엔테이션 때 같은 식탁에서 우연히 함께 식사했던 저를 잊지 않고 기억해 주신 덕에 저는 파티에 초대 받아 중국 음식도 먹고 중국인 친구들도 몇 명 사귈 수 있었습니다. 그렇게 파티를 즐긴 후 집으로 돌아가는데, 교수님께서 제게 이렇게 물으셨습니다.

"아란, 수업 시간에 수업은 잘 듣니?"

저는 말했습니다.

"아니요. 사실 잘 안 들어요. 들어도 안 들리니까요."

다소 뜬금없는 질문이었고 제 대답 역시 뻔뻔했지만, 교수님께서는 그런 제 대답을 예상하셨다는 듯 씩 웃으셨습니다. 그리고 제 눈에서 시선을 떼지 않고 단호하게 말씀하셨습니다.

"아란, 영어 잘할 수 있어. 잘할 거야. 포기하지 마. 지금은 강의가 잘 안 들릴 거 알아. 그래도 들어 봐. 집중을 놓지 마. 그럼 분명 들리기 시작할 거야. Pay attention!(집중해!)"

밑져야 본전, 저는 그분 말씀을 믿었습니다. 아니, 한번 믿어 봤습니다. '그분도 중국에서 태어나고 자라 20대 후반이나 30대가 되어서야 미국에 온 아시아인 외국인이시니까', '미국에서 대학 교수가 되시기까지 순탄하지만은 않았을 테니까', '누군가 했으면 나도 할 수 있다는 뜻이니까'라고 생각했습니다. 저는 그분 말씀을 믿기로 '선택'했습니다. 어쩌면 믿고 싶었는지도 모릅니다. 믿지 않으면, 전 정말로 영어를 포기했어야 하는 거니까요. 제가 잘하는 것 한 가지는 바로 쉽게 동기 부여 받는다는 것! 저는 교수님의 말씀에 동기를 부여받아 '한번 해 보자'라는 마음으로 집중해서 수업을 들어 보기 시작했습니다.

바로 다음 날부터 강의 시간에 휴대폰을 보지 않았습니다. 이해되지 않아도 낙서하지 않았습니다. 의미 없는 시간 같아도 멍 때리지 않았습니다. 시험 삼아, 아니 어쩌면 실험 삼아 말이죠. 정말로 그 중국인 교수님 말씀이 맞을지도 모르니까요.

결과는 성공적이었습니다. 포기하지 않는 단계를 지나니 영어가 들리기 시작했습니다! 포기하지 않아 천만다행입니다. 100도가 되어야 끓는 물을 90도쯤에서 끌 뻔했으니까요.

별다른 기술은 없습니다. 그냥 듣고, 그저 듣고, 또 듣고, 다시 듣고, 계속 듣고, 끝까지 듣고, 누가 뭐래도 듣고, 끊임없이 듣고, 포기 않고 듣는 수밖에요. 다만 두 귀만 쫑긋 세워 듣는 게 아니라, 온몸의 세포를 깨워 온몸으로 들어야 합니다. 열렬히 듣는 데에 너무 많은 에너지를 써서 낮잠을 자지 않고서는 하루를 견디지 못할 정도로 듣기에 집중하고, 몰입하고, 몰두해야 합니다. 그러면 책에서만 보던 표현이, 머리로만 알고 있던 표현이 실제로 들릴 때 온몸의 세포가 춤을 추듯 환영합니다. 그렇게 세포 댄스 파티를 반복하다 보면 머지 않아 한 단어, 한 단어가 명쾌하게 귀에 쏙쏙 꽂히는 날이 옵니다.

현재 제가 아는 단어와 표현, 문장 구조, 문법, 그리고 발음과 억양뿐 아니라 뉘앙스까지 모든 건 8할 이상 '듣기'로부터 배웠다고 해도 과언이 아닙니다. 들리는 모든 표현이 학습 자료입니다. 전에는 몰랐던 새로운 표현을 생전 처음 들을 때처럼 설레는 순간이 없습니다. 그러고 보면 귀만큼 가성비 좋은 학습 도구도 없는 셈입니다. 청각은 무료인데, 얻는 건 무궁무진하니까요.

(2) 질문하며 듣기

하지만 한 단어 한 단어가 귀에 쏙쏙 꽂혀 명쾌하게 들리기까지 답답한 날들이 많고도 많을 거란 건 부정할 수 없는 사실입니다. 그러나 그 답답함은 재산입니다. 답답할수록 신나야 합니다. 생각해 보세요. 답답함을 느껴야 질문하고 공부하여 그 답답함을 명쾌함으로 바꿀 테니까요. 답답함을 느끼지 않는다면 답답함을 해소할 때 느낄 통쾌함과 설렘도 느끼지 못할 것입니다.

하지만 그 통쾌함과 설렘이 그저 가만히 있는다고 찾아오지는 않습니다. 주저하지 말고 질문해야 합니다. 저는 외국인 친구들의 말을 잘 못 알아들어 아리송할 때마다 "나 한 50%밖에 이해 못했는데, 방금 뭐라고 했어?", "천천히 다시 말해 줄래?"와 같은 질문을 던졌습니다. 외국어를 못 알아듣는 건 부끄러운 일이 아니니까요.

"Sorry?(미안, 뭐라고?)", "What did you say?(뭐라고 했어?)", "Pardon?(미안한데 뭐라고?)", "What's up?(뭐라고?)", "Come again?(다시 말해 볼래?)", "Can you please repeat?(한 번만 더 말해 줄래?)", "What? I didn't catch that.(뭐라고? 나 이해를 못 했어.)", "I don't think I understand what you said. Could you paraphrase it?(나 네가 하는 말을 못 알아들었어. 다른 방식으로 말해 줄 수 있을까?)" 같은 질문을 달고 살았습니다. 당당하게 그러나 공손하게 말이죠.

제 영어 실력이 부족해 못 알아들었다는 걸 들키고 싶지 않을 때엔 "What do you mean?(그게 무슨 의미야?)"라며 마치 상대방의 설명이 충분하지 않았기 때문에 못 알아들은 척하며 비겁하게 부연 설명을 요구하기도 했습니다. 이는 매우 교묘한 수법이라 할 수 있지만 실제로 상대방이 말한 문장이 저렇게 의미를 물을 필요도 없을 만큼 간단한 정보였거나 단순한 언급이었다면, 오히려 상대방이 "무슨 의미냐니, 너야말로 무슨 의미야?"라며 당황해하거나 이상하게 여길 수도 있습니다.

그러니 있는 그대로 솔직하게 "I'm not a native English speaker. (제가 영어 원어민이 아니라서요.)", "I'm still learning English. (영어를 아직 배우는 중이에요.)", "I'm not so good at English yet.(저 아직 영어를 그렇게 잘하지 않아요.)"와 같이 말하거나 "Can you speak slowly, please?(천천히 말씀해 주시겠어요?)"라고 부탁하는 편이 훨씬 낫습니다. 그러면 제대로 못 알아들은 문장을 천천히 다시 들을 수 있는 기회뿐 아니라 상대방에게 자신의 영어 실력을 드러낼 수 있는 기회도 동시에 얻을 수 있습니다.

상대방에게 자신의 영어 실력이 어느 정도인지 알리면, 상대방은 앞으로 나라는 사람과 대화할 때 어떤 수준의 단어를 선택해야 하고 어떤 속도로 말해야 할지 가늠할 수 있습니다. 또한 내 영어 수준에 맞춰 천천히 반복해서 말해 주거나 부연 설명을 해 줄 의향을 보이기도 합니다.

저는 편한 친구에게는 영어로 빨리 했던 말을 천천히 말해 달라고 부탁하기도 했습니다. 마치 영상 버튼을 눌러 가며 속도를 조정하는 것처럼요. 천천히 해 준 말을 이해했으면, 그 다음엔 약간 빠르게, 그 다음엔 다시 원래 속도로 말해 달라고 요청했습니다. 그렇게 속도를 달리하며 비교하면서 들으면 어느 부분에서 못 알아들었던 건지 정확히 파악할 수 있고, 그와 동시에 빠르게 말하는 속도에도 점차 적응해 갈 수 있었습니다.

물론 특정 단어를 못 알아들었다면 그게 무슨 뜻인지도 서슴없이 물었습니다. 그리고 그 단어를 가지고 예문도 말해 달라고 부탁했습니다. 그러면 외국인 친구들은 꽤나 재미있어 하며 이런저런 예문을 들려줬고, 단어의 뜻부터 유래까지, 혹은 더 나아가 그 단어를 사용할 때 주의해야 할 점이나 단어가 가지고 있는 미묘한 뉘앙스까지 세세히 설명해 주기도 했습니다. 이와 같은 원어민 친구들은 그야말로 살아 있는 인간 사전이라 할 수 있습니다. 그리고 이런 방식으로 단어를 익히면 종이 사전이나 전자 사전에서는 얻을 수 없는 생동감이 있기 때문에 배운 단어가 오래도록 잊혀지지 않습니다.

부끄러워하지 마세요. 용기 내세요. 그리고 물어보세요. 답답함을 명쾌함으로 바꾸는 열쇠는 바로 당신의 '질문'입니다.

(3) 예상하며 듣기

저에게 "네 무대는 세계야"라고 하며 영어를 공부시키셨던 교수님께서는 제게 그러셨습니다.

"아란아, 영어 듣기가 그렇게 어렵니? 듣기를 잘하는 사람은 뒤에 어떤 말이 나올지 예상하면서 듣는단다."

'패러다임의 전환(Paradigm Shift)'이었습니다. 이미 나온 말에 머물러 방금 들은 걸 해석하는 것도 벅찼던 제게 아직 나오지도 않은 말을 예측하라는 건 충격적인 생각의 전환이었습니다. 뒤에 어떤 말이 나올지 생각하며 들으라니!

그런데 교수님 말씀이 맞았습니다. 우리가 모국어를 듣고 읽을 때에 바로 이런 식으로 듣고 읽습니다. 소위 직청직해로 들리는 말은 들리는 대로 이해하면서 어느새 그 뒤에 나올 말을 예상하고 있습니다. 예상하며 듣는다는 게 무슨 뜻이냐면, "예상하며 듣는다는 게 무슨 뜻이냐면"이라는 말을 듣는 순간 "~한다는 겁니다, ~한다는 뜻입니다"라는 끝맺음을 예상한다는 겁니다.

언어란 아무런 규칙 없이 난데없이 쏟아지는 정보가 아닙니다. 언어는 '약속'입니다. 그래서 청자는 화자가 맥락상 어떤 내용을 말할지 예상할 수 있을 뿐만 아니라, 암묵적으로 약속된 '문법'이라는 규칙 내에서 어떤 품사를 사용하여 문장을 말할 것인지 등을 기대할 수 있습니다. 사실 모국어로는 기대하고 말고의 인지조차 하지 않고 자연스럽게 무의식적으로 뒷말을 기대하지만, 외국어는 들으면서 처리해야 할 정보가 많기 때문에 뒷말까지 예상하기가 쉽지 않습니다. 하지만 외국어로도 적절하게 예상할 줄만 안다면, 원어민 화자는 반드시 그 기대에 부응하여 말할 것입니다. 그리고 그렇게 예측한대로 듣는 재미는 아주 쏠쏠할 것입니다.

예를 들어, "When I was younger"이라는 말을 들으면, 동시에 해야 할 것이 두 가지입니다. 하나는 이것이 '내가 어렸을 때'라는 뜻을 가졌다는 걸 이해하는 것이고, 다른 하나는 이 말 뒤에 무엇이 나올지를 예측하는 것입니다. 뒤에 어떤 '내용'이 나올지는 몰라도 어떤 '구조'가 나올지는 예측할 수 있습니다. "When I was younger"이라는 말을 들었을 땐 뒤에 주어와 동사를 갖춘 문장절이 나올 것을 기대해야 합니다. 마치 "내가 어렸을 때"라는 한국말을 들었을 때 이 뒤엔 "~이 ~였습니다/했습니다"라는 말이 나올 걸 기대하듯이 말이죠.

또 다른 예로 "There was a man who ~(~했던 남자가 있었습니다)"라는 말을 들으면 'who' 바로 뒤엔 동사가 나오리라 기대해야겠지요. 그리고 "She has been looking forward to ~(그녀는 ~을 기대해 오고 있습니다)" 같은 말을 들으면 'to' 뒤에 명사가 나오리라 예상해야 합니다.

이런 식으로 바로바로 뒷부분을 예상하면 듣기가 한결 쉬워집니다. 정말이지 딱 예상한 대로 들리기 때문입니다. 문법뿐 아니라 문장 구조, 어휘, 내용 등 폭넓게 예상하며 들어 보세요. 점차 예상 속

도와 방향이 발전하면, 언제부터인가 '훗, 계획대로 되고 있군!'이라
는 생각마저 들 만큼 원어민이 우리의 예상 범위를 크게 벗어나지 않
고 말하는 것을 발견할 수 있을 것입니다.

(4) 더 어렵게 듣기

운동 효과를 두 배로 보기 위해서 발목에 모래 주머니를 차고 운동
하기도 한다는 걸 아시나요? 모래 주머니의 무게 때문에 운동 강도
가 더 세지기 때문입니다. 이에 단련되면 나중에 모래 주머니를 벗
고 운동할 때 몸이 너무나 가볍게 느껴져 훨씬 더 가뿐하게 움직일
수 있습니다. 센 강도에 익숙해져 있으니 이보다 약한 강도는 식은
죽 먹기인 셈이죠.

귀에도 모래 주머니를 차면, 듣기 실력을 단련할 수 있습니다. 생
각해 보니 저의 듣기 실력이 폭발적으로 늘었던 때를 꼽아 보면, 그
때마다 저는 강도 높은 듣기 훈련을 할 수 있는 모래 주머니를 귀에
차고 있었습니다.

첫 번째 모래 주머니 역할을 해 준 사람은 바로 교환 학생으로 미
국에 간 지 얼마 안 돼 사귄 흑인 친구였습니다. 정말이지 이 친구의
말은 알아듣기가 참 힘들었습니다. 제가 치렀던 수능 시험에 나오는
듣기 평가나 토플의 영어 듣기 파일은 대부분 백인 미국인의 억양으
로 녹음되어 있었기 때문에 저는 여느 한국인들처럼 흑인 특유의 억
양엔 익숙하지 않았습니다. 그래서 마음이 맞아 사귄 친구지만 이
친구와 영어로 대화하는 건 여간 쉬운 일이 아니었습니다. 이 친구
가 간단한 말 한마디를 해도 저는 매번 "What?(뭐라고?)"라고 했습
니다. 그때마다 저는 '같은 말을 전형적인 백인 억양으로 했다면 훨

씬 수월하게 알아들었을 텐데... 내 듣기 실력이 부족해서 잘 알아듣지를 못하는구나'라는 생각에 멋쩍어 하며 친구에게 다시 말해 달라고 몇 번이고 부탁했습니다. 감사하게도 친구는 같은 말을 여러 번 반복해 말해 주는 것을 꺼려하지 않았습니다.

덕분에 저는 집요하게 다시 말해 달라 요청하면서도 죄책감을 가질 필요가 없었고, 그 후 흑인 억양에 익숙해지기까지는 그리 오랜 시간이 걸리지 않았습니다. 가장 어려웠던 친구의 말이 귀에 쏙쏙 잘 들리게 되니 다른 흑인들의 영어는 물론 중국이나 인도식 억양도 편하게 이해할 수 있게 되고 백인의 영어는 더할 나위 없이 명쾌하게 들리기 시작했습니다. 그러다 보니 나중엔 '어째서 이 억양이 처음엔 그토록 낯설고 아예 다른 외국어처럼 들렸을까?' 싶어 그때의 제 자신이 이해가 안 될 정도였습니다.

제 귀에 두 번째 모래 주머니 역할을 해 준 건 한 백인 미국인 친구였습니다. 미국에 온 지 4개월쯤 지나 맞은 봄 방학에 멕시코로 선교 여행을 가서 만난 친구였는데, 말을 어찌나 웅얼거리면서 하던지 이 친구가 하는 말은 50% 이상 못 알아들었습니다. 저뿐만 아니라 저와 같은 다른 외국인들은 모두 입을 모아 "이 친구 말은 유독 알아듣기가 어려워"라며 고개를 절레절레할 정도였습니다.

어떤 언어가 됐든 말을 또박또박 잘해서 무슨 말을 하든 귀에 쏙쏙 들어오는 사람이 있는가 하면, 발성이 좋지 않거나 중얼거리듯이 말해서 제대로 알아들으려면 무의식적으로 더 집중해야만 하는 사람이 있는데, 이 친구가 딱 그랬습니다. 그래서 이 친구가 무슨 말을 하면 저를 포함한 외국인들은 고개를 갸우뚱거리며 못 알아들어 이 친구 옆에 있는 다른 미국인을 쳐다봤고, 그럼 그 옆에 있던 미국인이 이 친구가 말한 문장을 똑같이 한 번 더 읊어 줘야 했습니다. 그럼 그때

가서야 모두 "아~"라고 하며 무슨 말인지 이해했죠.

이 친구는 미국에 와서 사귄 사람 중 가장 알아듣기 어려운 말투의 소유자였지만 사람이 좋아 가깝게 지내기 시작했고, 어느 정도 시간이 지난 후 저는 솔직하게 말했습니다. "네 영어는 특히 알아듣기 힘들어. 솔직히 반은 못 알아듣는 것 같아." 그랬더니 이 친구는 화들짝 놀라며 자신이 그렇게 웅얼거리며 말하는지 전혀 몰랐다고, 앞으로는 정확하게 발음하도록 신경 쓰겠다고 했습니다. 하지만 이십 해가 넘어가도록 쓰던 말투는 쉽사리 고쳐지지 않았죠.

애석하게도 이 친구는 언제나 웅얼거리듯이 이야기했고, 저는 그 말을 알아들으려 부단히 노력했습니다. 그러기를 몇 개월, 저는 어느새 이 친구의 말이 쉽게 들리기 시작했습니다. 이 친구의 말이 가장 편해졌고, 가장 익숙해졌습니다. 그 뒤로는 웬만한 사람들이 구사하는 영어는 아주 깨끗하게 들렸고, 저는 이 세상 누구의 영어라도 잘 알아들을 수 있을 것만 같은 자신감이 생겼습니다. 영어를 잘하려고 이 친구와 친해진 건 아니었지만, 이 친구 덕분에 제 귀는 혹독한 트레이닝을 거쳐 그 어떤 영어도 들을 수 있는 '만렙 귀'가 된 것입니다.

그 뒤로 교환 학생 2학기부터는 신기하리만큼 모든 교수님의 말씀이 한 글자, 한 글자 매우 또렷하게 들리기 시작했습니다. '이보다 더잘 들릴 순 없다' 싶을 만큼 명쾌하게 잘 들렸습니다. 심지어 'a'와 'the' 같은 약한 발음의 관사까지 말이죠.

(5) 더 빨리 듣기

그렇게 혹독한 듣기 트레이닝을 거친 제 귀에 세 번째 모래 주머니

역할을 했던 건 바로 1년 동안의 교환 학생 생활을 마치고 한국에 돌아와 반년쯤 지나서 본 '토플(TOEFL)'이라는 영어 시험이었습니다. 이젠 영어를 듣는 것이 한국어를 듣는 것만큼이나 편해졌다고 생각했는데도, 토플에 나오는 영어 듣기는 정말이지 더럽게도 안 들렸습니다. 정말 더럽게. '아니, 대체 이걸 어떻게 알아들으라는 거야?'라는 생각에 화가 나기까지 했습니다.

아무리 토플이라는 게 미국의 대학교나 대학원에서 외국인이 영어로 진행되는 전공 수업을 들을 수 있을지 여부를 가늠하는 고난도의 영어 시험이라지만, 영어 사전만 가지고는 공부할 수 없는 전문 용어들이 수도 없이 난무해 이건 해도 해도 너무하다 싶었습니다. 모르는 단어가 나와 영어 사전을 찾아봤는데 거기에 적혀 있는 한국어 뜻마저 생소하면 국어사전까지 뒤져야 했고, 국어사전에서 찾아 읽은 한국어 개념조차 잘 이해되지 않으면 백과사전까지 찾아봐야 했습니다.

"아니, 이렇게 어려운 걸 대체 외국인더러 어떻게 알아들으라는 거냐"라는 말이 입에서 절로 나오던 날, 현재의 남편이자 그 당시 남자친구였던 크리스가 제게 이렇게 말했습니다.

"아예 2배속으로 들어."

잘못 들은 줄 알았습니다. 이게 불 난 집에 부채질하는 게 아니라면 대체 뭔가 싶어 그게 무슨 말이냐고 물으니 "토플 듣기 2배속을 이해할 수 있으면 앞으론 이해 못할 영어가 없을 걸"이라고 하며 아예 2배속으로 들으라는 겁니다. 저는 생각했습니다.

'그래? 이게 최고다 이거지? 그럼 한번 정복해 보겠어!'

그 뒤 저는 1배속으로 듣는 것도 버거웠던 영어 듣기 파일을 2배속으로 듣기 시작했습니다. 그러니 웬걸, 나중엔 1배속이 쉬워져 버렸습니다. 무거웠던 모래 주머니를 풀고 뛰어다니는, 아니, 날아다니는 기분이었습니다. 그 이후로는 해외 유튜브 영상을 볼 때에도 1배속으로 보면 답답해 2배속으로 볼 때가 많습니다. 그래도 한 단어 한 단어 너무나 명확하게 들리는 건 '무작정 빨리'가 아닌 '빠르고 정확히' 듣는 연습을 부단히 했기 때문이겠죠.

(6) 오답 노트 쓰기

정확하게 듣는 연습은 역시 '오답 노트'로 했습니다. 앞서 제가 문법을 공부할 때에도 오답 노트를 활용해서 공부했다고 했던 걸 다들 기억하실 겁니다. 틀린 부분을 정확히 파악하여 왜 그걸 정답으로 골랐는지 나름의 논리를 적어 본 후 그 논리가 왜 타당하지 않은지 차근차근 써 보며 분석하고, 그렇게 분석한 후엔 마지막으로 주의해야 할 점까지 적어 가며 다시는 같은 실수를 반복하지 않도록 철저히 방지한다고 했었죠.

안 들리는 걸 들리게, 잘못 들었던 걸 제대로 듣게 하는 방법 역시 오답 노트를 통해 안 들리고 잘못 들었던 이유를 찾아 없애는 것입니다. 1단계에선 왜 안 들렸는지 그 이유를 파악해야 합니다. 예를 들어 연음 때문에 잘 안 들렸던 건지, 강세를 잘못 알았던 건지, 음절을 몰랐던 건지, 자음과 모음의 발음을 아예 다르게 알고 있었던 건지, 예상 밖의 묵음이 있었던 건지, 아니면 상상조차 하지 못한 단어가 등장해 혼란스러워 못 들었던 건지, 그 이유를 정확히 파악해야 합니다.

2단계에선 그 이유를 없애도록 하세요. 단어가 연음이 되어 안 들렸던 거라면 그 단어를 여러 단어와 연결해서 발음해 본 후 이것이 연음될 때 어떻게 들리는지 제대로 파악하고, 강세를 잘못 알았던 거라면 단어의 올바른 강세를 듣고 표시한 뒤 따라 말해 보거를 반복하고, 음절을 몰랐던 거라면 어떤 논리 때문에 음절을 잘못 계산했던 건지 집요하게 파고든 후 그게 왜 틀린 계산이었는지를 스스로에게 철저히 납득시켜야 합니다.

만약 상상조차 못한 의미의 단어가 등장해 혼란스러워 못 들었던 거라면, 1초쯤 이를 예상해 보지 못했던 본인의 상상력을 탓하고 1분쯤은 상상력을 확장하는 데에 써야 합니다. 이를테면 어떤 근거로 그런 단어가 나올 줄 예상하지 못했던 건지 스스로에게 설명해 보고, 왜 그게 편협한 사고였는지 인정한 뒤, 마지막으로는 어떤 근거로 그런 단어가 충분히 나올 수도 있는지 자기 자신에게 제대로 납득시켜야 합니다. 이렇듯 오답 노트는 '스스로를 설득하는 싸움'이라고 할 수 있습니다.

이러한 싸움을 거친 후에 못 들었던 영어를 다시 들으면, 다시 들어서 들리는 게 아니라 '그렇게 들릴 수밖에 없는 이유를 알기 때문에' 들리게 됩니다. 그러면 같은 표현이 다른 목소리로, 다른 상황에서, 다른 문장 속에서 나오더라도 제대로 알아들을 수 있게 됩니다.

(7) 받아쓰기

핵심만 잘 듣는다면 문장과 대화 속에 나오는 모든 단어를 다 알아듣지 못한다 해도 화자의 의도와 맥락을 파악할 수 있는 건 사실입니다. 또 잘못 들은 부분만 콕 집어내어 오답 노트로 정리하면 실력을 개선할 수도 있습니다. 하지만 더 어려운 난이도와 깐깐한 기준의 영어 듣기에 도전하고 싶다면 '받아쓰기'를 해 보길 추천합니다. 토씨 하나 빠뜨리지 말고요.

받아쓰기는 한 치의 오차도 허락하지 않습니다. 100% 완벽한 정확도를 요구하죠. 예를 들어 'a'인지 'an'인지, 'go'인지 'goes'인지, 'to'인지 'too'인지까지도 구별해서 적어야 하기 때문에 철자 하나라도 틀리면 틀리는 것이 받아쓰기입니다.

틀리는 게 많을수록 배우는 게 많아집니다. 그래서 받아쓰기가 매력적입니다. 많이 틀리게, 아니, 많이 틀리는 걸 '발견하게' 해 주니까요. 받아쓰기는 남들과 소통하거나 시험 문제를 맞추는 데에 직접적으로 영향을 끼치지 않아 틀린 줄도 모르고 있던 것들까지도 다 잡아내게 해 주는데, 이때 발견하는 모든 것들을 오답 노트로 정리하여 보강한다면 듣기 실력이 1,000% 성장하는 것은 물론 영어 문법 실력도 2,000% 성장하게 될 것입니다.

(8) 받아 말하기 - 쉐도잉(Shadowing)

만약 받아쓰기로도 만족이 되지 않는다면, '받아 말하기'를 해 볼 것을 추천합니다. 효과 만점입니다. 이를 흔히 '쉐도잉(Shadowing)'이라고 하는데, 그림자(Shadow)처럼 똑같이 따라 한다고 해서 쉐도잉(Shadowing)이라고 합니다. 따라서 쉐도잉은 배우고자 하는 언어가 귀에 들리기 무섭게 곧바로 베껴 말하는 언어 학습법으로서 쉐도잉을 할 때엔 들리는 모든 단어를 따라 말하는 것은 물론이거니와 발음과 억양, 말의 높낮이, 속도, 성량, 말투, 호흡까지 화자로 빙의해 그대로 복창해야 합니다. 그리고 여기에 화자의 제스처, 표정, 눈빛까지 흉내 낸다면 쉐도잉의 신, 여러분도 가능합니다!

물론 들으면서 동시에 말하는 게 쉽지는 않을 겁니다. 하지만 '들리지도 않는데 어떻게 따라 하라는 거야?' 싶은 것이 바로 포인트! 새를 쏘아 맞추기 위해 새를 보고 화살을 쏘면 화살이 바위에 떨어지지만, 새보다 더 멀리 있는 달을 보고 화살을 쏘면 화살이 새까지는 날아간다는 말이 있습니다. 저는 이 말의 내용을 듣기 공부에 적용하여 듣기 공부의 기준을 '들리는가'가 아니라 '이렇게 말할 줄 아는가'로 삼았습니다. 그리고 듣는 것을 따라 말할 수 있을 때까지 들었습니다. 따라 말할 수 있게 되면 듣는 것쯤은 식은 죽 먹기가 되니까요. 이처럼 듣기의 기준을 단순히 '들을 줄 아는가'가 아닌 '쉐도잉(Shadowing)할 수 있는가'로 잡으면, 훌륭한 듣기를 뛰어넘어 훌륭한 말하기까지 가능하게 됩니다.

자, 이젠 여러분 스스로 듣기 연습을 해 볼 차례입니다. 좋은 듣기 연습법을 배웠으면 직접 써먹어 봐야겠죠? 참고로 효과적인 듣기 연습을 위한 팁을 몇 가지 드리면 아래와 같습니다.

첫째, 80% 정도는 알아들을 수 있는 영어 문장을 가지고 듣기 연습을 시도하세요. 그래야 나머지 20%의 성장의 여지를 위해 80%는 똑같이 따라 말해 볼 욕심이 생기는 효과적인 듣기 연습이 가능합니다. 둘째, 영어 고급자라면 mp3 파일이나 팟캐스트 및 라디오를 들으며 연습해도 괜찮지만, 웬만하면 입 모양과 표정까지 잘 관찰할 수 있는 '영상'을 보며 듣기 연습을 하는 걸 추천합니다. 셋째, 위에서 말한 것처럼 영상을 보며 듣기 연습을 할 경우, 어떤 영상으로 연습해야 할지 모르겠다면 제가 영어로 말하는 영상(다음 페이지의 QR코드)을 가지고 연습해 보셔도 좋습니다.

QR코드 스캔하여 영상 시청하기!
자기소개 | 꿈, 국적, 나이, 직업 등 Q&A

귀를 시원하게 뻥! 뚫어 보기

❶ 포기하지 않고 들을 자세가 되셨나요? 네 ☐ / 아니오 ☐

❷ 모르면 모른다고 솔직하게 질문하며 들으실 거죠? 네 ☐ / 아니오 ☐

❸ 이제 한번 예상하며 들어 봅시다.
영어 문장을 듣다가 중간에 멈추고, 들은 만큼 적어 본 다음
뒤에 나올 내용, 품사, 어휘를 한번 예측해 보세요.

_____

_____

_____

자신의 예측이 얼마나 맞았나요?
예측한 것이 틀렸다면 왜 틀렸나요? 그 원인을 분석해 보세요.

_____

_____

_____

앞으로 올바르게 예측할 수 있기 위해
자신이 유념해야 할 점을 아래에 정리해 보세요.

❹ 이젠 더 어렵게 들어 봅시다.
알아듣기 빠르고 어려운 말투를 가진 사람,
혹은 낯선 억양을 가진 사람의 영어를 들어 보고 내용을 이해해 봅시다.

말이 빠른 영어
들어 보기 (1)

말이 빠른 영어
들어 보기 (2)

흑인 영국 억양
들어 보기

백인 영국 억양
들어 보기

호주 억양
들어 보기 (1)

호주 억양
들어 보기 (2)

인도 억양
들어 보기 (1)

인도 억양
들어 보기 (2)

❺ 이번엔 더 빠르게 들어 봅시다.
첫 번째엔 제가 TEDx에서 했던 영어 강연 영상을,
두 번째엔 제가 미국 UCLA에서 했던 영어 강연 영상을
2배속으로 듣고 그 내용을 이해해 보도록 하세요.

 TEDx 영어 강연
2배속 듣기

 UCLA 영어 강연
2배속 듣기

❻ 나만의 오답 노트를 만들어 봅시다.
앞서 들었던 것들 중 놓치거나 못 들었던 부분을 적어 본 후,
못 들은 이유와 다음 번에 어떻게 하면 잘 들을 수 있을지를 적어 보세요.

1. 내가 못 들은 부분 : _____

_____

2. 못 들은 이유 : _____

_____

3. 앞으로 주의할 점 : _____

_____

❼ 이번엔 받아쓰기를 해 봅시다.
앞서 들었던 영상 중 하나를 골라 듣고 받아 적어 보세요.
적은 후엔 앞서 한 것과 같이 '오답 노트'를 적어 보시기 바랍니다.

_____

_____

_____

❽ 이번엔 받아 말하기(Shadowing)를 해 봅시다.
앞서 들었던 영상 중 하나를 골라 그대로 듣고 따라 말해 봅시다.
(들으면서 새로 배울 단어나 표현이 있는지를 함께 체크해 보도록 하세요.)

step 5

말하기 : 소통왕 되기
"Communication"

(1) 독학하지 않기

누군가 제게 "영어, 독학하려고 하는데 괜찮을까요?"라고 묻는다면, 저는 대번에 "아니요"라고 대답할 것입니다. 영어라서가 아닙니다. 영어뿐만 아니라 세상에 혼자 배울 수 있는 것은 없기 때문입니다. 어린 아기가 걸음마를 배울 때에도 엄마 아빠의 손을 잡고 차근차근 걸음마를 떼며 배우듯이, 혼자서 배운 것만 같은 모국어도 다른 누군가가 하는 말을 따라 하거나 모국어로 쓰인 여러 가지 책들을 읽었기 때문에 배울 수 있었던 것입니다. 이렇듯 우리에겐 부모님, 주변 사람, 책, 기타 등등 수많은 모국어 선생님들이 존재합니다.

외국어를 배울 때에도 선생님이 필요합니다. 제가 조기 유학을 가거나 원어민 과외를 한 적이 없다고 해서 영어를 '독학'했다고 생각하신다면, 그건 저를 가르쳤던 초중고 선생님들, 보습 학원 강사님, 대학 시절 필수 교양 영어를 가르쳤던 교수님, 교환 학생 시절 만났던 외국인 친구들의 도움들을 철저히 무색하게 만드는 일이라고 생각합니다.

저는 영어를 독학한 적 없습니다. 만나는 모든 이를 선생님으로 여겼고, 처한 모든 환경을 학습 자료라 믿으며 단 한 가지라도 배워냈습니다. 저는 이것이 바로 제 영어가 성장할 수 있었던 비결이라 생각합니다.

언어는 악기나 요리처럼 유튜브 영상이나 책을 보고 혼자 배우고 써먹을 수 있는 것이 아닙니다. 언어는 남들과 생각을 교류하는 데에 필요한 도구, 즉 '소통의 도구'입니다. 그러니 남들과 소통하는 법을 혼자 익히겠다는 생각만큼 아이러니한 것도 없을 것입니다. 말하기를 독학하지 마세요. 독학을 자랑스러워하지도 마시고요. 모든 선생님을, 모든 친구를, 모든 유튜브 채널을, 그리고 모든 책을 여러분의 스승으로 두세요. 스승이 많으면 많을수록 더 많이 배울 수 있는 법입니다. 대신, 이렇게 배운 것을 '자습'은 해야 합니다. 독학하지 말고, 자습하세요!

(2) 잘 듣기

잘 말하려면 잘 들어야 합니다. 그 이유는 두 가지입니다.

첫째, 듣지 못한 것을 말하는 건 불가능하기 때문입니다. 청각 장애가 있는 사람이 말하는 데에 어려움을 겪는 것도 바로 이러한 이유에서입니다. 예를 들어, 가끔 외국 생활을 오래 하다 보면 한국어도 까먹었다면서 농담처럼 "0개 국어를 구사한다"고 말하는 사람들이 있는데, 그 이유는 실제로 외국 생활을 하면서 한국어를 '말할' 일이 없어서라기보다는 한국어를 '들을' 일이 없기 때문이 더 큽니다.

아무리 모국어라도 듣지 않으면 잊게 됩니다. 그리고 그것이 외국어일 경우엔 더더욱 그럴 겁니다. 어린 아이 역시 말하기를 시작하기까지 끊임없이 하는 것은 단 하나, 바로 '듣기'입니다. 따라서 우리는 잘 말할 수 있게 되기까지 보다 능동적으로 우리 스스로를 '듣기'에 최대한 노출시켜야 합니다.

많이 들을수록 선택할 수 있는 표현의 폭은 늘어납니다. 저는 '어디서 주워들은 건 있어 가지고'의 힘이 생각보다 강하다고 믿습니다. 마치 재료가 많으면 많을수록 작품을 만드는 것이 쉬워지고 그 질이 높아지듯이, 들은 것도 많으면 많을수록 말하는 게 쉬워지고 그 질 또한 높아집니다. 따라서 완성도 있게 말하고 싶다면 일단 '완성도 있게 들어야' 합니다.

제 경우, 말하기를 99% '듣기'로부터 배웠다고 해도 과언이 아닙니다. 소위 '독학'했더라면 절대 몰랐을, 사전에서만 봤던 영어 단어의 진짜 의미, 그 어디서도 접하지 못했던 신기한 표현들, 단순하지만 수준 있게 구사하는 문장 구조, 정확한 발음, 다양한 슬랭과 그 뉘앙스 등은 원어민의 말을 들으면서 배울 수 있었습니다. 미국에서 교환 학생을 하는 1년간은 매일같이 수시간씩 영어를 들었습니다. 학교에서, 식당에서, 파티에서, 봉사하는 곳에서, 교회에서, 여행지에서, 슈퍼에서, 은행에서, 심지어는 꿈 속에서도 말이죠.

물론 1년간 교환 학생을 다녀온 후에도 어떤 미국인 목사님의 영어 설교를 듣고 싶어 유튜브에서 매일같이 찾아보던 시절이 있었습니다. 틈만 나면 귀에 영어를 바르고 다닌 셈이었죠. 이렇듯 저의 영어 말하기 실력이 급성장할 수 있었던 비결은 듣기, 또 듣기입니다.

누군가는 "미국에 있었으니까 그럴 수 있었겠지"라고 할지 모르겠습니다. 하지만 미국에 있다고 해서 모두가 매일같이 외국인과 만남을 갖거나 영어를 들을 환경에 스스로를 노출시키는 것이 아닙니다. 그리고 미국에 가지 않더라도 충분히 유튜브 영상이나 영화를 통해 영어를 들을 수 있습니다. 오히려 미국에 가서 듣는 것보다 더 값싸게, 더 손쉽게, 그리고 자기 기호에 맞게 말이죠. 그러니 수시간씩 1년 동안 스스로를 듣기 환경에 노출시켜 보세요. 그러고 나서도 영어 듣기와 말하기가 늘지 않는지, 그때 한번 봅시다.

잘 말하려면 잘 들어야 하는 두 번째 이유는 바로 잘 듣는 사람이 매력적이기 때문입니다. 매력적인 사람이 되어야 친구를 사귈 수 있고, 친구가 있어야 말할 기회가 늘고, 말할 기회가 늘어야 영어를 잘하게 됩니다. 반대로 주의 깊게 경청하지 않는 사람은 친구를 사귀기 어렵고, 친구가 없으면 말할 기회가 줄고, 말할 기회가 줄면 영어를 못하게 됩니다. 영어에도 빈익빈 부익부 현상이 일어나는 것이죠. 우리는 우리 말을 잘 들어 주는 사람과 대화하고 싶어 합니다. 고로 영어로 친구를 사귀려면, 먼저 '경청'하세요.

(3) 일단 말하기

말하기는 말하기로 늡니다. 따라서 일단 말해야 합니다. 마치 수영을 배우려면 직접 수영해야 하고, 노래를 배우려면 직접 노래해야 하는 것처럼, 말하기를 배우려면 직접 말해야 합니다.

저는 말하기가 머리로만 공부하는 수학이나 역사 같은 학문보다는, 머리로 공부할 뿐만 아니라 몸으로도 연습해야 하는 스포츠 혹은 악기 연주에 비유되는 것이 더 적절하다고 말합니다. 가령 수영을 배우려고 맨날 수영 꿀팁 베스트셀러만 사서 읽고, 외우고, 수영선수를 관찰한다 한들 직접 물에 들어가 헤엄쳐 보지 않으면 수영을 할 수 없듯이, 백날 영어 말하기 꿀팁 베스트셀러만 사서 읽고, 외우고, 원어민 영상을 보기만 해 봤자 직접 말해 보지 않으면 결코 영어를 말할 수 없기 때문이죠. 만약 누군가 "저는 아직 물에 뛰어들 준비가 안 됐어요. 수영 책을 조금만 더 본 다음 물에 들어가면 안 될까요?"라고 한다면, 저는 "차라리 물을 먹더라도 일단 물에 들어가 한 번이라도 헤엄쳐 보는 게 훨씬 더 많은 도움이 될 것 같은데요?"라고 답변할 것입니다. 여러분도 그러지 않으시겠어요?

(4) 일상을 묘사하기

일상을 영어로 하나하나 묘사해 보세요. 그러면 "'양치하다'는 영어로 뭐지?", "'신발끈을 묶다'는 영어로 뭐지?", "'지하철을 놓치다'는 영어로 뭐지?"와 같은 궁금증이 생깁니다. 이 같은 질문을 많이 가져야 합니다. 질문이 많은 사람이 영어를 잘하게 됩니다. 위와 같은 일상적인 행동 외에도 감정, 상황, 물건, 그림까지도 영어로 묘사해 보세요. 그리고 자신의 입에서 나오는 모든 말과 주변에서 들리는 모든 말까지 영어로 통역해 보려고 해 보세요. 그럴수록 질문이 더 많아집니다.

'이건 영어로 어떻게 말하지?'

바로 이 같은 간절한 궁금증을 갖기 위해 통역을 자꾸 시도해야 하는 겁니다. 질문하는 것 자체가 바로 공부입니다. 그 질문에 스스로 답하기 위해 몇 가지 단어라도 머릿속에 띄워 보게 되니까요. 우리에겐 이 과정이 수없이 필요합니다. 말문이 트이기까지 말문이 막히는 경험을 수도 없이 해야 한다는 말입니다. 막힌 말문을 뚫어 보려는 노력과 좌절이 끊임없이 반복된 후에야 '유창한 말하기'라는 고지에 다다를 수 있기 때문이죠.

이전에도 설명했듯이, 질문이 있는 사람이 정답을 더 빨리 알아채고 이를 더 적극적으로 받아들일 수 있습니다. 질문을 가지고 있는 것은 마치 쇼핑하러 가기 전 '뭘 살까?'라고 질문을 던지는 것과 같습니다. '뭘 살까?'라고 질문한 뒤 사야 할 물건의 목록을 구체적으로 적은 다음 쇼핑하는 사람은 쓸데없는 데에 불필요한 시간과 비용을 낭비하지 않고 보다 효율적으로 쇼핑할 수 있습니다. 쇼핑 목록을 갖고 있으니 필요한 물건들만 눈에 바로바로 들어올 것이고, 또한 물건을 사는 순서까지 미리 염두에 두기 때문에 더욱 빠르고 효율적인 쇼핑을 할 수 있습니다. 반면 쇼핑하기 전에 뭘 살지 고민해 보지 않고 아무 계획 없이 하염없이 돌아다니다 시간과 에너지만 낭비하는 사람도 있습니다.

이와 마찬가지로 아무 질문 없이 해외에 가는 사람, 아무 질문 없이 미드를 보는 사람, 아무 질문 없이 영어를 공부하겠다고 책을 펴는 사람은 뭘 사야 할지도 모른 채 쇼핑에 나선 사람과 같습니다.

따라서 우리는 영어 말문이 트이기까지, 일상 속에서 '이건 영어로 어떻게 말하지?'라는 질문을 스스로에게 끊임없이 던지며 말문이 막히는 경험을 수없이 해야만 합니다. 하고 싶은 말이 영어로 안 나오면 답답해서 '배움의 필요성'을 뼈저리게 느끼게 되고, 이를 통해 진짜 입이 트이는 영어 말하기를 배울 동기가 강하게 부여됩니다.

(5) 앵무새 되기

"이 구역의 앵무새는 나야 나!"라고 하며 앵무새의 뺨이란 뺨은 아주 세차게 쳐 줄 준비가 되셨나요? 말하기는 '따라 하기 게임'입니다. 한마디로 성대모사를 잘하는 사람이 승자이지요. '모방은 창조의 어머니'라는 말은 언어에서도 통하는 진리입니다.

원어민 친구가 "It was fun!(재미있었어!)"라고 말하면 똑같이 "It

was fun?"이라고 말하며 되묻는 부류의 사람이 있습니다. 또는 유튜브 영상에서 원어민 유튜버가 "Alright! Talk to you later!(자! 나중에 또 얘기해요!)"라고 말하면, 이걸 듣고 친구에게 쪼르르 달려가서 대화하다가 헤어질 때 "Alright! Talk you later!"라고 말하며 바로 써먹어 보는 부류의 사람이 있습니다. 바로 이런 부류의 사람이 언어를 빨리 배웁니다. 그리고 제가 바로 그런 부류의 사람이었죠. 제 경우, 저는 짧은 문장부터 베껴 말하고 써먹어 보는 연습을 했습니다.

아직도 생생합니다. 미국에 간 지 얼마 안 됐을 때 '와, 영어 발음 죽인다!'하고 신기하게만 쳐다봤던 한 한국인 유학생 언니가 있었는데, 하루는 그 언니가 차에서 내리더니 "Hey girls!(얘들아, 안녕!)"이라고 말하며 여학생 무리에게 인사를 건넸던 장면이요. 저는 'hey'라는 단어도 알고 'girls'라는 단어도 알고 있었지만, "Hey girls!"라고 인사해 본 적은 단 한 번도 없었습니다. 그 순간 저는 곧바로 그 표현을 '내 마음속에 저장!'한 뒤 여자 애들을 만나면 "Hey girls!"라고 말하며 냉큼 써먹었습니다. 또 하루는 어떤 유학생이 미국인 친구 브랜디(Brandi)에게 "Have you seen Amy?"라며 에이미(Amy)를 본 적이 있냐고 물었는데, 브랜디가 본 적 없다며 "I have not"이라고 답하는 겁니다. 저는 깜짝 놀랐습니다. '와, 나라면 그냥 'no'라고만 했을 텐데, 'I have not'이라고 하다니!' 저는 이때부터 'I have not'이라는 표현을 쓸 수 있는 상황만 되면 기다렸다는 듯이 써먹었습니다.

이처럼 짧은 문장이라도 앵무새처럼 따라 말해야 합니다. 그런데 짧은 문장이라도 따라 말하고 싶다는 생각이 들려면, 짧은 문장이라도 감탄하며 받아들이는 자세가 있어야 합니다. 원어민이 말할 때

'내가 따라 말할 만한 한 마디는 뭘까?'라고 고민하는 자세를 가져 보세요. 그리고 '와. 나라면 저런 표현을 안 썼을 텐데 저렇게 말할 수도 있구나!' 하면서 흥미롭게 여겨 보세요. 그러면 아무리 짧은 문장이라도 따라 하고 싶어집니다.

외국어를 배울 땐 두 부류의 사람이 있습니다. 틀리거나 어설프게 말해서 상대방이 고쳐 주면, "Yes!"라고 답하며 '상대방이 고쳐 준 표현이 바로 내가 하려던 말이었다'는 뜻으로 고개만 끄덕인 뒤 이야기를 이어 나가는 사람, 그리고 상대방이 고쳐 준 표현을 바로 앵무새처럼 복창한 뒤 이야기를 이어 나가는 사람.

우리는 후자가 되어야 합니다. 후자는 상대방이 고쳐 준 표현을 앵무새처럼 복창하는 순간 그 표현을 자기 것으로 만드는 데에 한 걸음 다가섰습니다. 그렇게 하는 'listen and repeat(듣고 반복하기)'는 그저 mp3 파일을 듣고 따라 말하는 'listen and repeat'과는 차원이 다릅니다. 직접 말하는 와중 자신의 실수를 상대방이 1대1로 바로잡아 주는 상황이기 때문에 몰랐던 표현을 머릿속에 훨씬 더 생동감 있게 각인시켜 주게 됩니다.

(6) 쉐도잉(Shadowing)하기

쉐도잉한다는 것은 '프로' 앵무새가 되는 것입니다. 쉐도잉이란 원어민의 말을 그대로 따라 말하는 학습법인데, 다 듣고 나서 따라 말하는 것이 아니라 들으면서 동시에 따라 말하는 학습법입니다. 말 그대로 '그림자(Shadow)'처럼 원어민의 말을 바짝 따라가며 이를 듣자마자 0.1초 만에 흉내 내야 하기 때문에 고도의 집중력, 상당한 수준의 듣기 실력, 그리고 빠른 반사 신경이 동반된 말하기 능력을 요합니다.

저는 원어민과 대화할 때마다 그들의 말을 한 마디 한 마디 토씨 하나 틀리지 않고 그대로 따라 말했습니다. 사실 '쉐도잉해야지!'라 고 작정하며 했던 것은 아니고, 원어민이 하는 말을 너무 몰입해서 경청하다 보니 이들의 말 한 마디가 심장에 꽂히듯이 깊숙이 다가와 이를 자연스럽게 복창하며 따라 말할 수밖에 없었던 것 같습니다.

물론 대화 중에 소리 내어 따라 할 순 없어 속으로 복창할 수밖에 없었지만, 그럼에도 원어민이 사용하는 어휘, 문법, 문장 구조, 호 흡, 강약, 속도, 어조, 억양, 발음이 모두 피부 진피층까지 깊숙이 흡 수되듯이 제게 스며드는 걸 느낄 수 있었습니다.

쉐도잉의 효과는 능동적인 듣기를 할 수 있게 된다는 것뿐 아니라 쓰던 말만 쓰는 영어 정체기에 새로운 자극과 도전을 불어넣어 준다 는 것이 있는데, 바로 원어민의 말을 통째로 베껴 말하다 보면 새로 운 문장 구조와 다양한 어휘를 끊임없이 접하게 되기 때문입니다. 그리고 원어민이 말하는 모든 문장을 100% 따라 하는 것이 불가능 할지라도 이들이 말하는 속도와 리듬을 열심히 흉내 내다 보면 어느 새 유학이나 어학연수 없이도 원어민 같은 느낌을 충만하게 살려 발 음하고 있는 자기 자신을 발견하게 될 겁니다.

혹시 쉐도잉하면서 원어민의 말이 잘 들리지 않거나 완전히 똑같 이 따라 하지 못한다 해도 좌절하지 마세요. 쉐도잉의 진정한 목적 은 원어민이 쓰는 모든 단어와 표현을 알아듣고 이를 구사하는 데에 있지 않습니다. 이미 알고 있는 단어와 표현도 원어민처럼 구사하는 데에 있습니다. 따라서 흉내 내고 싶은 말씨나 분위기를 가진 사람 이 있다면, 그 사람을 쉐도잉해 보세요. 언젠가 "너 말하는 거 꼭 그 사람 같아!"라는 말을 듣게 될 것입니다. 이때 말뿐만 아니라 그 사람의 눈빛, 제스처, 표정까지 따라 하면 효과는 곱절!

쉐도잉에 관한 Q&A

초보자도 영어의 신 되는 쉐도잉법 | 초/중/고급 맞춤 공부법

Q1. 쉐도잉이 뭔지 감이 오지 않아요. 정말 듣자마자 따라 말하는 것이 가능하긴 한가요?

A. 모국어로 먼저 쉐도잉해 보세요. 어렵지만 가능합니다.

Q2. 초보자는 어떻게 쉐도잉하는 게 좋을까요?

A. 일단은 쉽게, 천천히, 짧게 말하는 소리부터 먼저 따라 말해 보세요. 가령 말하기 실력은 3살짜리 미국 꼬마인데, 무작정 미드를 틀어 놓고 이를 쉐도잉하겠다는 것은 무리일 것입니다.

그러니 어린이 티비 프로그램이나 유튜브 영상을 보면서 간단한 인사말부터 쉐도잉해 보도록 하세요. 단 조건은 딱 하나, '원어민처럼' 리듬을 타며 말하려고 노력할 것! 가령 "Hey, guys!" 한 마디를 하더라도 원어민의 호흡, 강약, 속도, 어조, 억양, 발음을 똑같이 따라 하는 것을 목표로 삼아야 합니다. 그러면 어느새 단 한 마디를 하더라도 원어민 같은 느낌이 폴폴 나는 자신을 마주하게 될 것입니다.

또한 문장들을 연달아 들으면서 이를 줄줄이 쉐도잉하는 것이 어렵다면, 한 문장씩 끊어서 쉐도잉에 도전해 보세요. 문장을 정확히 듣지도 못했는데 이를 억지로 어버버 따라 하거나 웅얼대는 것은 아무 소용이 없습니다. 차라리 한 문장씩 듣고 멈춘 뒤에 본인에게 편안한 속도로 천천히 또박또박 혼자 말해 보는 것이 좋습니다. 다만 아무리 천천히 하더라도 원어민의 호흡, 강약, 어조, 억양, 발음은 똑같이 흉내 내야 한다는 걸 잊으시면 안 됩니다. 그렇게 다섯 번이든 열 번이든 반복해서 충분히 익숙해지면, 그 후엔 조금 속도를 높여서 또 다섯 번이든 열 번이든 해 보세요. 그리고 그렇게 조금 더 빠르게 따라 말하는 속도에도 익숙해지면, 그 후엔 다시 원어민이 말하는 것을 들으며 원어민과 동시에 같은 속도로 따라 말하는 방법을 추천합니다. 이렇게 속도를 점진적으로 높여 가며 연습하면 보다 성공적인 쉐도잉 연습이 가능합니다.

Q3. 중급자는 어떻게 쉐도잉하는 게 좋을까요?

A. 중급자분들의 쉐도잉 자료는 유튜브 영상부터 드라마, 토크쇼, 영화까지 다양할 수 있는데요. 중요한 건 '재미있는' 걸로 고르셔야 한다는 겁니다. 그래야 꾸준히 할 수 있으니까요. 그리고 입술 모양을 보고 따라 하는 게 중요하기 때문에 라디오나 팟캐스트는 이 단계에선 추천하지 않습니다. 뉴스도 딱히 세계 정세에 관심이 많거나 영어권 국가에서 앵커가 되고 싶은 게 아니라면 추천하지 않습니다. 생각해 보세요. 일상 생활에서, 유학을 하면서, 친구를 사귀면서, 여

행을 하면서, 감정이 쏙 빠진 무미건조한 앵커의 말투로 영어를 말한다면 어떨까요? 정말이지 어색하겠죠? 가령 한국어를 잘 못하는 외국인이 9시 뉴스로 한국어를 공부하겠다며 한국인 앵커 말투를 따라 한다고 생각해 보세요. 우리는 아마도 '대체 왜?'라고 의문스러워 할 것입니다.

중급자분들께는 일상적인 이야기를 하는 유튜버나 일상을 연기하는 배우를 따라 하시는 걸 가장 추천합니다. 똑같이 말하고 싶은 딱 한 사람만 골라 보세요. 그리고 목표는 '그 사람으로 빙의하기'! 원어민의 호흡, 표정, 제스처까지 프로 앵무새가 되어 그대로 따라 하다 보면 일상에서 쓰는 다양한 문장이 온몸 구석구석으로 침투할 것입니다.

Q4. 고급자는 어떻게 쉐도잉하는 게 좋을까요?

A. 영어든 한국어든, 원어민도 다른 원어민을 쉐도잉함으로써 문장력, 어휘, 말투, 말하는 분위기 등을 충분히 배울 수 있습니다. 가끔 저도 '와. 저 사람의 한국어는 정말 매력적이다. 따라 말해 볼까?' 싶은 사람이 있고, 구독자분들 중엔 저처럼 말하고 싶다며 제 한국어를 쉐도잉하는 한국인분들도 계시더라고요.

외국어 고급 구사자분들은 원어민의 말을 100% 이해할 수 있고 자신이 하고 싶은 말도 100% 할 수 있지만, 자신이 사용하는 어휘의 범위를 확장하고 문장 구조도 더욱 다채롭게 넓히고 싶은 바람이 있는 분들입니다. 따라서 이런 분들은 화면 없이 소리만 들리는 팟캐스트나 라디오를 들으셔도 무관합니다. 그러나 아무래도 여러 가지 성격과 배경을 가진 인물이 등장하는 유튜브 영상이나 드라마, 영화, 다큐멘터리 등을 참고했을 때 자신이 닮고 싶은 이상적인 영어 구사자를 찾을 확률이 높아지고, 또한 다양한 종류의 문장을 접하기에 적합할 것이라는 점을 참고하시면 되겠습니다.

Q5. 쉐도잉할 때 안 들리는 부분은 어떻게 해요?

A. 일단은 들리는 부분만 쉐도잉해 보세요. 단, 들리는 부분을 똑같이! 위에서 언급했듯이 쉐도잉의 목적은 모든 말을 알아듣는 데에 있다기보다는 아는 말을 원어민처럼 하는 데에 있습니다. 안 들리는 부분은 리듬과 호흡, 소리 등만 먼저 따라 해 보시는 게 어떨까요? 그게 어떤 뜻일지 추측해 보면서요. 그리고 나서 자막이나 대본을 확인한 뒤 처음부터 다시 원어민으로 빙의하여 제대로 한 문장 한 문장 따라 말하실 것을 추천합니다.

이때 중요한 것은 안 들린 부분이 왜 안 들렸는지 정확히 파악하는 것인데, 이전에도 강조했듯이 이에 대한 '오답 노트'를 쓰면 안 들렸던 이유를 명확히 마주할 수 있습니다. 단어를 아예 몰라서 못 들었던 건지, 연음이 되어서 못 들었던 건지, 이전에 알던 강세가 아니라서 못 들었던 건지, 문법 지식이 부족해서 못 들었던 건지, 아니면 이런 단어가 나올 줄 상상도 못했기 때문에 못 들었던 건지 등을 오답 노트로 정확히 정리하여 개선하는 것이 중요합니다. 그렇게 해야만 앞으로는 어떻게 하면 이 부분을 제대로 들을 수 있을지 구체적인 방법을 알 수 있고, 같은 실수를 반복하지 않을 수 있습니다.

예시 1

"Why are the doors closed?"라는 문장에서 'are'을 못 듣고 "Why the doors closed?"라고만 들었다면

---

① 못 들은 이유 (1) : 원어민이 'Why are'을 빠르게 이어서 말하는 바람에 그냥 'Why'라고만 들렸다.

② 해결책 (1) : 'Why'라는 단어 끝에는 r 발음이 들어가지 않는다. 받침 없이 산뜻하게 y로 끝난다는 것에 유념하자.

③ 못 들은 이유 (2) : 동사가 없는 비문이었지만 이를 이상하게 여기지 못했다.

④ 해결책 (2) : 모든 문장을 듣고 말할 때 주어와 동사가 제대로 갖춰졌는지 확인하자. 해당 문장에서는 복수 주어인 'the doors'에 맞는 be동사 'are'이 있어야 했다.

예시 2

"Why are the doors closed?"라는 문장에서 'closed'를 잘못 듣고 "Why are the doors close?"라고 들었다면

① 못 들은 이유 : 'close'와 'closed'가 너무 비슷하게 들렸다. 두 단어의 발음 차이를 제대로 인지하지 못했다.

② 해결책 : 'close'와 'closed'의 발음이 너무나도 차이 나서 완벽하게 구별하지 못하는 게 말도 안 될 만큼 주구장창 듣기! 그리고 각각의 단어를 직접 정확하게 발음하면서 그 차이를 연습하기!

제게 처음으로 돌아가 영어 공부를 다시 시작하라고 한다면, 저는 쉐도잉으로 시작할 것입니다. 그리고 저에게 지금보다 영어를 더 잘하라고 해도, 저는 이 역시 쉐도잉으로 할 것입니다. 자, 그럼 지금부터 유튜브에서 쉐도잉하기 좋은 영상들을 추천해 드릴 테니, 여러

분께서 직접 쉐도잉에 도전해 보시겠어요? (유튜브에서 'CC(자막 기능)'을 켜서 영어 자막을 참고하실 수 있는 영상들로 골랐습니다.)

유튜브 영상을 보며 직접 쉐도잉해 보기

STEP 1. 여성 영어 구사자들의 유튜브 영상 보고 쉐도잉하기!

❶ Aran Kim
(특징: #나야나 #20대 #해피바이러스 #동기부여 #한영자막)

▶ *[UCLA] 강연: 건강한 자존감으로 일하고 사랑하는 법 10가지 원칙 + Q&A*

▶ *[일상이 미드] 헐리웃에서 자작곡 녹음 + 화보 촬영 + 잠옷 입고 강연할 뻔한 썰 | LA Vlog*

❷ Marie Forleo
(특징: #라이프코치 #지혜로운 #카리스마 #프로페셔널 #30-40대)

▶ *Why Perfectionism Will Crush Your Productivity – And How To Stop It (완벽주의를 핑계로 목표 달성을 미루는 자들을 위해 조언해 주는 영상)*

❸ Tiffany Young
(특징: #소녀시대 #K-pop #애교 #우먼파워)

▶ *Tiffany Young Teaches You Korean Slang | Vanity Fair (현재 한국에서 유행하고 있는 다양한 신조어와 줄임말을 영어로 설명해 주는 영상)*

❹ Shay Mitchell

(특징: #영화배우 #당당함 #자신감 #에너지)

▶ *February Q&A | My Inspiration!* (영화배우 포스를 한껏 풍기며 질의 응답을 진행하는 영상)

❺ Claudia Kim

(특징: #수현 #헐리우드 #영화배우 #우아함 #고급미)

▶ *TUMI Case Studies: Claudia Kim* (헐리우드 영화 배우로 자리매김한 클라우디아 킴(수현) 인터뷰)

❻ Jenn Im

(특징: #교포 #뷰티 #패션 #간결함 #발랄함)

▶ *Growing Up Korean American | My Struggles* (한국계 미국인으로 살았던 삶에 대해 이야기하는 영상)

❼ Ingrid Nilsen

(특징: #뛰어난_묘사력 #사랑스러움 #말_느림)

▶ *Working From Home // Tips for Staying Organized & Motivated* (재택근무 효율을 높이는 법을 소개하는 영상)

❽ Carli Bybel

(특징: #뷰티유튜버 #비건 #캐주얼 #섹시미)

▶ *VEGAN MUKBANG Q&A | BIGGEST REGRET, HOW WE MET +DEALING W. HATERS* (비건(완전 채식주의) 먹방을 하면서 인터뷰를 진행하는 영상)

⑨ Weylie Hoang
(특징: #중국계미국인 #유쾌 #유머러스함 #말_빠름)

▶ *My Depression Story | Overcoming Depression/Suicide | ilikew-eylie* (우울증과 자살 충동을 이겨낸 유튜버가 용기를 심어 주는 이야기를 하는 영상)

⑩ Stella Kim
(특징: #교포 #조용조용 #잔잔 #고급스러움)

▶ *Former SM Trainee and Almost SNSD Member Stella Kim talks about K-pop Industry and Trainee Days* (K-pop 걸그룹 연습생으로 살았던 고충을 뒤로 하고 현재는 만족하는 삶을 살아가고 있는 이야기를 담은 영상)

⑪ Joan Kim
(특징: #교포 #똑부러짐 #깔끔함)

▶ *Q&A - 유튜버로 사는 삶, 여행 계획, & 그 외 많은 것들!* (유튜버 자신의 삶의 관한 질의응답 영상)

⑫ Zoella
(특징: #영국억양 #유튜브스타 #캐주얼)

▶ *Q&A - Life Choices, Trust Issues & Celeb Crushes | Zoella* (영국억양을 가진 유튜브 스타의 질의응답 영상)

STEP 2. 남성 영어 구사자들의 유튜브 영상 보고 쉐도잉하기!

❶ Zach King
(특징: #디지털마법사 #스토리텔러 #긍정에너지)

▶ *DRAW MY LIFE – Zach King* (인스타그램 2천만 팔로워를 보유한 디지털 마법사가 자신의 삶을 4분으로 요약하여 풀어낸 팝업북 형식의 삶의 이야기를 담은 영상)

❷ Ben Deen

(특징: #교포 #먹방 #중저음 #건조함 #시크함)

▶ *Korea's #1 Fast Food Chicken Sandwich Joint – Mom's Touch Mukbang* (한국 패스트푸드 체인점 중 하나인 맘스터치 버거를 먹으며 진행하는 먹방 영상)

❸ Brendon

(특징: #열정 #동기부여 #통찰력)

▶ *How Incredibly Successful People THINK* (성공하는 자와 실패하는 자 사이의 사고방식의 차이를 설명하는 영상)

❹ Edward Avila

(특징: #필리핀계미국인 #유머 #뷰튜버 #중저음_고음_왔다갔다)

▶ *Answering questions and trying to give life advice – Edward Avila* (피부 관리를 하면서 팔로워들의 질문에 답변하며 질의응답을 진행하는 영상)

❺ Tyler Oakley

(특징: #에너지뿜뿜 #유튜브스타 #유쾌 #말_빠름)

▶ *An Honest Conversation About "Fame" | Tyler Oakley* ('유명세'에 대한 본인의 생각을 포함한 질의응답 영상)

❻ Ben Jolliffe

(특징: #영국억양 #1인2역 #차분)

▶ *5 Ways To Improve Your Social Skills (영국 억양으로 말하는 사회성을 높이는 5가지 방법을 소개하는 영상)*

❼ Jaykeeout

(특징: #20대 #교포 #건전함 #한영자막)

▶ *JAYKEEOUT : 강남 그리고 강남역 껌 할머니 (한국계 캐나다인이 한국의 강남역에서 홀로 껌을 파는 할머니를 보며 이야기하는 영상)*

❽ Think Media

(특징: #에너지 #정보전달_끝판왕 #똑부러짐)

▶ *How to Keep People Watching Your Videos — 4 Pro Tips (유튜브 구독자들이 자신의 유튜브 영상을 꾸준히 보게끔 하는 꿀팁을 소개하는 영상)*

❾ James Charles

(특징: #말_초_빠름 #메이크업아티스트 #유튜브스타 #호들갑)

▶ *I GOT CAUGHT... MY COMING OUT STORY (chit chat get ready with me) (화장하며 엄청나게 빠른 속도로 영어로 수다를 떠는 영상)*

❿ Francis Chan

(특징: #목사 #유머러스함 #파격적 #연설가)

▶ *BIBLE STUDY If Jesus were the pastor of your church you probably wouldn't go there Francis Chan (만약 예수가 당신 교회의 목사라면 당신은 그 교회에 나가지 않을 것이라는 제목으로 교회에 전하는 메시지를 담은 영상)*

자, 저의 팁을 활용하여 쉐도잉해 보셨나요? 이 중 마음에 든 사람이 있었다면 그 사람의 다른 영상도 찾아 쉐도잉해 보시면 더욱 좋습니다!

(7) 혼잣말하기

쉐도잉했던 문장을 혼자 되뇌어도 좋고, 미친 척 혼자 떠들어도 좋습니다. 저는 원래부터 한국어로도 혼잣말하기를 좋아했던 터라 교환 학생으로 미국에 가서도 자연스레 영어로 혼잣말을 하기 시작했습니다. 특히 저는 TV에 나온 주인공이라도 된 것마냥 인터뷰에 답하는 식으로 혼잣말하기를 즐겼는데, 거울을 볼 때나, 샤워할 때나, 저는 때를 가리지 않고 영어로 떠들었습니다. 배우인 척, 유튜버인 척, 선생님인 척, 오늘 있었던 일에 대해 이야기해 보기도 하고, 꿈과 목표를 자랑해 보기도 하고, 영어 비결을 궁금해 하는 이들에게 영어 공부법을 가르쳐 주는 상상을 하며 꿀팁을 전파해 보기도 했습니다. (생각해 보니 영어 공부법을 전파하는 건 정말 현실이 되었네요!)

종종 "혼자 얘기해 봤자 아무도 안 고쳐 주는데 무슨 소용인가요? 틀리게 말하면 어떻게 해요?"라고 묻는 분들이 계십니다. 그러면 저는 "혼잣말의 목적은 완벽하게 말하는 데에 있는 것이 아닙니다. 바로 말하는 그 자체에 있는 거죠"라고 답합니다.

혼잣말의 최대 장점은 혼잣말 자체가 끊임없는 복습이라는 점입니다. 가만히 있으면 실력이 늘지 않는 게 아니라, 실력이 떨어집니다. 어제 외운 단어도, 오늘 배운 단어도, 방금 들은 표현도, 까먹고 싶으면 가만히 있으세요. 안 쓰면 안 쓸수록 더 격하게 까먹습니다. 기존에 배운 것을 복습하고 써먹어 보지도 않은 채 계속해서 새로운 것을 배워 봐야, 지난번 실력보다 약간 떨어져 있는 실력에서 다시 출발해야 하기 때문에 실력이 제대로 늘 수가 없습니다.

혼잣말은 그렇게 점점 잊혀져 갈 수 있는 영어를 자꾸 머릿속에서 끄집어내어 수면 위로 떠오르게 하는 역할을 합니다. 따라서 다양한 주제에 대해 이 문장, 저 문장을 영어로 만들어 보고 혼잣말이라도 함으로써 자신의 영어 실력을 최상으로 유지하는 겁니다. 그렇게 해야 영어가 녹스는 것을 방지할 수 있습니다. 마치 아이 크림을 발라서 주름을 없애지는 못해도 앞으로의 주름을 예방하는 것처럼 말이죠.

혼잣말을 하면 좋은 점 또 한 가지는 바로 실전에서 영어로 말할 때 자연스러움과 자신감을 얻을 수 있다는 것입니다. 혼잣말로 자신을 소개해 보기도 하고, 혹은 자신이 느꼈던 문화 충격에 대해 이야기해 보기도 하고, 또는 초능력을 가질 수 있다면 어떤 초능력을 가지고 싶은지에 대해 서술해 보는 등 최대한 다양한 주제에 대해 영어로 떠들어 보세요. 그러면 언젠가 실제로 누군가의 앞에서 영어로 이야기할 기회가 생겼을 경우, 훨씬 자연스럽고 자신 있게 이야기할 수 있을 것입니다. 왜냐? 여러분은 이미 리허설을 해 본 셈이나 마찬가지이니까요.

또한 혼잣말을 하다 보면 자신의 영어 말하기의 문제점도 발견할 수 있습니다. 이를테면 영어로 말할 때 어디에서 막히는지, 무엇이 헷갈리는지, 혹은 어떤 부분이 취약한지를 깨닫게 되어 질문하고 공부하게 되죠. 제가 지금까지 계속해서 강조했던 질문의 중요성! 질문이 있는 사람만이 찾아보고, 공부하고, 제대로 배울 수 있습니다. 마찬가지 이유로 영어 일기를 쓰는 것 또한 추천합니다. 영어 일기는 손으로 하는 혼잣말이나 다름없으니까요. 영어를 쓸 기회를 스스로에게 계속해서 제공하세요.

(8) 그날 배운 건 그날 써먹기

저만의 철칙이었습니다. 그날 배운 건 무슨 일이 있어도 그날 써먹기! 어쩌면 너무 식상하고 뻔하게 들릴지도 모릅니다. 생전 듣도 보도 못한 신개념 영어 공부법도 아니고, 딱히 난이도가 높거나 복잡한 학습법도 아니니까요. 하지만 이 간단하고도 기본적인 철칙을 하루도 빠짐없이 매일같이 지키는 사람을 본 적 있으신가요? 철칙을 세우는 것보다 더 중요한 것은 바로 세운 철칙을 지키는 것입니다. 저는 세운 철칙을 철저히 지켰습니다. 배운 것을 그때그때 써먹지 않고는 못 배길 정도로 철저하게 지켰습니다. 어쩌면 이건 의무감이나 책임감 때문이 아니라, 제가 배운 것을 어떻게든 써먹어야 배운 시간과 노력이 아깝지 않으니 그랬는지도 모르겠습니다.

철칙을 지키는 방법 중 하나가 '혼잣말'이었습니다. 배운 걸 어떻게든 써먹어 보려고 혼잣말을 더더욱 많이 했던 겁니다. 또 다른 하나는 배운 표현을 써먹을 기회가 생기면 기다렸다는 듯이 써먹어 보는 것이었는데, 그런 기회만을 기다렸던 게 사실입니다. 실제로 이건 상당히 어린아이 같은 행동입니다. 많이들 '외국어는 어린아이처럼 배우라'고들 하는데, 대부분의 사람들이 이것을 '틀려도 부끄러워하지 말고 질문하고 말하기를 주저하지 말라'는 뜻 정도로만 생각합니다. 하지만 저는 이 말을 '새로 배운 말이 있으면 마치 어린아이처럼 잘난 척하며 곧바로 써 보라'는 뜻으로 여깁니다.

어휘 공부편에서도 설명했듯이, 어린아이는 새로운 표현을 배우면 '나는 이거 안다! 너는 모르지?' 하며 우쭐한 표정으로 그 표현을 즉각 사용해 봅니다. 그러니 특정 표현을 반복해서 쓰는 아이를 보면 '어쭈, 이 말을 최근에 배웠나 보군'이라고 눈치챌 수 있습니다. 우리는 바로 이렇게 어린아이처럼 배운 것을 바로바로 써먹어야 합니다.

이때 중요한 것은 배운 말을 원어민에게 써먹어 보고 난 다음 그 말을 들은 원어민의 반응을 살피는 것입니다. 말은 태연하게 뱉더라도 관찰은 예리하게 해야 하죠. 여러분의 영어를 들은 그들의 표정과 답변을 유심히 관찰해 보세요. 그럼 여러분이 태어나서 처음 써 본 말이 문맥 속에서 자연스러웠는지 아니었는지 확인할 수 있습니다. 예를 들어 그들이 고개를 갸우뚱거리지는 않는지, 혼란스러운 눈빛을 보이거나 "풉"하며 웃지는 않는지 등은 중요한 힌트입니다.

하지만 생각보다 많은 원어민들은 자신이 비원어민들의 말을 못 알아들으면 그들이 민망해할 것이라 생각하여 그들이 틀린 영어를 썼다 할지라도 지적하지 않고 이해한 척 넘어가는 경우가 많습니다. 요청하지도 않았는데 틀린 영어를 지적하는 것은 무례하거나 주제 넘은 행동이라 여기기 때문이죠. 그래서 저는 "방금 내가 써 본 말 어땠어? 적절했어? 사실 이 말 처음 써 본 건데"라고 이실직고한 뒤 돌직구로 물어보기를 서슴지 않았습니다. 그렇게 하면 원어민들의 대답을 들으면서 또 한 번 배울 수 있었으니까요. 또한 좀 더 센스 있는 원어민이라면 제가 표현을 알맞게 썼을 경우 왜 알맞게 썼다고 생각하는지, 혹은 제가 표현을 틀리게 썼다면 틀리게 쓴 이유가 무엇인지도 찬찬히 설명해 주며 다양한 예시를 들어 주었습니다.

이제 배운 표현을 써먹을 상황이나 원어민 친구가 없다고 불평하기엔 세상이 좋아져도 너무 좋아졌습니다. 손 안의 스마트폰만 열어도 언어 교환 파트너를 찾는 영어권 원어민들이 넘쳐나고, 혹은 영어 학습자에게 틀린 영어를 교정해 주는 것이 꿈인 원어민 선생님들이 대기하고 있는 앱이 천지에 널렸습니다. 제가 1년간 미국에서 교환 학생을 하던 때엔 이런 것들이 거의 없었기 때문에 저는 운 좋게 원어민이 눈 앞에 나타났다 하면 아는 영어를 일단 써먹어 보는 게 최선이었습니다. 그렇게 할 수 없을 땐 혼잣말로나마 영어를 되뇌어 보는 것이 차선이었고요.

저는 하다못해 페이스북과 같은 SNS에 글이나 사진을 올릴 때에도 반드시 한국어와 영어를 동시에 썼습니다. 딱 1년을 하루도 빠짐 없이 페이스북에 한국어와 영어로 글을 올리자고 다짐했던 저만의 철칙은 저로 하여금 좋든 싫든 한영, 영한 번역을 연마하게끔 만들었고, 더불어 미국에서 사귀게 된 외국인 친구들에게도 제 소식을 노출할 수 있게 했습니다. 그 덕에 댓글로 외국인들과 대화의 물꼬를 틀 수 있었습니다.

보통은 외국어를 배우며 접하게 되는 새로운 단어나 표현에 최소 15~30번쯤은 노출되어야 그 말을 사용할 수 있게 되고, 의도적으로 암기한다면 일곱 번쯤은 외웠다 까먹고 다시 외우기를 반복해야만 비로소 장기적으로 기억할 수 있게 된다고 합니다. 하지만 저는 그날 배운 건 그날 바로 써먹음으로써 그 단계를 단 한 번으로 줄였습니다. 앞서 제가 언급했던 것처럼, 배운 것은 직접 써 보는 순간 진정한 자기 것이 됩니다. 백날 밑줄 긋고, 읽고, 듣고, 머리에 담아 두기만 해 봐야 이를 직접 실제 상황에 써 보지 않으면 아무리 유용한 정보라도 진짜 자기 것이 되지 않습니다.

한번은 고등학교 때 한자 선생님께서도 비슷한 맥락의 말씀을 해 주셨습니다. "교과서 표지마다 '수학', '국어' 등 과목의 이름이 적혀 있는데, 한자 교과서에는 '한자'라는 과목명이 한자로 적혀 있다. 너희가 한 학기 내내 한자 교과서를 들고 다니면서 '한자'라는 과목명을 한자로 보기는 수도 없이 봤겠지만, 너희들 중 이를 직접 한자로 쓸 줄 아는 이는 몇 명이나 되느냐?" 이 질문에 손을 드는 학생은 없었습니다. 선생님께서는 한자를 눈으로만 공부하지 말고 손으로 직접 쓰면서 공부하라고 당부하셨습니다. 외국어도 마찬가지입니다. 눈으로만 공부하지 말고 입으로 직접 말하면서 공부해야 합니다. 그것이 어려울 경우엔 일기장이나 홀로 읊조리는 기도의 내용 안에라도 새로 배운 표현을 써 봐야 합니다.

음식은 먹은 만큼 잘 배설해야 건강하듯이, 지식도 배운 만큼 잘 배설해야, 그러니까 곧 '잘 써야' 건강해집니다. 안타깝게도 한국에서 영어 교육을 받은 우리는 수없이 '듣고 읽고 외우기만(input)' 했을 뿐, 이를 제대로 이해한 뒤 '쓰고 말해 볼 기회(output)'는 드물었습니다. 마치 많이 먹긴 했는데 제대로 배설하지 못하는 변비 환자처럼 말이죠. 그래서 제가 농담 반, 진담 반으로 대한민국은 영어 변비 현상에 시달리고 있다고 하는데, 엄밀히 말해 이는 농담 반, 진담 반이 아니라 전부 진담입니다.

이제는 쌀 때입니다. 뱃속의 묵은 변은 고약한 냄새를 풍기면서 언젠간 나오지만, 영어는 묵힌다고 저절로 나오지 않습니다. 머릿속의 묵은 영어는 그저 잊혀져 버리고 맙니다. 변비를 치료할 수 있는 유일한 방법이 싸는 것이듯, 영어 변비를 치료할 유일한 방법 역시 '싸는 것 = 쓰는 것'입니다. 배웠으면 바로 써 버리세요.

(9) 입에 모터 달기

'바로' 쓰는 것보다 더 좋은 것은 '바로 여러 번' 쓰는 것입니다. 저는 처음 듣는 표현이 있으면 그 자리에서 조용히 연달아 여러 번 말해 보았습니다. 예를 들어 "Gotcha!(알겠다!)"라는 표현을 처음 들으면 그 즉시 "Gotcha, Gotcha, Gotcha, Gotcha, Gotcha, Gotcha"라고 입에 모터를 단 듯이 따라 말했습니다. 제 목표는 바로 그 자리에서 그 표현에 즉각 익숙해지는 것이었으니까요.

긴 문장도 예외는 아니었습니다. 긴 문장은 더 신나게 반복해서 말했습니다. 예를 들어 "Have a great rest of your day!(남은 하루 잘 보내!)"라는 말을 들으면, '와, 나는 'Have a great day!(좋은 하루 보내!)'라는 말만 썼는데, 'Have a great rest of your day!'라는 말로 '남은 하루(rest of your day)' 잘 보내라고도 할 수 있구나!'라고 생각하기가 무섭게 "Have a great rest of your day, Have a great rest of your day, Have a great rest of your day, Have a great rest of your day, Have a great rest of your day"라고 종알종알거렸습니다.

그리고 조금이라도 막힘이 있으면 입 안의 모터를 멈추지 않았습니다. 뇌를 거치지 않고도 막힘없이 유창하게 나올 정도가 되어야 모터를 멈췄습니다. 그렇게 곧바로 반복해서 문장을 연습했던 이유는 그때 당장 연습하지 않으면 똑같은 문장을 다시 연습할 기회가 없다고 생각했기 때문입니다. 제가 한 문장, 한 문장, 그때그때 유창해지려고 하지 않고 나중에 한 번에 몰아서 연습하여 유창해지려고 했었다면 아마도 제 영어는 평생 유창해지지 못했을 것입니다.

입에 모터를 단 듯 새로운 문장을 여러 번 반복해서 말하며 그 문장에 익숙해진 뒤엔, 더 나아가 배운 문장을 변형해서 말해 보곤 했습니다. 예를 들어 "Have a great rest of your day!(남은 하루 잘 보내!)"라는 문장을 "Have a fabulous rest of your day!(남은 하루 멋지게 보내!)"라고 바꿔 말해 보기도 하고, 혹은 "Have a great rest of your weekend!(남은 주말 잘 보내!)"라고 바꿔 말해 보기도 했습니다. 그리고 그렇게 변형한 문장들 역시 바로 그 자리에서 수 번에서 수십 번을 입에 모터를 단 듯이 반복해서 말했고, 그 말들이 뇌를 거치지 않고 입에서 막힘없이 술술 나오게 될 정도가 되어야지만 직성이 풀렸습니다. 주어를 바꿔 가면서, 시제를 달리하면서, 단어를 바꿔 가면서 자유자재로 변형하여 말할 수 있게 되면 그때서야 '아, 이제 이 표현이 정말 내 것이 되었구나'라고 생각하며 연습을 멈추었습니다. 제게 있어 이건 일종의 놀이이자 습관이었지요.

저는 이 습관을 늘 유지했습니다. 남들이 얘기하는 걸 들을 때에도, 쉐도잉할 때에도, 혼잣말을 할 때에도, 대화를 할 때에도, 저는 늘 입에 모터를 달고 따라 말하기를 멈추지 않았고, 소리 낼 수 없을 땐 마음속에서라도 따라 말하며 되뇌었습니다. 그래 봤자 몇 초 안 걸리니까요.

(10) 실수 극복하기

그런데 아무리 제가 입에 모터를 달아도, 쉽사리 고쳐지지 않고 자꾸만 반복해서 틀리는 부분이 있었습니다. 특히 영어 말하기를 시작하고 초반에는 단어들의 뜻을 생각하는 것만으로도 바빴기 때문에 시제까지 생각할 여유가 없어 모든 문장을 현재형으로만 말했습니다. 과거 시제로 말해야 하는데 현재 시제로 말하는 실수를 얼마나 많이 했는지 모릅니다.

이 외에도 명사 앞에 제대로 된 관사를 쓰는 일은 손에 꼽을 정도로 드물었고, 셀 수 있는 명사를 세지 않고 쓰는 일은 다반사였으며, she와 he를 바꿔 말하는 경우도 많았고, this, that, it조차 헷갈려 뒤섞어 말하기 일쑤였습니다. 또 3인칭 단수가 주어일 땐 그 뒤에 나오는 동사에 s나 es를 붙여야 한다는 걸 학창 시절에 그렇게 외웠으면서도 주어가 뭐가 됐든 동사는 무조건 동사원형으로만 말했습니다.

주어와 동사가 들어간 문장을 만드는 것만으로도 벅찬데 동사 뒤에 s/es까지 붙여서 말한다는 건 제겐 너무나 버거운 일이었으니까요. 그러던 어느 날 저는 같이 교환 학생을 왔던 한국인 룸메이트 언니가 3인칭 단수 주어에 무려 관계대명사까지 사용하고 동사에 s/es까지 제대로 붙여서 말하는 걸 듣곤 충격에 빠졌던 기억이 생생합니다.

처음엔 완벽한 문장을 만드는 일이 정말 어려웠습니다. 그랬던 제가 1년 사이에 미국에서 자란 것이 아니냐는 의심까지 사게 될 만큼 영어 실력이 는 데엔 크게 두 가지 이유가 있다고 짐작해 봅니다. 첫째는 스스로의 실수를 인지하려고 늘 긴장하고 애썼다는 것이고, 둘째는 실수를 인지할 때마다 즉각 고쳤다는 것입니다. 스스로 어떤 실수를 범했는지 인지하는 것은 아주 중요합니다. 아니, 가장 중요합니다. 저는 실수를 한 번 인지하면 그 실수를 또 범하고 있지는 않은지 스스로를 계속해서 관찰하고 감시했습니다.

'헐, the hospital이라고 해야 하는데 the를 빼먹고 말했나?'

'아! an apple이라고 했어야 했는데 a apple이라고 했네.'

'She goes를 또 She go라고 해 버리다니!'

이 같은 순간들이 하루에도 수십 번씩 있었습니다.

그럴 때마다 저는 무릎을 탁! 침과 동시에 입을 열어 이렇게 반복해서 말했습니다. "the hospital, the hospital, the hospital", "an apple, an apple", "She goes, She goes, She goes", 이렇게 입에 붙을 때까지 반복했습니다. 마치 입에 모터를 단 듯 말이죠.

사실 'She go'가 아니라 'She goes'라고 하는 것과 같은 영역을 과연 제가 정복할 수 있을까 싶었습니다. 그런 건 원어민이 '원어민이기 때문에' 어떠한 생각도 거치지 않고 무의식적으로 말할 수 있는 거니까요. 마치 제가 한국어로 "아란가"라고 하지 않고 "아란이가"라고 하고, "아란를"이라고 하지 않고 "아란이를"이라고 하는 데에 0.1초의 고민도 필요하지 않듯이 말입니다. 그리고 위에서 말한 'She goes'와 비슷한 영역에 있는, 특히나 입에 붙이기 어려웠던 문장은 바로 "You are from Korea, aren't you?(너 한국 출신이지, 아닌가?)"라는 문장이나 "They didn't sign up, did they?(걔네 등록 안 했지, 했나?)"와 같은 문장이었습니다. 저는 이 문장들을 자꾸만 "You are from Korea, don't you?(너 한국 출신이지, 하지 않나?)"라든가 "They didn't sign up, didn't they?(걔네 등록 안 했지, 안 했나?)"와 같이 엉뚱한 동사를 가지고 되묻곤 했습니다.

그러니 '대체 이걸 어떻게 마스터하냐... 그러니까 본 문장에 어떤 동사를 썼었는지 생각한 다음에 그게 부정문이었으면 긍정으로, 긍정문이었으면 부정으로 되물어야 한다는 걸 0.1초 만에 생각해서 말해야 한다는 건데... 과연 가능할까? 비원어민인 내가 포기해야 하는 부분인 걸까?' 싶은 생각이 들었습니다.

그런데 참으로 신기하게도 생각보다 빠르게, 도저히 뛰어넘을 수 없을 것만 같았던 이러한 영역들을 의외로 완벽하게 극복할 수 있었습니다. 특별한 방법은 없었습니다. 앞서 말했던 것처럼 스스로의 실수를 알아채고, 이를 집요하게 감시하고, 그 다음엔 곧바로 고쳐서 말하기를 끊임없이 반복했을 뿐이었습니다.

그렇게 하다 보니 언제부터인가 생각하지 않고도 바로바로 "She goes"나 "You are from Korea, aren't you?"와 같은 문장들을 자연스럽게 내뱉고 있는 제 자신을 발견할 수 있었습니다. 이를 통해 저는 제가 영어를 말할 때에 더 이상 외국어를 말할 때 활성화되는 뇌 부분이 아니라, 모국어를 말할 때에 활성화되는 뇌 부분을 사용하고 있음을 확신할 수 있었습니다.

여러분도 해 보세요. 약속합니다. 실수를 인지하고, 자신의 실수를 객관적으로 감시하고, 그 다음에 고쳐 말하기를 끊임없이 반복하다 보면 도저히 헤어날 수 없을 것만 같던 실수의 늪에서 빠져나올 수 있습니다. 경험자로서 제가 장담합니다. 뇌에 각인될 만큼 반복하다 보면 어느 순간부터는 뇌를 거치지 않고도 입에서 바로바로 영어가 튀어나온다는 것을요. 그것도 완벽하게.

> "Practice doesn't make perfect.
> Only perfect practice makes perfect."
> "연습은 완벽을 만들지 않는다.
> 오직 완벽한 연습만이 완벽을 만든다."

(11) 짧은 말에 살 붙이기

제가 영어 말하기 연습을 할 때 큰 도움이 된 또 다른 방법은 바로 짧고 쉬운 문장에 살을 붙여 가며 말하는 것이었습니다. 가령 'She goes'를 연습하고 싶을 경우 "She goes to work as a secretary only once or twice a week.(그녀는 일주일에 한두 번만 비서로 일하러 간다.)"와 같은 긴 문장이 아니라, "She goes to work.(그녀는 일하러 간다.)"와 같이 가장 기본적인 문장부터 연습하면서 입에 익숙해지게 합니다. 거기에 익숙해지면 그때서야 "She goes to work as a secretary.(그녀는 비서로 일하러 간다.)" 정도로 문장을 늘려서 연습했고, 이것이 입에 착 붙게 된 후에야 여기에 좀 더 살을 붙여 "She goes to work as a secretary only once or twice a week.(그녀는 일주일에 한두 번만 비서로 일하러 간다.)"와 같이 긴

227

문장을 만들어 말하기를 연습했습니다.

"You are from Korea, aren't you?(너 한국 출신이지, 아닌가?)"
와 같은 문장도 꽤 간단한 문장입니다. 저는 이 같은 간단한 문장 패
턴이 생각을 거치지 않고도 입에서 술술 나올 때까지는 이보다 긴 문
장을 연습하지 않았습니다. 짧은 문장이 입에서 술술 완벽하게 나오
고 나서야 "You are from Korea which is a peninsula, aren't
you?(너 반도 국가인 한국 출신이지? 아닌가?)", "You are from
Korea, the land of K-pop, aren't you?(너 케이팝의 땅 한국 출
신이지, 아닌가?)"와 같이 살을 붙여 연습했습니다. 이렇게 가장 간
단한 문장부터 시작해 점점 살을 붙이면서 길고 어려운 문장에도 적
응하면, 생각보다 수월하게 고난도의 문장도 체화할 수 있습니다.

(12) 바꿔 말하기(Paraphrase)

위와 같은 방법들을 끝없이 연마해 막힘없이 술술 말하는 '유창성'
이 갖춰졌다면, 이젠 다채롭게 말하는 '표현력'을 길러 보세요. 표현
력을 기를 수 있는 좋은 방법엔 과연 무엇이 있을까요? 가장 좋은 방
법 하나가 바로 '바꿔 말하기(Paraphrase)' 기술입니다. 바꿔 말하
기는 영어를 못하는 사람에게도, 잘하는 사람에게도 표현력을 기르
는 데에 필수적인 요소라 할 수 있습니다. 같은 말을 다르게 말하는
능력이 있으면, 영어 초보자는 모르는 표현이 있어도 이를 돌려 말
해 전달할 수 있게 되고 영어 고수는 같은 말도 다양하게 구사할 수
있습니다.

바꿔 말하기란, 이를테면 "난 너를 사랑해"라는 말을 "내가 너를 아
주 많이 좋아해", "너는 나에게 사랑받고 있어", "널 향한 나의 감정

은 사랑이야"와 같이 다른 어휘나 문장 구조를 활용해 같은 말을 다르게 표현하는 것입니다. 이 같은 '바꿔 말하기'는 단순히 영어 실력이 뛰어나야 할 수 있는 것이 아니라 오히려 언어 능력 자체를 발휘해야 하는 일입니다. 어쩌면 센스와 기지가 요구되는 일일 것입니다.

저는 미국에 교환 학생을 간 첫 학기 당시, 바꿔 말하기를 '시도할' 능력은 없었지만 바꿔 말하기를 '요청할' 능력은 있었습니다. 저는 원어민의 말을 못 알아들을 때면 "Can you paraphrase that?(좀 다르게 말씀해 주실 수 있을까요?)"라고 묻기를 좋아했습니다. 이렇게 물으면 원어민은 같은 문장을 쉽게 풀어서 설명해 주거나 다른 단어들을 사용해 묘사해 주곤 했는데, 그걸 들으면서 '같은 말을 이렇게 다르게 할 수 있구나'라는 생각이 들어 배우는 재미가 쏠쏠했습니다.

혹시 원어민이 너무 어려운 단어나 익숙하지 않은 문장 형태로 말해서 못 알아들었다면 "I'm sorry. I don't think I understood what you just told me. Do you mind paraphrasing the last sentence?(정말 죄송해요. 방금 하신 말씀을 제가 못 알아들은 것 같아요. 마지막 문장을 다르게 말씀해 주실 수 있을까요?)"라고 요청해 보세요. 그리고 원어민이 이 같은 요청에 응해 바꿔 말해준 것을 듣고 이해했다면, 다시 한 번 용기를 내어 "Gotcha! What did you say originally?(아, 이제 알겠다! 원래는 뭐라고 하셨었죠?)"라고 물어보거나 "I see. How did you explain that earlier?(그렇군요. 아까는 그걸 어떻게 설명하셨었죠?)"라고 물어보세요. 그리고 처음에 한 말을 왜 한 번에 못 알아들었는지 점검해 보시기 바랍니다. 또한 바꿔 말해 준 문장과 처음에 말한 문장을 비교하면서 하나의 의미가 어떻게 다른 방식으로 전달될 수 있는지도 유심히 살펴보세요. 이것이 바로 '바꿔 말하기(Paraphrase)' 공부입니다.

영어를 한창 공부할 때에 저는 보이는 문장마다 닥치는 대로 바꿔 보았습니다. 본 의미는 유지하면서 표현을 조금씩 다르게 하는 것이라 마치 제가 가진 표현력의 한계를 시험하기라도 하는 듯했습니다. 바꿔 말하기는 유의어를 많이 알면 알수록 더 잘 할 수 있는데, 예시는 아래와 같습니다.

It resonated with the audience. 그것은 관객에게 와닿았다.

→ The audience really liked it. 관객은 그것을 무척 좋아했다.

→ The audience was able to relate. 관객은 공감할 수 있었다.

→ The people found it touching. 사람들은 그것을 감동적이라 여겼다.

He's just venting again. 그는 또 분풀이를 하고 있어.

→ He is going off on me. 그는 나에게 화풀이를 하고 있어.

→ He is ranting once again. 그는 한 번 더 불평하고 있어.

We go way back. 우리는 오래된 사이야.

→ We have known each other for a long time.
우린 오랫동안 서로 알고 지냈어.

→ She and I have been friends for a long time.
그녀와 나는 오랫동안 친구였어.

Is she going out with that guy? 걔 저 남자랑 사귀어?

→ Is she dating that guy? 걔 저 남자랑 사귀어?

→ Is she in a relationship with that guy? 걔 저 남자랑 연애해?

→ Is that guy her boyfriend? 저 남자가 걔 남자친구야?

→ Is she seeing that guy? 걔 저 남자 만나?

→ Are they together? 걔네 연인 사이야?

한번은 제가 저의 유튜브 채널 Aran TV에 이런 내용의 영상을 올린 적이 있습니다. '굳이'라는 단어에 딱 맞는 영어 단어를 굳이 알지 않아도 '굳이'를 다른 말로 풀어서 설명하면 '굳이'의 뜻을 충분히 표현할 수 있다고 말이죠.

QR코드 스캔하여 영상 시청하기!
굳이는 영어로? | 영단어 몰라도 소통하는 법 + 유창성을
위해 자나깨나 했던 공부법

제가 학생들에게 자주 하는 이야기인데, 모르는 단어가 있으면 그 때마다 사전을 뒤지기보다는 자신이 직접 사전이 되어 그 단어의 의미를 정의해 보는 것이 훨씬 더 좋습니다. 언어 자체의 실력과 표현력을 키우는 습관이 형성되기 때문이죠. 예를 들어 계란 노른자가 영어로 yolk라는 것을 몰라도 괜찮습니다. 'The yellow part of an egg(계란의 노란색 부분)'이라고 풀어서 말할 수만 있으면요. 이와 마찬가지로 '굳이'라는 말도 그 뜻을 풀어서 설명하여 원어민이 알아들을 수만 있다면 '굳이'가 영어로 뭔지 굳이 알지 않아도 됩니다.

이런 식으로 자신이 직접 사전이 되어 모르는 단어의 뜻을 풀어서 정의하고 바꿔 말하다(paraphrase) 보면 그 단어의 참 의미까지 생각해 볼 수 있게 된다는 이점도 있습니다. 이를테면, '그러게. '굳이'라는 말은 대체 언제 쓰는 거지? 이게 무슨 뜻일까?'라고 생각하며 답을 내리려고 하는 순간 자신이 '굳이'라는 말의 뜻을 제대로 알고 있는지 여부도 점검하게 된다는 말입니다. 그리고 만약 '굳이'라는 말을 영어로 풀어서 말하기 어려우면, 일단 한국어로 먼저 풀어서 설명해 보세요. 자, 그럼 실제로 '굳이'라는 말을 직접 한국어로 풀어서 설명해 볼까요?

('굳이'라는 말을 한국어로 풀어서 설명할 경우)

① 의도적으로 → intentionally

② 안 해도 되는 걸 일부러 → by making an unnecessary effort

③ 편리하거나 쉬운 일이 아닌데도 추가적인 노력을 하여 → by making an extra effort when it is not convenient or easy to do

자, 이렇게 한국어로 풀어서 설명해 보니 어떤가요? '굳이'라는 말을 대체할 수 있을 만하죠? 사실 '굳이'라는 말은 영어로 'go out of one's way'라고 하면 가장 잘 맞아떨어집니다. '가던 길(one's way)'을 '벗어나서 가는(go out of)' 모습을 상상하면 의미가 잘 와닿을 텐데요. 이를 활용해 아래와 같이 예문을 만들 수 있습니다.

If someone goes out of their way to make time for you, you can tell they like you.

누군가 당신을 위해 일부러 시간을 낸다면, 당신은 그가 당신을 좋아한다는 것을 알 수 있습니다.

Why don't you write a thank you card to Jeff? He went out of his way to arrange your work schedule.

너 제프에게 감사 쪽지를 쓰는 게 어때? 걔가 나서서 네 근무 시간표를 조정해 줬는데.

We would appreciate any help, but please don't go out of your way or anything.

어떤 도움이든 감사하겠지만, 굳이 나서거나 그러진 마세요.

Eggnog doesn't taste terrible, but I would never go out of my way to drink it.

에그녹 맛이 끔찍한 건 아니지만, 절대 이걸 굳이 찾아 마시진 않을 거야.

(Eggnog: 크리스마스 시즌에 먹는 날계란 음료)

She doesn't go out of her way to eat healthy foods she doesn't like. She avoids them and eats other healthy foods instead.

그녀는 그녀가 좋아하지 않는 음식을 몸에 좋다고 해서 굳이 먹지는 않아. 그걸 피하고 대신 몸에 좋은 다른 음식을 먹어.

이렇게 'go out of one's way + to 동사원형'이라는 표현 하나면 '굳이 나서서 무언가를 한다'를 영어로 자연스럽게 말할 수 있습니다. 그런데 이 같은 표현을 몰랐다고 해서 예문을 못 만드는 것은 아닙니다. 이 표현 대신 '굳이'를 대체할 수 있는 표현으로 바꿔 말하면 (paraphrase) 되니까요. 바로 아래와 같이 말이죠.

If someone intentionally makes time for you, you can tell they like you.

누군가 당신을 위해 <u>의도적으로</u> 시간을 낸다면, 당신은 그가 당신을 좋아한다
는 것을 알 수 있습니다.

Why don't you write a thank you card to Jeff? He made an
extra effort to arrange your work schedule.

너 제프에게 감사 쪽지를 쓰는 게 어때? 걔가 <u>특별히 애써서</u> 네 근무 시간표
를 조정해 줬는데.

자, 지금까지 여러분께 영어 말하기 수준을 높일 수 있는 방법 12
가지를 소개해 드렸습니다. 이 방법들을 활용하여 정말로 영어를 잘
말할 수 있게 되느냐 아니냐는 바로 오늘부터 여러분이 이것들을 실
천하느냐 아니냐로 갈리게 될 것입니다.

단언컨대, 영어는 무작정 영어권 국가에 간다고 늘지 않습니다. 미
국에서 수십 년을 살고 심지어 미국인 배우자가 있는 시민인데도 외
국인 친구가 거의 없어 영어 실력은 여전히 제자리인 분들, 그리고
하고 싶은 말을 영어로 속 시원히 못해 상담을 요청하시는 해외 유학
생분들을 수없이 많이 봤습니다. 실제로 제가 영어 수업을 맡았던
분들 중엔 캐나다에서 거주하셨던 분, 뉴질랜드에서 유학하셨던 분,
미국에서 아이를 키우셨던 분, 호주에서 일하셨던 분들이 꽤 됩니
다. 이걸 봤을 때 저는 더더욱 확신할 수밖에 없었습니다. 그저 바다
에 간다고 많은 물을 퍼올 수 있는 게 아님을. 아무리 큰 바다에 간
들 빈손으로 간다면 담아 올 수 있는 물의 양은 그저 작은 두 손바닥
을 채우는 것이 전부일 것입니다. 슬픈 사실은 그마저도 돌아오는
길에 손가락 사이로 쫄쫄 새어 나가 아무것도 남게 되지 않을 것이란
것이죠.

해외에 나가려는 분들께 저는 말합니다. 수백만, 수천만 명의 원어

민이 있는 영어 바다에 가거든 빈손으로 가지 마시라고. 최대한 큰 양동이를 준비해 가져가시라고. 귀도 트이지 않은 채 가는 건 빈손으로 가는 꼴이고, 귀만 트여서 가는 건 작은 컵만 가져가는 꼴이라고요. 큰 바다로부터 최대한 많은 것을 담을 수 있도록 입도 트여서 가도록 하세요. 그렇게 여러분의 영어 실력을 인생 최고의 영어 실력으로 끌어올려 놓은 뒤 '해외'라는 영어 바다에 나가도록 하세요. 그래야 새로운 표현을 알아듣고, 이를 적용해 따라 말해 볼 수 있고, 사람을 사귈 수 있고, 그를 통해 말할 기회를 더더욱 많이 가질 수 있습니다. 어떻게 보면 이것도 빈익빈 부익부 현상이라 할 수 있는데, 언어적 부익부 현상은 경제적 부익부와 달리 선순환만을 가지고 옵니다.

냉정하게 말해 해외는 실력이 안 좋은 사람이 실력을 늘려 올 수 있는 곳이 아니라, 이미 실력이 좋은 사람이 실력을 더 늘려 올 수 있는 곳입니다. 그러니 부디 앞서 말한, 영어 말하기 실력이 늘 수 있는 12가지 방법을 동원해 자신의 영어 말하기 실력을 최대치로 늘려 국내에서도, 해외에서도, 더 높은 수준의 영어 말하기 실력으로 뻗어 나갈 수 있도록 분발하시기 바랍니다. 제가 했다면, 그대도 할 수 있습니다! If I did it, you can do it, too!

"The only normal way to begin speaking
in a new language
is to begin speaking badly."
"외국어를 구사하기 시작하는 유일한 정상적인 방법은
외국어를 어설프게 구사하는 것이다."

- Greg Thombson -

입에서 영어가 한국어처럼 나올 그날을 위해!

❶ 영어 말하기에 도움이 되는 아란쌤의 12가지 공부법 중
실제로 실천해 보고 싶은 공부법과 그 이유를 적어 보세요.

✎ _____

_____

_____

_____

_____

_____

_____

❷ 공부법을 직접 실천해 보셨나요?
어디서, 무엇을, 어떻게 실천했는지 이곳에 적어 보세요.

✎ _____

_____

_____

_____

_____

_____

_____

발음 : 성대모사의 달인 되기
"Imitation"

좋은 영어 발음을 구사한다는 것은 혀에 버터를 바른 것처럼 굴려서 발음한다는 뜻이 아닙니다. 좋은 발음을 구사한다는 것은 자음과 모음을 정해진 규칙대로 정확히 소리 내어 말하고, 문장과 문단, 또는 이야기를 매끄럽고 매력적으로 전달하는 것을 의미합니다. 같은 말을 해도 귀에 쏙쏙 들리게 하는 사람이 있지요? 이는 바로 정해진 규칙대로 정확히 발음하면서 하고자 하는 말을 매끄럽게 전달하기 때문일 것입니다. 따라서 우리는 발음에 있어 무작정 굴려야 한다는 생각보다는, 후자와 같이 정확히, 매끄럽게 말하는 것에 초점을 두어야 합니다.

그러나 '좋은 발음을 구사해야 한다'고 하면 거부감부터 느끼고 반박하며 이렇게 말하는 사람들도 더러 있습니다.

"발음이 뭐가 중요하냐? 뜻만 통하면 될 것을."

"발음에 정답이라는 게 있기는 한가? 나라마다, 심지어는 인종이나 지역마다 다 다른 게 발음인데."

"발음보다 중요한 건 소통이지. 발음의 중요성을 운운하면 오히려 기만 죽게 돼."

맞습니다. 뜻이 통하는 게 중요한 것도 맞고, 같은 단어도 다르게 발음하는 경우가 있는 것도 맞으며, 소통이 중요한 것도 맞습니다. 하지만 그렇기 때문에 발음이 중요하지 않은 게 아니라, 바로 그렇기 때문에 발음이 중요한 것입니다. 일단 좋은 발음을 구사하는 방법을 이야기하기에 앞서, 발음에 대해 제기된 몇 가지 질문들에 대한 답을 드림으로써 일부 사람들의 잘못된 믿음부터 깨뜨리고 이를 통해 왜 좋은 발음이 필요한지 그 이유부터 살펴보도록 하겠습니다.

발음이 중요하지 않다니? 발음에 대한 질의응답 및 꿀팁

FAQ | 발음과 관련해 자주 하는 질문

Q1. 뜻만 통하면 되잖아요. 발음은 중요하지 않다고 하던데요?

A. 발음은 중요합니다. '가장' 중요한 건 아닐 수 있어도, 중요한지 아닌지 여부를 따졌을 땐 중요한 것이 맞습니다.

언어를 이루는 4가지 요소는 어휘, 문법, 문화, 그리고 발음입니다. 따라서 어휘가 중요하듯 발음이 중요하고, 문법이 중요하듯 발음이 중요하며, 문화가 중요하듯 발음이 중요합니다. 어휘와 문법을 알아도 그걸 소리 내지 않으면, 그러니까 곧 '발음'하지 않으면 말하기를 하는 것은 불가능합니다.

뜻만 통하면 되니까 발음이 중요하지 않은 게 아니라, 뜻이 통해야 하니까 발음이 중요한 겁니다. '언어는 약속이다'라는 말이 있습니다. 발음도 일종의 '약속'입니다. 발음은 어떤 글자를 어떤 소리로 표현할 것인가에 대한 약속이며, 결국 '소통하기 위해' 하는 약속입니다. 그런데 소통하기 위해 만든 이 약속이 중요하지 않다? 소통은 중요한데 발음은 중요하지 않다는 말, 발음은 중요하지 않은데 소통은 중요하다는 말은 모순입니다.

Q2. 나라마다, 심지어 인종이나 지역마다 발음이 다 다르잖아요. 발음에 정답이라는 게 있기는 한가요?

A. 네. 발음에는 분명한 정답과 오답이 있습니다. 한국어로도 '삶을 산다'라는 말은 '살믈 산다'라고 발음해야 정답이지, '살을 산다, 삼을 산다'라고 발음하면 명백한 오답입니다. 또 '신'이라는 글자의 자음 'ㅅ'을 'ㅊ'으로 바꿔서 '친'이라고 발음하거나, 모음 'ㅣ'를 'ㅏ'로 바꿔서 '산'이라고 발음하거나, 음절을 늘려 '시누'라고 발음하면 이 역시 명백한 오답입니다. 또한 한국인 중엔 '맑다'를 '말따'로 틀리게 발음하는 경우가 많은데, '말따'라고 발음해도 뜻이야 통하고 알아들을 수는 있겠지만 그렇다고 해서 '맑다'라는 단어의 발음에 정답이 없는 것은 아닙니다. 국립국어원에서 정한 '맑다'의 정확한 발음은 '막따'입니다.

발음엔 정답이 분명 존재합니다. 여러분, '깨십'이 뭔지 아세요?

바로 제 미국인 남편 크리스가 한국어를 처음 배우고 '깻잎'을 잘못 발음한 소리입니다. 깻잎을 '깨십'이라고 발음하는 건 분명 오답입니다. 이를 오답이라고 할 수 있는 근거는 우리가 깻잎을 '깨십'이 아닌 '깬닙'이라고 발음하기로 약속했기 때문입니다.

영어도 마찬가지입니다. 'rice(밥)'에서 모음 'i'를 'a'로 바꿔 'race(경주/인종)'으로 발음하거나, 자음 'r'을 'l'로 바꿔 'lice(이(벌레))'라고 발음하면 큰일납니다. 예를 들어 "I like rice."가 아니라 "I like race."라고 하면 "난 밥을 좋아해"가 아니라 "난 경주를 좋아해"라는 말이 되고, "I'm eating rice."를 "I'm eating lice."라고 하면 "난 밥을 먹고 있어"가 아니라 "난 이를 먹고 있어"라는 말이 되어 의도치 않게 역겨운 오해를 살 수 있습니다.

QR코드 스캔하여 영상 시청하기!
R 발음 못하면 낭패? R 발음 마법의 꿀팁!

또한 1음절 단어인 'changed'를 2음절로 늘려 'chan-ged'로 발음하는 것도 흔히 하는 실수입니다. 물론 'changed'를 2음절로 잘못 발음하더라도 상대방이 문맥을 충분히 고려해 이를 제대로 알아들어 줄 가능성도 있지만, 'chan-ged'라고 발음하면 이것이 'change it'과 발음이 비슷해 그 뜻을 오해할 가능성 또한 없지 않습니다. 실제로 저는 'changed'를 'chan-ged'라고 발음하는 것이 맞는 줄 알고 아무렇지 않게 'chan-ged'라고 발음했다가 미국에서 "너는 왜 'changed'를 'chan-ged'라고 발음해?"라는 말을 듣고 깜짝 놀랐던 기억이 있습니다. 처음엔 1음절로 발음하는 'changed'와 2음절로 발음하는 'chan-ged'의 차이를 도저히 구분할 수 없었습니다. 그래서 원어민 친구에게 'changed'를 발음해 달라고 몇 번이나 부탁했는지 모릅니다. 덕분에 지금은 이 둘의 차이를 확연히 느끼고 있죠.

QR코드 스캔하여 영상 시청하기!
가르친 학생 100%가 틀렸던 발음, 'changed'

발음의 정답은 강세가 가르기도 합니다. 두 번째 음절에 강세가 있는 단어인 hotel이나 Olympic을 첫 번째 음절에 강세를 두고 h̲otel이나 O̲lympic이라고 발음하는 것은 명백히 틀린 발음입니다. 한번은 제가 한 미국인 친구에게 첫 번째 음절 'O'에 강세를 두고 Olympic이라고 발음하면서 한국이 올림픽을 개최한 적이 있다고 이야기한 적이 있습니다. 그랬더니 그는 "What's Olympic?"이라고 하며 정말로, 진짜로, 전혀 못 알아듣더군요. 저는 '뭐? 아무리 그래도 그렇지, 세상 돌아가는 일에 관심이 없는 거야, 아니면 무식한 거야? 어떻게 올림픽을 모르지?'라고 생각하며 답답해했습니다. 그래서 제가 올림픽이 뭔지 한참을 풀어서 설명했더니 그제서야 그가 'y'에 강세를 주며 "Oh! Olym̲pic!"이라고 말한 뒤 무릎을 탁 치는데, 이 말을 듣는 순간 저는 제가 알던 영어가 통째로 흔들리는 것 같았습니다.

강세 하나 틀렸는데 미국인이 제 말을 못 알아들은 경우는 그게 다가 아니었습니다. 제가 미국에서 교환 학생을 하던 중, 황당하게도 가출 청소년으로 오해를 받아 미국 경찰들에게 난데없이 수갑이 채

워진 사건이 있었습니다. 저는 이 일이 있은 며칠 뒤 이날의 일을 회상하며 스카일러(Skyler)라는 친구에게 썰을 풀었습니다.

"경찰이 나를 수갑 채웠다"며 한창 이야기하고 있었는데, 제 말을 듣던 스카일러가 갑자기 "Wait, what's police?"라며 'police'가 뭐냐고 묻는 겁니다. 저는 얼굴이 새빨개졌습니다. 옆에서 다른 한국인도 듣고 있었는데 '내 발음이 얼마나 못났으면 원어민이 police도 못 알아들을까' 싶어 너무나 당황했습니다. 하지만 저는 태연한 척하며 어떻게 이 말도 모르냐는 표정으로 크게 외쳤습니다. "P_olice!!" 그런데도 제겐 "What's police?"라는 말만 되돌아올 뿐이었습니다. 그래서 저는 또 한참을 police가 무엇인지 설명해야 했고, 그제서야 스카일러가 허탈한 표정으로 이렇게 말했습니다. "You mean police! (경찰을 말한 거구나!)" 세상에, 첫 음절이 아닌 둘째 음절 'i'에 강세를 주며 police라고 말하더군요. 제 영어가 또 한 번 통째로 흔들리는 기분이었습니다.

QR코드 스캔하여 영상 시청하기!
미국에서 수갑 찬 썰! 강세 틀리면 망하는 단어 3가지

그런데 원어민도 영어를 틀리게 발음할 때가 있다면 믿으시겠어요? 영어엔 가끔씩 생뚱맞게 묵음인 발음도 있고, a가 [a]로 발음되기도 하지만 [ei]로 발음되기도 하고, i가 [i]로 발음되기도 하지만 [ai]로 발음되기도 하는 등 단어마다 모음이 달리 발음되기 때문에 종종 다음과 같은 경우도 있습니다.

"(상대방의 이름이 적힌 종이를 보며) Sorry. I don't know how to pronounce your name.(죄송해요. 당신 이름을 어떻게 발음해야 할지 모르겠네요.)"

"(처음 보는 단어를 발음하며) I might be pronouncing this wrong.(제가 이걸 틀리게 발음할 수도 있어요.)"

"(어떤 브랜드 이름을 받아 적으며) Who knows how to pronounce this brand?(이 브랜드 발음할 줄 아는 사람?)"

우리에게는 낯선 풍경입니다. 한국어로 '김아란'이라고 써 있으면 "김아란"이라 읽으면 되고, '샤넬'이라고 써 있으면 "샤넬"이라 읽으면 되니까요. 하지만 영어에서는 써 있는 글자를 제대로 읽지 못할 수도 있습니다. 처음 들어 보는 이름이나 낯선 단어는 원어민도 틀리게 발음하는 경우가 왕왕 있습니다.

물론 어떻게 발음해야 하는지 알면서도 이를 제대로 발음하지 못하는 경우도 있습니다. 제 미국인 남편 크리스도 어렸을 때 R 발음이 잘 되지 않아 발음 수업을 따로 들어야 했다고 합니다. 실제 미국인 아이들 중 R 발음이 제대로 되지 않는 경우가 생각보다 꽤 많다고 합니다. 그런데 그 아이들에게 "발음에는 정답이 없어. 네 발음도 맞아"라고 하지는 않습니다. 분명히 '발음이 틀렸다'고 가르칩니다. 왜냐하면 발음에 정답과 오답이 존재하기 때문입니다. 전문적으로 발음을 지도하는 선생님들이 계신 것도 바로 그런 이유 때문이겠죠.

실제로 해외에서 조금이라도 살아 보신 분들은 아실 겁니다. 발음 때문에 애먹는 경우가 얼마나 많은지. 저만 해도 bad와 bed의 발음을 제대로 구분하지 않고 똑같이 발음했더니 저의 절친한 미국인 친구 에밀리(Emily)가 이를 잘못 알아들어 진땀을 뺀 기억이 있습니다. 거짓말 하나 안 보태고 한 5분은 오해한 채 대화했습니다. 제가 "Her bed time is 9 o'clock."이라고 하며 제 시어머니는 9시에 주무신다고 말했는데, 에밀리는 저더러 그걸 도대체 어떻게 아냐는 겁니다.

"아니, 어떻게 알긴 뭘 어떻게 알아. 그 분은 잠을 9시에 주무신다니까"라고 저는 계속해서 "Her bed time is 9 o'clock!"이라고 말해 주었지만, 에밀리는 자꾸만 "어떻게 시간까지 아냐고!"라고 되물을 뿐이었습니다. 그런데 알고 보니 에밀리는 제 말을 "Her bad time is 9 o'clock."이라고 알아들었던 것입니다. 아니, 좀 더 정확히 말하면 제가 "Her bad time is 9 o'clock."이라고 발음했던 것이죠. 에밀리는 'bad time'은 '생리 기간'을 뜻하는 표현이라 설명해 줬고, 그제서야 우린 왜 서로가 계속 이해할 수 없는 말만 늘어놓는다고 생각했던 건지 그 퍼즐이 맞춰졌습니다. 정말이지 뒤통수를 맞은 느낌이었습니다. 그래도 그때의 저는 영어를 꽤 한다고 생각하던 시기였고 발음이 좋다는 칭찬도 많이 들었기 때문에 bed와 bad 같은 기본적인 단어의 발음 때문에 이처럼 오해를 빚게 되리라곤 상상도 못했기 때문입니다.

그러나 동시에 기뻤습니다. 발음의 중요성을 몸소 깨닫게 되었으니 말이죠. bed와 bad의 발음이 다르다는 것을 알기는 알았지만, 그 차이가 제 귀에 잘 안 들린다고 해서 원어민에게도 그것이 미세한 차이일 것이라고 짐작한 게 얼마나 우스운 교만이었는지 느꼈습니다. bed와 bad는 품사도 다를 뿐만 아니라 뜻도 완전히 다르니 오해의 소지가 없으리라 생각하고 두 발음의 차이를 정확하게 익히기를 차일피일 미뤘었는데, 이 사건을 통해 저는 원어민에게 있어 'a'와 'e'의 차이는 우리에게 'ㅏ' 다르고 'ㅓ' 다르듯 큰 차이라는 것을 알게 되었고 그때부터 부단히 연습해 bad와 bed의 발음을 구별해서 쓰고 있습니다.

QR코드 스캔하여 영상 시청하기!
한국어 발음, 미국인에겐 어떻게 들릴까?

저의 유튜브 채널 Aran TV의 구독자 '아둥이'분들께서도 저처럼 쉬운 단어를 잘못 발음해서 웃지 못할 일들을 겪었다며 다양한 에피소드들을 공유해 주셨습니다. 이를테면 영수증인 'bill'을 달라고 했는데 맥주인 'beer'를 받게 된 해프닝부터 콜라인 'coke'를 먹고 싶다고 말했는데 이를 'cock'으로 잘못 발음해서 졸지에 "남자 성기를 먹고 싶다"고 한 것이 되어 게이로 오해받은 사연까지, 발음 하나 때문에 겪었던 좌절과 답답함을 많이들 공유해 주셨습니다.

발음 때문에 벌어진 이 같은 다양한 사연들을 통해 우리는 다시 한 번 확인할 수 있습니다. 발음이 중요하지 않고 소통만 하면 되는 것이 아니라, 소통을 하기 위해서 발음을 제대로 해야 한다는 것을 말이죠. 그러니 제가 발음의 중요성을 강조해서 여러분의 기를 죽이려고 하는 것이 아니라, 발음을 잘못했다가는 곤욕을 치르다 정말로 기가 죽을 수도 있는 일을 방지하고자 하는 것임을 알아 주셨으면 합니다.

QR코드 스캔하여 영상 시청하기!
어색한 발음/표현 고치는 법 & 황당하고 웃픈 에피소드 여기서 발음을 제대로 한다는 것은 모음의 소리를 똑바로 내는 것, 음절을 올바르게 나누는 것, 그리고 강세를 정확히 짚는 것을 뜻합니다. 즉, 정답으로 약속한 소리를 낸다는 거죠. 따라서 미국이든 호주이든 영국이든 뉴질랜드이든, 바로 이 '정답'이라는 것을 공유하고 있기 때문에 '영어'라는 한 언어를 사용하여 소통할 수 있는 것이라고 말할 수 있습니다.

물론 원어민 사이에서도 같은 단어를 다르게 발음하는 경우가 있습니다. 예를 들어, schedule이라는 단어를 미국에서는 '스께줄'에 가깝게 발음하지만 영국에서는 '셰줄'에 가깝게 발음합니다. 심지어 같은 미국에서도 direct를 '다이렉트'라고 발음하는 사람이 있는가 하면 '디렉트'라고 발음하는 사람도 있습니다. 그런데 이것이 영어 발음엔 정답이 없다는 뜻이 아닙니다. 바로 영어 발음엔 '복수 정답'이 있다는 것을 의미합니다.

그리고 여러분께서 생각하시는 '정답이 없는 것, 다 달라도 되는 것, 그래서 각각의 다름을 존중해야 하는 것'은 바로 발음이 아니라 '억양'입니다. 발음과 억양, 이 둘은 엄연히 다릅니다.

Q3. 발음과 억양은 어떻게 다른가요?

A. '발음(Pronunciation)'이 어떤 '소리'를 내느냐에 관한 것이라면, '억양(Accent)'은 그 소리를 어떤 '말투'로 하느냐에 관한 것입니다. 예를 들어, "가자"라고 할 땐 'ㄱ+ㅏ+ㅈ+ㅏ'에 해당하는 소리를 내면서도 말투는 서울식 말투로 할 수도 있고 부산식 말투로 할 수도 있듯이, 발음은 같지만 억양은 다를 수 있습니다.

여기서 "어라, 그런데 억양이 accent인가요? 강세가 accent 아니었나요?"라고 질문하실 수 있는데, 강세는 emphasis라고 하는 편입니다. 영어권에선 accent라고 하면 강세가 아닌 억양을 먼저 떠올립니다. 그래서 흔히 강세를 준다는 뜻으로 하는 말인 '악센트를 준다'는 표현은 콩글리시입니다. '악센트(Accent)'란 '억양', 그러니까 곧 '말투'를 뜻하며, '악센트, 억양, 말투', 이 세 가지는 다 같은 말입니다.

억양, 즉 '말투'에는 정답이 없습니다. 세상에 말투라는 게 없는 사람도 없지요. 모두 제각기 자신만의 말투가 있는데, 영어 말투는 지역과 시대, 계층 및 인종마다 다르게 형성됩니다. 그래서 누군가는 영어를 미국 흑인 억양으로 쓰고, 누군가는 영국 상류층 억양으로 쓰고, 누군가는 한국 억양으로 쓰는 겁니다. 심지어는 한국 경상도 억양으로 영어를 구사하는 사람도 있지요. 그래도 틀린 억양이란 없습니다. 억양, 즉 말투에는 옳고 그름이 없으니까요.

사실 영어를 모국어로 쓰고 있는 한 나라 안에서도 억양은 다양합니다. 예를 들어, 영국에서는 억양만 듣고도 그 사람의 신분을 단번에 알아차릴 수 있을 정도로 억양의 차이가 뚜렷하다고 합니다. 그래서 말 한 마디만으로도 억양을 통해 그 사람이 상급 계층인지, 노동 계층인지, 하급 계층인지 등을 파악합니다.

또 억양은 인종과 지역에 따라서도 달라지는 편입니다. 예를 들어 미국에서는 인종을 기준으로 억양을 나눠 봤을 때 크게 백인과 흑인, 그리고 히스패닉인이 쓰는 전형적인 억양이 있고, 지역적인 기준으로 억양을 나눠 봤을 땐 서부, 중부, 남부에서 쓰는 전형적인 억양이 있습니다. 그 중에서도 중부 지역에서 쓰는 억양은 별다른 특징이 없어 중립적이라고 여겨지곤 하는데요. 그래서 1920~1930년대 언어학자들은 캔자스 주, 콜로라도 주, 네브래스카 주, 와이오밍 주 등 중부 지역에서 쓰는 억양을 '억양이 없다(accentless)'라고 하여 표준 방송용 억양으로 지정했습니다. 이들 억양을 지칭하는 이름으로는 'Broadcast English, Broadcaster-type Accent, Network English, Standard American, General American' 등이 있습니다.

그런데 특징이 없는 억양이라는 것이 과연 있기는 한 걸까요? 특징이 없는 억양이라고 할 경우, 바로 그 '특징이 없는 것'이 그 억양의 특징이라 할 수 있습니다. 따라서 "There is no accentless accent." 라고 하며 '억양이 없는 억양이란 없다'고 반박하는 의견도 있지요.

억양에 두드러지는 특징이 있건 없건, 상관은 없습니다. 오히려 특이한 억양은 개성 있고 매력적으로 들리기도 합니다. 특히 여러 나라에서 살았던 사람은 어느 지역 억양인지 딱 집어내기 힘든 억양을 구사하는데, 그러면 사람들은 "Where did you get your accent? (너 그 억양은 어디서 난 거야?)"라고 하며 신기해하기도 하고 자신이 안 쓰는 억양을 구사하는 상대를 보고 섹시하다고 느끼기도 합니다.

물론 원어민들끼리도 서로의 억양을 알아듣기 힘들어 할 때가 있습니다. 예를 들어 영국 억양에 노출된 경험이 적은 미국인들이 영국인의 말을 잘 알아듣지 못해 계속 다시 말해 보라고 부탁하는 경우가 실제로 꽤 있죠. 그래도 세상엔 옳거나 틀린 억양이 없으니 억양을 가지고 지적하거나 홍보는 몰상식한 사람은 많지 않습니다. 영어는 워낙 넓은 땅에서 많은 이들이 쓰는 언어이다 보니 다양한 억양을 서로 존중합니다. 그리고 영어에 충분히 익숙해지게 되면 어떠한 억양으로 말하든 잘 알아들을 수 있게 되기도 하고요. 마치 한국어를 처음 배우는 사람이 서울말은 곧잘 알아들어도 지방 사투리는 알아듣기 힘들어 하지만, 한국어에 익숙해지면 서울 억양이든 지방 억양이든 문제없이 잘 알아들을 수 있듯이 말입니다. 그러니 영어든 한국어든, 누구든 "네 억양을 고치라"고 할 권리는 없습니다.

하지만 발음이 틀린 경우엔 이를 고치라고 할 수 있습니다. 저도 한국어 '맑다'를 '말따'로 발음했었는데, 이것이 잘못된 발음이라는 지적을 받고는 '막따'로 발음을 고쳤습니다. 또한 누군가 10월을 '시월'이 아닌 '십월'이라고 잘못 발음하면 그 사람의 억양에 상관없이 '시월'이라고 발음을 고쳐 줄 수 있습니다.

그런데 혹시라도 "발음이 안 좋아도 상관없다니까! 반기문 전 사무총장님 좀 봐!"라고 주장하는 사람이 있다면 이걸 꼭 알려 주세요. 반기문 전 사무총장님이 억양은 강해도 발음은 좋다고요. 즉, 자모음의 발음, 음절, 강세를 정확히 지키신다고 말이죠. 그렇기 때문에 강한 억양에도 불구하고 그 분의 영어를 알아들을 수 있는 것입니다. 억양이 강해도 발음은 완벽하게 할 수 있습니다.

Q4. 발음이 안 좋아도 다 잘만 알아듣던데요?
A. 그럼 발음이 좋은 겁니다.

Q5. 아란 님께서는 미국에 가시기 전부터 발음이 좋으셨나요?
A. 글쎄요. 미국에 가기 전에는 제 발음이 어땠는지 알 기회조차 없었고, 원어민 선생님도 없이 학창 시절을 보냈던 터라 미국에 가기 전까지는 '영어 말하기'라는 것을 제대로 해 본 적이 없었습니다.

지금까지 몇 가지 질문을 통해 발음에 대한 여러 궁금증을 파헤쳐 봤습니다. 그럼 이제부터는 매끄럽고 매력적인 발음을 이루는 세 가지 요소, '① 정확성, ② 유창성, ③ 전달력'에 대해 알아 보겠습니다. 정확성과 유창성은 발음을 매끄럽게 만들고, 전달력은 발음을 매력적으로 만들기에 제가 늘 유념하고 있는 것입니다. 자, 그럼 이 세 가지를 한번 살펴볼까요?

(1) 정확성(Accuracy)

매끄럽고 매력적인 발음을 구사하기 위해 지켜야 하는 제1대 원칙은 바로 '정확성'입니다. 정해진 문자를 정해진 소리로, 그러니까 약속대로 발음하는 것은 건축물의 기초를 잘 쌓는 것에 비유할 수 있습니다. 기초가 부실한 건축물은 아무리 값비싸고 화려한 인테리어로 치장되어 있어도 아무 소용없듯이, 발음이 부정확한 말은 아무리 내용이 좋아도 매끄럽지 않습니다. 그래서 매끄럽고 매력적인 발음의 첫 단계이자 가장 중요한 단계는 바로 '정확성'이라 할 수 있습니다. 그리고 이 '정확성'을 위해 제가 늘 유념하는 다섯 가지 핵심은 바로 다음과 같습니다.

❶ 자음과 모음의 소리를 올바르게 내자

첫째로, 자음과 모음의 소리를 올바르게 내야 합니다. 사회가 정한 약속대로 'a'를 'a' 소리로 내고 'b'를 'b' 소리로 내야 합니다. 'a'를 'e' 처럼 발음하거나 'b'를 'p'처럼 발음하면 소통은 될 수 있을지언정 매끄럽고 매력적인 발음이 될 확률은 낮아집니다. 이때 명심할 것은 우리 한국인에게는 거기서 거기라고 들리는 영어 발음들이 영어 원어민의 귀에는 전혀 다르게 들릴 수 있다는 것입니다. 예를 들어 흔히들 한 끗 차이라고 생각하는 'b'와 'v', 'p'와 'f', 'r'과 'l'이 영어를 모국어로 쓰는 사람에게는 마치 'ㄱ'과 'ㄴ'이 다르게 들리는 것만큼 다르게 들립니다.

한번은 제가 미국인 남편 크리스에게 "'b'와 'v', 'p'와 'f', 'r'과 'l'이 비슷한 소리라고 생각해 본 적 없어?"라고 물었더니 크리스는 "Not even once in my entire life.(내 인생 통틀어 단 한 번도 없어.)"라 고 딱 잘라 대답했습니다. 아니, 우리는 'b'와 'v'를 'ㅂ'으로 퉁쳐서 표현하고, 'p'와 'f'를 'ㅍ'으로 퉁쳐서 표현하고, 'r'과 'l'은 'ㄹ'로 퉁쳐 서 표현해 왔는데, 이들을 비슷한 발음이라고 생각해 본 적이 단 한 번도 없다니. 정말 우리는 영어를 철저히 '전지적 외국인 시점'으로 만 바라봤었나 봅니다.

'b'를 'ㅂ'로 발음하면 낭패하는 이유 + w, z, th, r, v, f, l의 올바른 소리

영어를 '전지적 원어민 시점'에서 보고 나면 알 수 있는 발음 팁이 몇 가지 있는데, 제가 몇 가지 공유해 보도록 하겠습니다. 'b'를 'ㅂ' 으로 발음하면 안 되는 이유부터 시작해 그 외 다양한 알파벳을 제대 로 발음할 수 있는 방법까지 공개하겠습니다!

('전지적 원어민 시점'으로 발음하기)

① 'v'는 윗니로 아랫입술을 살짝 깨물며 발음하세요. (예: van)

② 'f'도 윗니로 아랫입술을 살짝 깨물며 발음하세요. (예: fan)

③ 'm'은 윗입술과 아랫입술을 반드시 오므렸다가 열어 주면서 발음하세요. (예: man)

④ 'b'도 윗입술과 아랫입술을 반드시 오므렸다가 열어 주면서 발음하세요. (예: ban) 'b'를 발음할 때 주의할 점은 'b'를 발음할 때 입술 앞에 손을 갖다 대면 바람이 나오지 않아야 한다는 것입니다. 한국어로 'ㅂ(비읍)'을 발음하는 순간엔 입에서 바람이 나오지만, 'b'를 발음할 땐 바람이 나오지 않습니다. 따라서 한국어로 '바나나'라고 하면 입에서 바람이 느껴지지만 영어로 'banana'라고 하면 바람이 느껴지지 않습니다. 이 부분을 간과하고 'ㅂ'을 발음하듯이 'b'를 발음하면 'p'를 발음한 것으로 오해받기 십상입니다. 'p'는 바람이 나오는 소리이기 때문이죠. (예: bin vs. pin)

⑤ 'd'도 입에서 바람이 안 나와야 합니다. 'd'를 잘못 발음하면 't'로 오해받는 경우가 종종 있으니 주의해야 합니다. (예: dry vs. try)

⑥ 'th' 발음은 혀를 윗니와 아랫니 사이에 끼운 채 하는 것이 정석입니다. 하지만 빠르게 발음할 때엔 혀를 그냥 윗니의 뒷면에만 갖다 대고 할 때도 있습니다. (예: the, they, theater)

⑦ 'w'는 입술이 모였다가 벌어져야 합니다. wow를 "와우"라고 발음하지 "아우"라고 발음하지 않고, wing을 "윙"이라고 발음하지 "잉"이라고 발음하지 않고, will을 "윌"이라고 발음하지 "일"이라고 발음하지 않으니 눈치채시겠죠? 'w'는 'ㅟ, ㅘ, ㅞ, ㅙ, ㅟ, ㅚ' 같은 소리가 납니다. 그래서 입술이 모였다가 벌어집니다. (예: why, wait, would)

⑧ 'r'로 시작하는 단어를 발음하실 때엔 입 모양을 '우'라고 만든 뒤 발음해 보세요. 예를 들어 rose은 "(우)로즈", rain은 "(우)뤠인"과 같이 발음하시면 마법처럼 잘 발음됩니다. 덧붙여 'r'을 발음할 때는 혀가 뒤로 말리고 혀가 입 안 어디에도 닿지 않는다는 것에 주의하세요. (예: rope, ride)

⑨ 'l'은 혀가 앞니 뒷면을 차고 나오면서 발음됩니다. 좀 더 쉽게 이해하고 싶으시다면, 입 모양을 '을'이라고 만든 뒤 'l'로 시작하는 단어들을 발음해 보세요. 예를 들어 lane을 "(을)레인", love를 "(을)러브"와 같이 발음해 볼 수 있겠죠. 그리고 'l' 발음을 'ㄹ'로 생각하기보다는 받침으로 쓰이는 'ㄹ'과 초성으로 쓰이는 'ㄹ'이 합쳐져서 나는 'ㄹㄹ' 발음이라고 생각하는 것이 더 적합합니다. 예를 들어 play는 "프레이"가 아니라 "플레이", delay는 "디레이"가 아니라 "딜레이", relay는 "리레이"가 아니라 "릴레이"로 발음하는 것과 같이 말이죠. (예: solo, clay, London, light)

⑩ 'z'는 'ㅈ' 소리에 모기가 윙윙거리는 소리가 입혀져 있다고 생각하고 발음하시면 됩니다. (예: zero, zebra, Zach)

⑪ 'sk/sc, st, sp'처럼 's'가 'k/c, t, p' 앞에 나오는 경우엔 's' 뒤에 나오는 'k/c, t, p'를 된소리로 발음하는 것이 더욱 자연스럽습니다. 이들 발음을 굳이 한국어로 옮겨 적자면, 'sk/sc'는 'ㅅㅋ'가 아닌 'ㅅㄲ'로, 'st'는 'ㅅㅌ'가 아닌 'ㅅㄸ'로, 'sp'는 'ㅅㅍ'가 아닌 'ㅅㅃ'로 발음하시면 더욱 자연스럽습니다. (예: skate, script, street, spring)

QR코드 스캔하여 영상 시청하기!
1초만에 원어민 발음되는 꿀팁! | sk/sc, st, sp 발음하기

영어 모음에는 a, e, i, o, u가 있는데(때때로 y도 모음의 역할을 함), 이들 모음을 정확하게 발음하는 것은 자음을 정확하게 발음하는 것보다 더 까다로운 편입니다. 정확하게 '아, 애, 이, 오, 우'라고 딱 떨어져서 발음되지 않기 때문입니다. 예를 들어 'a'는 '아'와 '애'의 중간 소리로 발음될 때도 있고, 'o'는 '오'가 아니라 '오우'에 더 가깝게 발음될 때도 있습니다. 따라서 이들 발음을 딱히 한국어로 옮겨 적을 수가 없는데, 이것이 바로 핵심입니다. 적지 마세요. 외국어 발음을 한국어로 받아 적으려고 하는 순간 정확한 발음 구사는 실패로 끝나고 맙니다. 모든 소리를 한글로 옮겨 적을 수 있다는 생각에서 벗어나야 합니다.

한국어로는 bad와 bed의 발음을 똑같이 '배드'라고 적지만 영어 모음에서 'a'와 'e'의 발음은 하늘과 땅 차이라고 했듯이, ear와 year의 발음도 한국어로는 '이어'라고 적겠지만 'y'의 유무에 따라 원어민은 확연히 다르게 발음합니다. 그러니 그저 귀로 듣고, 들은 것을 성대모사를 하듯이 따라 하세요. 만약 똑같이 발음하기 어렵다면, 그건 혀가 아니라 귀가 문제인 겁니다. 귀에서 그 발음을 제대로 인지하지 못하면 혀로 정확히 구현해낼 수 없습니다. 그러니 먼저 잘 들어야 합니다.

❷ 끝까지 발음하자

정확하게 발음하려면 끝까지 발음해야 합니다. '이게 대체 무슨 소리지?'라는 생각이 들 수도 있겠지만, 이거야 말로 누구도 잘 알려주지 않는 꿀팁입니다. 단어를 끝까지 발음하는 것, 그러니까 곧 단어의 맨 마지막 소리를 생각보다 또렷하게 발음하는 것을 놓치지 말아야 한다는 것입니다.

예전에 Eithyn이라는 아들을 둔 엄마가 아들 이름을 "Eithynnnnn!" 이라고 부르는데, 이것이 '이튼'이 아닌 '이튼느'에 더 가깝게 소리 나는 걸 들으며 정말 크게 느꼈던 부분입니다. 예를 들어, mom이라는 단어가 있으면 그냥 '맘'이라고 하는 게 아니라 '맘ㅁ' 같은 소리가 나게 발음해야 합니다. 'm'은 'ㅁ'이 아니라 '음ㅁ'에 가까운 자음이니까요. 심지어 singing이라는 단어의 맨 끝에 있는 'g' 발음까지도 소리가 들리게 발음하는 원어민이 있습니다. 그들은 singing을 '씽잉'이 아니라 '씽잉ㄱ'에 가깝게 발음하죠. 마찬가지로 back은 '백'이 아니라 '백ㅋ', up은 '업'이 아니라 '업ㅍ', great은 '그뤠잇'이 아니라 '그뤠잇ㅌ', and은 '앤'이 아니라 '앤드', technology는 '테크놀로ㅈ'가 아니라 '테크놀로쥐', allergy는 '알럴ㅈ'가 아니라 '알럴쥐' 등으로 하는 것처럼 마지막 발음을 확실히 해야 정확하고 올바른 발음을 구사하는 것입니다.

❸ 음절을 지켜서 발음하자

정확한 발음의 세 번째 핵심은 바로 음절을 지켜야 한다는 것입니다. 저는 예전에 굉장히 쉬운 단어였음에도 오랫동안 틀리게 발음했던 단어가 하나 있었습니다. 그건 바로 'changed'라는 단어였습니다. 당시 미국에서 알고 지내던 언니 한 분이 교환 학생이었던 저에게 이렇게 말했습니다.

"너 changed를 'chan-ged'라고 발음하더라."

이 말을 들은 저는 그저 아리송할 뿐이었죠.

'대체 무슨 소리람? 그럼 changed를 'chan-ged'라고 발음하지, 어떻게 발음하라는 소리야?'

가르친 학생 100%가 틀렸던 발음

　믿기 힘들었지만 제 발음이 틀렸다고 하니, 저는 그날 원어민 친구를 만나 changed를 발음해 달라고 부탁했습니다. 그런데 웬걸, 제 발음과 똑같은 겁니다! 적어도 제가 듣기에는 그랬습니다. 그래서 '뭐야. 내 발음 맞았잖아' 싶어 원어민 친구에게 제 발음에 대해 물었더니, 이 친구 말은 제 발음이 완전 틀렸다는 겁니다. 도대체 뭐가 틀렸다는 건지 저는 도통 이해할 수가 없었습니다. 그래서 저는 친구에게 제 발음과 본래 맞는 발음을 비교해 달라고 했는데, '도대체 뭐가 다르다는 거지?' 싶은 생각만 들뿐 그 차이가 귀에 들어오지 않았습니다. 이런 경우 할 수 있는 것은 단 한 가지뿐입니다. 바로 차이가 들릴 때까지 계속해서 듣는 것!

　저는 계속해서 들어 보고서야 깨달았습니다. 제가 음절을 틀리게 발음하고 있었다는 것을요. changed는 1음절로 턱을 한 번만 움직여서 발음해야 하는 단어입니다. 그런데 저는 changed를 2음절로 나누어 턱을 두 번 움직여서 발음하고 있었습니다.

물론 2음절로 나누어서 발음해도 알아들을 사람은 알아듣습니다. 그러나 그것을 'change it'이라고 오해하는 사람들도 있을 것입니다. 마치 한국어로 '음절'을 '음저루'와 같이 음절을 늘려서 발음하면 '음절을'이라는 말로 잘못 알아들을 사람도 존재할 수 있듯이 말이죠. '음절'과 '음저루'의 발음이 다르듯, changed를 1음절로 발음하는 것과 2음절로 발음하는 것은 명확하게 다릅니다. 이젠 그 차이가 너무도 명확해서 제가 어떻게 처음엔 이 차이를 왜 듣지 못했을까 의아할 정도입니다.

당시 제 발음이 틀렸다고 알려 준 유학생 언니가 참 고맙습니다. 그때서야 음절의 중요성을 제대로 깨닫게 되었기 때문입니다. 저는 그때 받은 신선한 충격을 다른 이들에게도 전하고자 대학 졸업 후 회화 강사로 일하면서 틀리기 쉬운 영어 단어 발음들을 한데 모아 가르쳤습니다. 그 중 changed는 제가 가르쳤던 학생의 100%가 틀리게 발음했기 때문에 이 같은 내용을 담은 강좌를 영상으로 찍어 저의 유튜브 채널 Aran TV에 '가르친 학생 100%가 틀린 발음'이라는 제목으로 올렸고, 이 영상은 1백만 조회수를 훌쩍 넘겼습니다. changed가 2음절이 아닌 1음절로 발음되는 단어라는 것에 많은 분들이 놀라셨죠.

실제로 어떤 분께서는 "changed를 2음절로 발음하니까 아이폰 Siri가 이걸 'change it'으로 알아들어요"라는 댓글을 남겨 주시기도 했습니다. 다른 어떤 분께서는 "발음이라는 건 나라마다 다른 것 아니냐"라고 의문을 제기하시기도 했지만, 어떠한 나라에서도 changed를 2음절로 발음하지는 않습니다. changed가 1음절로 발음되는 건 영어권 국가라면 어디에서나 똑같습니다. 그렇기 때문에 각기 다른 영어권 국가들이 억양(말투)은 달라도 영어라는 같은 언어를 쓴다고 말할 수 있는 것입니다.

매끄러운 발음을 위해서는 '음절'에 반드시 주의해야 합니다. 한국어에서는 1개의 자음과 1개의 모음이 만나면 무조건 1개의 음절이 형성됩니다. 예를 들어 'ㅅ'이라는 자음이 'ㅐ'라는 모음을 만나면 '새'라는 1음절이 되고, 'ㄴ'이라는 자음이 'ㅓ'라는 모음을 만나면 '너'라는 1음절이 되는 것처럼 말이죠. 하지만 영어에서는 여러 개의 자음과 모음이 만나 1개의 음절을 형성하기도 합니다. 예를 들어, Sprite의 발음을 한국어로 '스프라이트'라고 옮겨 적으면 5음절로 표시되지만 사실 영어로는 턱을 한 번만 움직여 발음해야 하는 1음절 단어이고, Christmas의 발음을 한국어로 '크리스마스'라고 옮겨 적으면 5음절로 표시되지만 영어로는 턱을 두 번 움직여 발음해야 하는 2음절 단어입니다. 한국인인 우리가 생각하기엔 대충 비슷한 소리니까 음절

258

을 안 지키고 말해도 다 알아들을 것 같아도 실제 영어에선 음절이 달라지면 알아듣기가 무척 힘들어집니다. 한국어로도 '신'을 '시누'라고 음절을 늘려 읽거나 '시누'를 '신'이라고 음절을 줄여 읽으면 알아듣기 어렵고 뜻 또한 완전히 바뀔 수 있듯이 말입니다. 따라서 영어에서도 음절을 정확히 지켜 발음하는 것이 기본입니다.

❹ 강세를 살려 발음하자

정확한 발음의 네 번째 핵심은 바로 강세를 제대로 살리는 것입니다. 세상 모든 단어에는 강세가 있습니다. 대부분의 단어에는 첫 음절에 강세가 있는데, 예를 들어 '학교'라는 단어의 강세는 첫 음절인 '학'에 있고, 'river'이라는 단어의 강세 역시 첫 음절인 'ri'에 있는 것이 바로 그러한 경우라 할 수 있겠죠.

하지만 Olympics, Brazil, hotel, define, forever 등과 같은 상당 수의 단어의 강세는 두 번째 음절에 있고, representative처럼 어떤 단어의 강세는 세 번째 음절에 있으니 단어를 말할 땐 꼭 강세에 주의해야 합니다. 저는 항상 단어장을 가지고 다니면서 단어의 뜻뿐만 아니라 강세까지 꼭 표시해서 함께 공부하곤 했는데, 단어를 많이 보다 보니 이젠 처음 보는 단어라도 강세가 어디에 있을지 짐작해 볼 수 있게 되었습니다.

강세가 중요한 이유는 한국어로 생각해 보아도 알 수 있습니다. '학교'라는 단어를 발음할 때 '학'에 강세를 주지 않고 '교'에 강세를 주며 '학교'라고 발음하는 순간 굉장히 어색하게 들리죠. 이는 영어에서도 마찬가지입니다. 강세를 틀리게 발음하면 어색하게 들리는 것은 물론, 의미 또한 완전히 잘못 전달되는 경우가 있습니다. 예를 들어, produce라는 단어에서 첫 음절인 'pro'에 강세를 주어 [prá dju:s]라고 발음하면 '농작물'이라는 뜻의 명사가 되지만, 두 번째 음절인 'duce'에 강세를 주어 [prədjúːs]라고 발음하면 '생산하다'라는 뜻의 동사가 됩니다. 따라서 영어에서 강세를 정확히 살리는 것은 무척이나 중요한 부분이며, 강세만 제대로 살려서 발음해도 원어민으로부터 "자연스러운 영어를 구사한다"는 칭찬을 받을 것입니다.

강세 하나 틀리면 못 알아듣는 단어 3가지

❺ 장음은 길게 발음하자

정확한 발음의 다섯 번째 핵심은 바로 장음을 장음답게, 즉 길게 발음하는 것입니다. 영어는 한국어보다 장음에 민감합니다. 모음을 길게 발음하느냐 짧게 발음하느냐를 예민하게 구별하죠.

예를 들어 ski와 skin이라는 두 단어는 철자에 'n'이 있고 없고의 차이밖에 없지만, 이 둘의 발음의 차이는 'n'의 유무에만 있지 않습니다. 바로 ski의 'i'와 skin의 'i'가 다르게 발음됩니다. 한국어로는 두 단어의 'i'를 똑같이 'ㅣ'라고 옮겨 적겠지만, ski의 'i'는 장음이라

[skiː]로 길게 발음하는 반면 skin의 'i'는 단음이라 [skin]으로 짧게 발음합니다. 그리고 home, over, phone, close와 같은 단어에서는 'o'가 '오'로 짧게 발음되지 않고 '오우(ou)' 소리에 가깝게 '길게' 발음됩니다. 이 단어들의 발음을 굳이 한국어로 옮겨 적자면 '호움[houm], 오우버[óuvər], 포운[foun], 클로우즈[klouz]'와 같습니다. 따라서 이들을 그저 간결하게 '홈, 오버, 폰, 클로즈'로 발음하면 원어민에게 다소 어색하게 들릴 수 있습니다. 그러므로 장음이냐 단음이냐 여부는 영어 발음에서 중요한 부분 중 하나인데, 단어의 생김새만으로는 이것이 장음인지 단음인지 파악할 수 없을 때가 많습니다. 따라서 최대한 많은 문장을 접하고 주의 깊게 들으며 이를 파악하는 것이 매우 중요합니다.

하지만 단어의 생김새만 보고도 확실히 장음으로 발음해야 한다는 것을 알 수 있는 단어들이 있는데, 이는 바로 모음이 2개 이상 연달아 붙어 있는 단어들입니다. 모음이 2개 이상 연달아 붙어 있으면, 1개만 있을 때보다 길게 발음해야 합니다. 예를 들어 cool이라는 단어는 짧게 '쿨'이라고 발음하기보다 '쿠울[kuːl]'이라고 길게 발음하는 것이 발음의 정확성을 높입니다. 마찬가지로 'sleeve[sliːv], keep[kiːp], soon[suːn], free[friː], see[siː], flea[fliː], piece[piːs]'와 같이 모음이 2개 이상 붙어 있는 단어들은 모음 부분을 살짝 길게 발음해야 합니다.

(2) 유창성(Fluency)

매끄럽고 매력적인 발음을 구사하기 위해 지켜야 할 제2대 원칙은 바로 '유창성'입니다. '유창하다'는 것은 말할 때 물 흐르듯 거침이 없다는 뜻입니다. 하지만 물 흐르듯 거침없이 말한다고 해서 무조건 매력적인 말하기가 되는 것은 아닙니다. 아무리 청산유수인들 내용이 좋지 않으면 듣고 싶지 않을 테니까요.

이처럼 내용이 좋은데 말도 유창하여 듣기에 편안하고 자연스러울 때 매력적인 말하기라 할 수 있는데, 이 같은 유창성을 위해 기억해야 할 핵심 요소는 크게 세 가지입니다. 바로 '연음, 적절히 끊어 읽기, 적당한 속도로 말하기'인데요. 지금부터는 이 세 가지를 하나하나 차근차근 살펴보도록 하겠습니다.

외국어가 술~술 나오지 않는다면 초보 때 나의 습관을 따라 해 봐!

❶ 연음하자

말에 끊임이 없기 위해 첫째로 중요한 것은 '연음'입니다. 연음이란 '이어서 나는 소리'를 뜻하는데, 우리는 일부러 의식하지 않고도 무언가를 발음할 때 이어서 소리를 내고 이를 자연스럽게 여깁니다.

예를 들어 "말을 한다"라고 할 때엔 "마르란다"와 같이 이어서 말하고 "김아란"이라고 할 때에도 "기마란"이라고 이어서 말하지, "말-을-한-다"라고 뚝뚝 끊어서 발음하거나 "김-아-란"이라고 하나하나 띄어서 읽으면 상당히 부자연스럽다고 느낄 것입니다. 이와 마찬가지로 영어에서도 글자와 글자를, 단어와 단어를, 그리고 문장과 문장을 연이어 발음하는 것이 자연스럽습니다. 어쩌면 '말하다 보면 자연스럽게 연이어 발음된다'고 하는 것이 더 맞는 말일지 모릅니다. 이는 곧 연음이란 외워서 하는 것이 아니라, 입이 좀 더 편안하게 발음하기 위해 자동으로 하는 것이라고 볼 수 있습니다.

예를 들어, "My name is Aran.(제 이름은 아란입니다.)"라는 문장이 있으면 "마이 네임 이즈 아란"보다는 "마네미자란(My namisaran)"이라고 연음하는 것이 말하기에도 편하고 듣기에도 매끄럽습니다. 또한 찰리 푸스(Charlie Puth)라는 가수의 노래 중에 "I'm only one call away.(난 전화 한 통이면 닿을 거리에 있어.)"라는 가사가 있는데, 이 역시 "아임 온리 원 콜 어웨이"라고 하지 않고 "아몬리 원 콜 러웨(Imonly one callaway)"라고 연음됩니다. 이처럼 연음은 일부러 외워서 하는 것이 아니라, 자연스럽게 말을 하다 보면 자동으로 따라오는 것입니다. 마치 '한국어처럼(한구거처럼)' 말이죠.

❷ 적절히 끊어 읽자

유창성의 두 번째 핵심은 바로 '적절히 끊어 읽는 것'입니다. 유창하다고 해서 쉴 새 없이 주구장창 말하거나 숨도 안 쉬고 읽는 것이 아닙니다. 적절한 타이밍에 쉬어 가며 말하는 것이 오히려 유창성을 높입니다. 반대로 부적절한 곳에서 끊어 읽거나 말하면 부자연스러우니 조심해야 하죠.

예를 들어 아래와 같이 몽땅 붙여서 말하면 어떻게 될까요?

"한국어로도이렇게끊임없이주구장창쉬지도않고이야기하면얼마나
정신없고부담스러울까요?"

그렇다고 아래와 같이 끊어서 말하면 또 어떻게 될까요?

"이렇, 게말, 을끊어서하면또, 얼마나, 이상, 하겠냐고요."

따라서 매끄럽고 매력적으로 말하고 싶다면, 의미에 따라 적절히
끊어 가며 말해야 합니다. 마치 '띄어쓰기'와 같은 역할이라 볼 수 있
지요. 그럼 우선 '한국어'로 끊어 읽기를 먼저 해 봅시다. 만약 아래
와 같은 문단이 있다면, 여러분은 어디에서 끊어 읽으시겠습니까?

"어떤 이들은 가치 없는 말을 퍼뜨리는 데에 그들의 입술을 사용하
지만, 너는 사람들의 관점을 바꾸고 그들의 삶을 뒤바꿀 만한 선택
을 내리도록 힘을 줄 특권을 가지고 있어."

(끊어 읽기의 안 좋은 예)
"어떤 이들은 가치 없는 / 말을 퍼뜨리는 데에 그들의 / 입술을 사
용하지만, 너는 사람들의 / 관점을 바꾸고 그들의 / 삶을 뒤바꿀 /
만한 선택을 내리도록 힘을 / 줄 특권을 가지고 / 있어."

(끊어 읽기의 좋은 예)
어떤 이들은 / 가치 없는 말을 퍼뜨리는 데에 / 그들의 입술을 사
용하지만, / 너는 / 사람들의 관점을 바꾸고 / 그들의 삶을 뒤바꿀
만한 선택을 내리도록 힘을 줄 / 특권을 가지고 있어.

이처럼 끊어 읽기를 할 땐 의미가 이어지는 곳은 잇고, 의미가 끊

어지는 곳에선 끊어야 매끄럽습니다. 영어도 마찬가지입니다. 그럼 이번엔 아래의 영어 문단을 끊어 읽어 보도록 합시다.

"While others using their lips to spread worthless words, you have the privilege of changing people's perspectives and empowering them to make life-changing choices."

(끊어 읽기의 안 좋은 예)
"While others / using their / lips to / spread worthless words, you / have the / privilege of changing people's perspectives and empowering / them to / make life-changing / choices."

(끊어 읽기의 좋은 예)
"While others using their lips / to spread worthless words, / you have the privilege / of changing people's perspectives / and empowering them / to make life-changing choices."

출처: His Princess: Love Letters from Your King
(딸아, 너는 나의 보석이란다)

❸ 적당한 속도로 말하자

유창성을 위한 세 번째 핵심은 '적당한 속도'입니다. 아무리 훌륭한 문장 구조를 구사하고 어휘력이 탄탄하며 발음이 정확하다 해도, 말하는 속도가 더디면 유창하다고 볼 수 없습니다.

한번은 제 유튜브 채널 Aran TV의 한 스태프분께서 캘리포니아에 계시다 콜로라도로 이사 오신 후 이런 말씀을 하셨습니다.

"I like both California and Colorado, but California is not as green as Colorado.(저는 캘리포니아와 콜로라도 두 곳이 모두 좋아요. 그러나 캘리포니아는 콜로라도만큼 푸르르지는 않아요.)"

아주 완벽한 문장입니다. 사용한 문법, 표현, 문장 구조, 어휘 모두 알맞았고, 발음도 정확했습니다. 하지만 딱 한 가지 아쉬운 게 있었습니다. 바로 속도, 즉 '유창성'이었습니다. 입으로는 문장을 내뱉고 계셨지만 머리로는 '이 다음에 무슨 단어를 말해야 하지?'라고 생각하시느라 문장을 천천히 더듬더듬 이어 나가셨기 때문입니다. 그래서 언젠가 그분께서 제게 영어 조언을 구하셨을 때 저는 이렇게 말씀드렸습니다.

"다 좋으니 유창성만 높이시면 좋겠어요. 원어민처럼 술술 말할 수 있도록 속도를 높이는 연습을 해 보세요."

원어민의 속도로 말하는 방법은 딱 한 가지뿐입니다. 바로 반복적인 연습. 저는 생각하며 말하느라 말이 빨리빨리 안 나오는 문장이 있으면 그 자리에서 바로 연습했습니다. 생각하지 않고도 술술 말할 수 있을 때까지 연속적으로 말이죠. 이때 한두 번 연습해서 되는 문장도 있었고, 대여섯 번을 연습해야 되는 문장도 있었습니다.

문장에 따라 혹은 사람에 따라 열 번을 연습해야 할 수도, 백 번을 연습해야 할 수도 있습니다. 몇 번을 연습하든 한 영어 문장이 자다가도 일어나서 술술 말할 수 있을 만큼 자연스러워지면 그때쯤 여러분은 그 문장을 변형할 수도 있는 여유를 갖추게 될 것입니다. 외운 문장 속에 다른 단어를 넣어 응용할 수 있게 될 때 여러분의 실력이 확 늘어 있을 것입니다.

혹자는 물을 것입니다.

"그러면 이 세상에 있는 모든 문장을 그렇게 열 번씩, 백 번씩, 계속해서 연습해야 유창해지나요?"

그러면 저는 이렇게 답하겠습니다.

"아뇨. 앞으로 백 개의 문장만 그렇게 해 보세요. 그렇게 백 개 문장 정도를 아주 유창하게 말할 수 있게 되면, 그 다음부턴 많은 생각을 거치지 않고도 말이 술술 나오게 될 것입니다. 문장 구조가 대부분 거기서 거기이기 때문에 그 백 개의 문장에서 단어들만 바꿔서 말해도 새로운 문장이 만들어지기 때문이죠."

자연스럽게 연음하되 적절하게 끊어서 말하고 그때 속도가 너무 쳐지지 않도록 하는 것이 유창성의 핵심입니다. 결국은 반복적인 연습, 연습, 또 연습만이 살 길입니다. 하지만 연습의 여정은 생각보다 짧을 것이고, 예상보다 훨씬 재미있을 것입니다. 그러니 머지않아 어느새 유창해진 자신과 자신의 말을 편안하게 듣고 있을 상대방을 보게 되리라는 믿음을 가지고 연습하여 매력적인 말하기를 구사하세요. 경험자로서 제가 장담합니다. 매력적인 말하기는 매력적인 사람들을 끌어당깁니다.

(3) 전달력(Delivery)

매끄럽고 매력적인 말하기의 제3대 원칙은 '전달력'입니다. 앞서 말한 제1대 원칙과 2대 원칙인 정확성과 유창성은 '매끄러운'에 해당하지만, 제3대 원칙인 전달력은 '매력적인'에 해당합니다. 고로 원어민이라고 해서 전달력을 갖출 수 있는 것은 아닙니다. 모국어라고 해서 모두 매력적으로 말하는 것은 아니니까요.

전달력이 좋다는 건 뜻하는 바를 잘 전달한다는 것입니다. 더 구체적으로 말해 청자에게 반드시 전달되어야 할 중요한 부분은 강조하고, 그러면서 감정을 살려 이야기해 상대방으로 하여금 몰입하게 만드는 능력이 전달력입니다. 따라서 전달력은 영어 실력이라기보다 '소통 실력'입니다.

훌륭한 전달력을 갖추기 위해선, 여러분께서 유념하셔야 할 두 가지 핵심이 있습니다. 바로 '중요한 말 강조하기'와 '감정 이입하기'입니다. 지금부터 이 두 가지를 살펴보도록 하겠습니다.

TEDx 연설자가 밝히는 귀에 쏙쏙! 들어오는 매력적인 말하기의 비결

❶ 중요한 말은 강조하자

전달력의 첫 번째 핵심은 중요한 말을 강조하는 것입니다. 청자가 기억하기를 바라는 핵심적인 말을 잘 들리게 해야 합니다. 모든 말을 중요도에 상관없이 똑같이 밋밋하게 혹은 똑같이 크게 말한다면 핵심이 성공적으로 전달되지 않을 것입니다.

중요한 말을 효과적으로 강조하는 방법엔 크게 다섯 가지가 있는데, 그 다섯 가지는 한 가지 특징을 공유합니다. 그 특징은 바로 '변화를 일으키는 것'입니다. 변화가 있어야 지루하지 않기 때문입니다. 그렇다면 도대체 무엇에 변화를 주며 말해야 청자가 계속해서 집중하며 들을 수 있게끔 할 수 있을까요?

첫째로 '성량의 변화'입니다. 중요한 말은 크게 말할 수 있고, 반대로 작게 말할 수도 있습니다. 원래 말하던 성량에서 변화, 즉 차이가 생기면 그 변화가 발생한 부분이 강조되기 때문이죠. 예를 들어, "Being someone's first love may be great, but to be their last is beyond perfect.(누군가의 첫사랑이 되는 것은 위대하지만, 마지막 사랑이 되는 것은 완벽 그 이상이다.)"라는 문장이 있으면, 여기서 강조할 만한 단어는 'first love(첫사랑), great(위대한), last(마지막), beyond(이상), perfect(완벽한)' 정도가 될 것입니다. 그러면 이 단어들을 말할 때 다른 단어들보다 좀 더 크게 말하거나 작게 말하면서 성량에 변화를 주면 됩니다. 특별한 경우가 아니라면 성량을 높여 강조하는 것이 일반적입니다.

둘째로는 '속도'에 변화를 주는 것입니다. 계속해서 같은 속도로 말하면 단조로워집니다. 그래서 말을 빨리 하다가 천천히 하거나, 혹은 천천히 하다가 빨리 하는 것도 무미건조함을 깰 수 있는 방법 중 하나입니다. 단, 강조하고 싶은 부분은 속도를 늦춰 천천히 말해 보세요. 그러면 그 부분이 특히 더 잘 들리고 기억에 더 오래 남을 수 있습니다. 예를 들어 "Being someone's first love may be great, but to be their last is beyond perfect."에서 'Being someone's first love(누군가의 첫사랑이 되는 것)'과 'beyond perfect(완벽 그 이상)'이 가장 핵심적인 부분이니 한 글자 한 글자 짚어 준다는 생각으로 다른 부분들보다 조금 천천히 말하면 전달력을 높이는 데에 효과적일 것입니다.

셋째로는 '어조'에 변화를 주는 것입니다. 어조란 말의 가락인데, 쉽게 말하면 말의 높낮이입니다. 곧 말의 높낮이가 적절하게 변화하면 말을 맛있게 한다는 인상을 줄 수 있습니다. 대개 결혼식 주례를 지루하게 여기는 이유는 대부분의 주례자가 주례를 같은 성량과 같은 속도로 말하면서 어조(말의 높낮이)까지 같기 때문입니다. 매력적으로 말하고 싶다면 말의 높낮이에 차이를 줘 보세요. 단, 차이가 발생하는 부분이 강조된다는 것을 잊지 말아야 합니다. 예를 들어 "I love you."라는 말에서 'I'라는 말에 어조 차이를 주면 다른 사람이 아니라 '내가' 당신을 사랑한다는 의미가 강조됩니다. 또는 'love'라는 단어를 말할 때 어조를 높이거나 낮추면 내가 당신을 '사랑한다'는 뜻이 더 강조되어 전달되겠지요. 혹은 'you'라는 단어를 말할 때 말의 높낮이를 달리하면, 내가 다른 사람이 아닌 '당신'을 사랑한다는 뉘앙스가 강조될 수 있을 겁니다.

그렇다면 "Being someone's first love may be great, but to be their last is beyond perfect."라는 문장에서도 여러분이 강조하고 싶은 부분을 골라 그 부분의 높낮이를 변경해서 직접 말해 보세요. 전달하고자 하는 부분이 강조되어 귀에 쏙쏙 더 잘 들어오지 않나요? 또한 영어에는 '은, 는, 이, 가, 을, 를, ~야말로'와 같은 조사가 없기 때문에 이 같은 조사의 역할을 대신하기 위해서도 어조를 달리하는 것이 필요합니다. 어조에 따라 강조하는 의미나 뉘앙스가 달라지기 때문이죠.

넷째로는 '쉬는 박자'에 변화를 줌으로써 중요한 말을 강조하는 것입니다. 이것은 제가 평소에 이야기하거나 무대에서 연설할 때 가장 잘 활용하는 방법인데요. 중요한 말을 하기 바로 직전에 한 박자 더 길게 쉬어 보세요. 그러면 청자는 긴장합니다. 원래 쉬던 박자보다 한 박자 더 길게 쉬는 변화가 발생했으니 청자는 '원래 무슨 말이 나와야 되는데 아무 말도 안 나오네?', '무슨 말을 하려는 걸까?'라고 생각하며 순간적으로 집중합니다. 따라서 다음에 나올 말이 더 집중 조명을 받게 되는 거죠.

"Being someone's first love may be great, but to be their last is beyond perfect."라는 말도 "to be their last(그들의 마지막 사랑이 되는 것은)"이라고 말한 뒤 조금 길게 쉬면, 그 뒤에 나올 "is beyond perfect(완벽 그 이상입니다)"가 더욱 강조될 수 있습니다. 여러분이 직접 이렇게 읽고 녹음해서 한번 들어 보세요. 그냥 읽는 문장과 확연히 비교될 것입니다.

변화를 만들어 강조하는 다섯 번째 방법은 바로 '표정과 제스처'에 변화를 주는 것입니다. 매력적으로 말하는 사람은 중요한 말을 강조하기 위해 표정이나 제스처를 활용합니다. 그러면 같은 말을 해도 훨씬 더 기억에 잘 남습니다.

"Being someone's first love may be great, but to be their last is beyond perfect."라는 말에서 "beyond perfect(완벽 그 이상)"이라고 말할 때 정말 사랑에 푹 빠진 것처럼 황홀한 표정을 짓거나 지그시 눈을 감아 보세요. 적절한 제스처를 사용해도 좋습니다. 이렇게 하면 누군가의 마지막 사랑이 되는 것이 얼마나 멋진 일인지 아주 효과적으로 강조하며 문장의 의미를 전달할 수 있게 됩니다.

위와 같이 성량, 속도, 어조, 쉬는 박자, 그리고 표정과 제스처 등에 변화를 주면 중요한 말을 효과적으로 그리고 매력적으로 강조할 수 있습니다. 그런데 종종 어떤 강사분들은 '명사와 동사는 강조하고, 관사나 전치사는 강조하지 말라'고 가르치십니다. 하지만 그건 잘못된 가르침입니다. 중요한 말은 품사에 따라 결정되는 것이 아니라 '의미'에 따라 결정됩니다. 물론 대부분의 경우 명사나 동사가 중요한 의미를 띠는 것은 사실입니다. 그러나 어떤 때는 전치사가 가진 의미나 특별히 관사를 강조하고 싶을 수도 있습니다. 그렇기 때문에 말의 품사를 따지기보다는 말의 핵심을 따지는 것이 중요합니다.

예를 들어 "I was in the second building.(나 두 번째 건물에 있었어.)"라는 문장에서, 'I'를 강조하면 다른 사람이 아닌 '내가' 두 번째 건물에 있었다는 것이 강조되고, 'was'를 강조하면 내가 두 번째 건물에 '(분명히) 있었다'라는 것이 강조되며, 'in'을 강조하면 건물의 바깥이 아니라 '안에' 있었다는 것이 강조되고, 'second'를 강조하면 첫 번째나 세 번째가 아닌 '두 번째' 건물이라는 것이 강조되며, 'building'을 강조하면 다른 어떤 장소가 아닌 '건물'이라는 것이 강조됩니다. 그리고 누군가 이 문장을 말하는데 관사 'the'를 빼먹고 말했다면 'the'를 넣어야 한다는 뜻으로 'the'를 강조해서 말해 줄 수도 있겠죠.

따라서 우리는 모든 품사를 강조할 수 있습니다. 그러니 품사가 아닌 핵심을 파악해서 강조해 보세요. 매력적으로!

❷ 감정을 이입하자

훌륭한 전달력을 위한 두 번째 핵심은 감정을 이입해 말하는 것입니다. 다른 말로 하자면, 진심을 담아 말하라는 것입니다. 예를 들어

"Being someone's first love may be great, but to be their last is beyond perfect."라는 말을 국어책 읽듯이 말하는 것과, 정말로 누군가의 마지막 사랑이 된 황홀함을 느끼는 얼굴로 말하는 것 중 어떤 것이 이 문장의 의미를 더 잘 전달할 수 있을까요? 말할 것도 없이 바로 후자입니다.

그저 달달 외운 말을 아무 생각 없이 나열하면서 자신이 전하고자 하는 바가 성공적으로 전달되기를 기대할 순 없습니다. 우리가 오랫동안 기억하는 메시지는 바로 메시지의 내용이 그 메시지를 전하는 사람의 이미지와 일치하는 메시지입니다. 감정을 실어 이야기하세요. 전달 효과가 2배 이상으로 늘어날 것입니다.

누군가는 이렇게 말합니다.

"성인이 되어서는 발음과 억양을 바꿀 수 없어. 아무리 잘해 봤자 결국 외국어는 외국어이니까 외국인인 게 티가 날 수밖에 없거든. 원어민처럼은 절대 할 수 없어."

저는 이 말이 두 가지 이유로 마음에 안 듭니다. 첫 번째 이유는 그게 틀린 말이라 그렇습니다. 성인이 되어서도 발음과 억양은 얼마든지 바꿀 수 있습니다. 이건 팩트입니다. 그리고 두 번째 이유는 이런 말을 하는 사람은 연습해 봤자 어차피 외국인 티를 못 벗을 거라는 자조를 핑계 삼아 연습하기를 게을리하고 그것을 정당화하기 때문입니다. 사실 외국인인 게 티가 나도 상관없고 원어민처럼 못해도 괜찮습니다. 다만 그 생각이 여러분의 끝없는 성장의 장애물이 되지는 않게 하십시오.

제가 앞서 말씀드렸듯이 우리는 성인이 되어서도 외국어 발음을 개선할 수 있고, 원한다면 억양까지 바꿀 수 있습니다. 방법은 유일합니다. 주의 깊은 듣기와 반복된 말하기 연습, 성실한 녹음과 끝없는 교정이 바로 그 유일한 방법입니다. 이 같은 여정을 거친다면 원어민처럼 발음하는 것이 결코 불가능한 일은 아닙니다.

혹시 터키인 방송인 에네스 카야(Enes Kaya) 씨가 한국어를 구사하는 걸 들어 본 적이 있으신가요? 눈을 감고 들으면 그가 외국인이라는 티는 전혀 나지 않습니다. 그의 한국어만 듣고서 그가 한국인이 아니라는 사실을 감히 짐작이라도 할 수 있는 사람은 한 명도 없을 것입니다. 그 정도로 그가 한국어를 유창하고 완벽하게 구사한다는 것이죠. 그렇다고 에네스 씨가 어렸을 때부터 한국에서 나고 자랐느냐? 아닙니다. 그는 고등학교를 졸업하고 나서 한국어 공부를 처음 시작했다고 합니다. 그러나 한국어를 한국인보다도 더 잘하는 건 말할 것도 없고, 박근혜 전 대통령의 연설뿐만 아니라 터키 총리와 장관, 국내 유명 감독과 배우들의 동시통역을 맡기도 했습니다. 에네스 씨는 저에게 성인이 되어서 외국어를 공부하고도 원어민 뺨치게 구사할 수 있다는 것을 보여준 산 증인입니다.

제가 영어 회화를 처음 시작한 것도 대학교 3학년 때였습니다. 다들 '발음에 있어선 늦었다'고 했지만, 주의 깊게 듣고 똑같이 따라 말하기를 반복하다 보니 어설펐던 발음도 점점 정확해지고 억양도 미국인의 것을 닮아 갔습니다. 그럼 지금부턴 제가 성인이 되어서 외국어 발음을 익힐 때 특히 주의하여 도움 받았던 몇 가지를 소개해 드리겠습니다.

1. 한국어 발음 잊기

성인이 되었다는 건 익숙한 것이 많아졌다는 사실을 내포합니다. 따라서 성인은 새로운 정보를 접할 때 그것을 있는 그대로 받아들이기보다는 자신이 이미 알고 있는 익숙한 정보나 체계에 연관 지으려고 합니다. 이런 습성은 외국어를 배울 때, 특히 발음을 배울 땐 치명적인 단점이 될 수 있습니다. 스스로를 이미 알고 있는 틀에 가두기 때문이죠. 예를 들어 우리는 'a'를 'ㅏ'라는 소리의 틀에, 'b'를 'ㅂ'이라는 소리의 틀에 가둡니다. 실제 'a'는 'ㅏ' 소리와 같지 않고 'b'는 'ㅂ' 소리와 같지 않은데 말입니다. 그러니 한국어는 잊어야 합니다. 낯선 외국어 발음을 익숙한 한국어 발음과 연관 지으려는 습관에서 벗어나야 비로소 정확한 외국어 발음을 구사할 수 있습니다.

한글이 모든 소리를 옮겨 적을 수 있다는 믿음은 잘못된 믿음입니다. 한글로는 'f'의 발음을 정확히 옮겨 적을 수 없습니다. 'v'의 발음도, 'b'의 발음도, 'w'의 발음도 정확히 옮겨 적을 수 없습니다. 사실 'a'부터 'z'까지 모든 발음을 다 정확히 옮겨 적을 수 없습니다. 그래서 '외국어(外國語)'입니다. 말 그대로 한국어 '바깥(外)'에 있는 언어인 것입니다.

한국어와 영어 사이엔 또 하나의 큰 차이가 있는데, 바로 한국어에서는 자음과 모음이 각기 단독으로 쓰일 수 없고 이 둘이 서로 만나야 의미 있는 소리를 낼 수 있다는 것입니다. 반면 영어에서는 자음이나 모음이 연달아 쓰일 수 있습니다.

예를 들어, 영어로는 school이라고 표기하는 것이 가능하지만 한국어로는 'ㅅ쿨'이라고 표기하는 것이 불가능합니다. 한국어에서는 자음 'ㅅ'이 모음 없이 홀로 쓰일 수 없다는 원칙이 있기 때문입니다. 반면 영어 단어인 school에서는 s, c, h, 이렇게 3개의 자음이 연달아 있습니다. 그러니 school이라는 영어 단어의 발음을 한국어로 옮겨 적으려고 하면 실패할 수밖에 없습니다. 그나마 '스쿨'이라고 옮겨 적기는 하겠지만, 이렇게 하면 정확한 발음은 물 건너 가는 거라고 보시면 됩니다. 일단 school에서 'chool' 부분이 '쿨'이라는 소리와 결코 같지 않은 것은 물론이고, 결정적으로 school에는 없던 'ㅡ' 발음까지 추가되어 한국식으로 발음할 경우 2음절로 발음되는 오류가 발생하기 때문입니다.

그럼에도 영어를 한국어로 옮기면서 'ㅡ'를 붙이는 것은 아주 흔하게 일어나는 일입니다. 하나의 자음이 하나의 모음과 만나야 한다는 한국어의 원칙 때문이죠. 따라서 France는 '프랑스'로, cheese는 '치즈'로, guide는 '가이드'로, golf는 '골프'라고 옮겨 적고 발음합니다. 사실 France, cheese, guide, golf는 모두 1음절 단어들인데, 한국어로 옮기면서 'ㅡ'가 추가되어 2음절이나 3음절 단어가 되어 버립니다. France를 '프랑ㅅ'라고, cheese를 '치ㅈ'라고, guide를 '가ㅇㄷ'라고 적고 읽을 수도 없는 노릇이니까요.

그리고 France를 '프랑ㅅ'라고 써 봤자 어차피 정확한 발음을 옮기지 못하는 건 매한가지입니다. 외국어를 배울 때 한국어 발음과 어떻게든 연관 지으려는 습성을 버리세요. 's'가 'ㅅ'이라는 생각을 버리고, 'p'가 'ㅍ'이라는 생각도 버리고, 'r'이 'ㄹ'이라는 생각 역시 당장 내다 버리세요. Sprite라는 단어가 있으면 '스프라이트'로 옮겨 적지도, 떠올리지도 말아야 합니다. Sprite는 '스프라이트'가 아니라 'Sprite'입니다. '스프라이트'는 5음절이지만 'Sprite'는 1음절입니다. 자음 소리도 다르고, 모음 소리도 다르고, 강세도 다르고, 음절도 다릅니다. 소리는 글자로 번역할 수 없습니다.

다른 외국어들도 마찬가지입니다. 외국어 발음을 한국어로 적으려는 습관에서 완전히 벗어나 원어민의 발음을 들리는 그대로 따라 할 때 원어민과 가장 가까운 소리를 낼 수 있습니다.

발음 비교 (1) 미국인은 한국인의 발음을 알아들을까?

발음 비교 (2) 한국어 발음, 미국인에겐 어떻게 들릴까?

발음 비교 (3) 미국인은 한국 발음을 알아들을까?

2. 성대모사의 달인 되기

소위 '복붙'해야 합니다. 원어민의 소리를 '복사(copy)'해 자신의 입에 '붙여 넣기(paste)'한다는 생각으로 모방해야 합니다. 마치 성대모사라도 하듯이 말이죠. 실제로 성대모사를 잘하는 사람은 대개 외국어 발음이 좋습니다. 소리의 특징을 잘 알아차리고 귀로 들은 소리를 입으로 구현하는 능력이 특출나기 때문입니다. 같은 이유로 노래를 잘하는 사람도 발음이 좋을 확률이 높습니다. 비록 문장력은 좀 떨어지더라도 소리만큼은 제법 잘 따라 하기 때문이죠. 따라서 무슨 뜻인지는 몰라도 중국어든, 아랍어든, 처음 듣는 소리를 듣고 바로 따라 하는 데에 능한 편이라면 영어 발음도 쉽게 좋아질 가능성이 다분합니다. 발음은 결국 '따라 하기 게임'입니다. 한 가지 외국어 발음이 좋으면 다른 외국어 발음도 좋을 확률이 높은 이유가 바로 이것입니다.

따라서 보다 자연스럽고 정확한 발음을 추구한다면 성대모사한다는 생각으로 원어민의 말을 모사하는 것을 추천합니다. 그리고 우리가 한국어로 성대모사를 할 때 소리를 글로 받아 적은 후 읽는 것이 아니듯, 외국어를 발음할 때에도 소리를 한국어로 옮겨 적으려고 하기보다는 그냥 들리는 대로 따라 하는 것이 바람직합니다.

성대모사를 하고 싶은 대상을 구체적으로 정해 보는 것도 도움이 됩니다. 나이대와 성격, 성별, 말투, 어휘력, 분위기 등을 감안하여 따라 하고 싶은 말투를 가진 사람을 정해 똑같이 따라 해 보면 재미있을 겁니다. 자신과 비슷한 성향을 가진 사람도 좋고, 자신과는 달라 '저 사람처럼 말해 보고 싶다'라는 생각이 드는 사람도 좋습니다. 새로운 언어를 한다는 것은 새로운 인격을 가지는 거라고들 하는데, 이번 기회에 자신에게 새로운 말투를 선물해 새로운 인격을 형성해 보는 것도 의미 있을 것입니다.

많은 분들께서 제게 "아란 님은 누구를 따라 하셨나요?"라고 물어보시는데, 저는 브랜디(Brandi)라는 여성처럼 말하고 싶었습니다. 브랜디는 제가 교환 학생으로 있던 중 만나게 된 친구인데, 제가 그

내가 닮고 싶었던 친구 브랜디(Brandi)

녀를 따라 하고 싶었던 건 그녀의 영어가 남달라서라기보다 그녀의 삶이 남달라서였습니다. 그녀는 저와 같은 교환 학생이나 외국인 유학생을 무료로 돕고 베풀며 무조건적으로 사랑하는 일에 자신의 젊음을 헌신하는 사람이었습니다. 저도 그녀처럼 살고 싶었고, 무엇보다 그녀의 친절한 말씨와 겸손한 인품이 묻어나는 언어 습관을 베껴 제 것으로 만들고 싶었습니다. 그래서 그녀가 이야기하는 건 토씨 하나 빼먹지 않고 주의 깊게 들었고, 속으로는 그녀의 말을 쉐도잉 했습니다. 혼자 있을 때에도 브랜디처럼 혼잣말을 해 보기도 하고, 한국에 돌아와서는 브랜디처럼 대학생들을 상대로 스터디도 열고 캠페인도 하면서 영어로 발표하곤 했습니다. 그리고 이따금씩 브랜디가 쓰던 문장을 그대로 쓰고 있는 스스로를 발견하게 되면 '나 방금 좀 브랜디 같았다!'라고 생각하기도 했습니다.

따라 말하고 싶은 사람이 있다면 지금부터 그 사람이랑 똑같이 말할 수 있을 때까지 10번이든 100번이든 따라 해 보세요. 성대모사를 잘하는 사람은 표정과 제스처까지 모방하는 거 아시죠? 외국어도 그렇게 해 보세요. Fake it till you make it! 그 사람인 척 따라 하다 보면 어느새 여러분은 그 사람이 되어 있을 것입니다. 발음과 억양뿐 아니라 어휘와 문장력까지, 모든 것이 여러분의 몸속으로 싹 흡수되는 마법을 느낄 수 있게 됩니다.

하지만 이 말이 각자가 말하는 방식이나 발음의 개성을 전부 없애고 무조건 모방하라는 말은 아닙니다. 현재의 저는 브랜디처럼 말하지 않습니다. 저는 저답게 말하고 저답게 소통합니다. 하지만 이렇게 되기까지는 제가 다른 원어민의 말을 수없이 듣고 따라 말해 본 과정이 있었습니다. 노래를 연습하는 사람들도 먼저는 기존 가수의 노래를 숨소리까지 따라 하는 카피(copy) 과정을 거친다고 합니다. 그 다음에야 자신의 개성을 넣어 변형할 부분을 생각해 본다고 하는데요. 소리를 따라 하는 과정은 다 비슷한가 봅니다. 여러분 역시 영어 발음을 따라 할 롤모델을 정해 따라 하다 보면 어느새 실력이 쑥 늘어 자기 본연의 색깔과 말투로 자유롭게 영어로 말할 수 있게 될 것입니다. 왜, '모방은 창조의 어머니다'라는 말도 있잖아요.

3. 모니터하기(Monitor)

'언어를 배울 때 성인은 유아보다 불리하다'라는 인식이 흔하지만, 오히려 성인이기 때문에 유리할 수도 있는 이유 중 하나는 바로 성인이기 때문에 '이성'을 활용할 수 있다는 것입니다. 성인은 어린아이는 가지기 어려운 통제력, 분석력, 절제력, 그리고 정신력을 발휘할 수 있습니다. 어린아이라면 같은 문장을 수십 번, 수백 번 연습하기를 어려워할 것입니다. 왜 그래야만 하는지에 대한 자발적인 동기를 가지기도 어렵고, 설령 분명한 동기를 가졌다 해도 이를 끈기 있게 해내기 쉽지 않을 테니까요.

하지만 성인이라면 가능합니다. 의지력이라는 게 있으니까요. 게다가 성인은 스스로를 객관화할 수 있는 능력이 있습니다. 그렇기에 스스로를 제3자의 눈으로 바라보며 자신의 실력을 평가하고 장단점을 파악해 이로부터 개선점을 찾을 수 있습니다. 혹은 주변에 조언을 구해 이를 자신에게 적용하기까지 할 수 있죠.

이러한 능력을 가지고 성인도 충분히 자신의 발음을 개선할 수 있습니다. 먼저 우리에게는 우리의 발음을 객관화하는 과정이 필요합니다. 지금까지 강조해 왔던 것처럼 같은 문장을 여러 번 따라 말하는 연습을 통해 그 말이 막힘없이 나오게 됐다 할지라도, 그 말을 '정확하게' 했는지는 또 다른 문제입니다. 그렇기 때문에 우리는 마치 제3자의 귀로 듣는 것처럼 우리 자신의 발음, 발성, 발화를 객관적으로 듣고 확인하며 스스로에게 이에 대한 피드백을 주는 시간을 가져야 합니다.

그래서 필요한 것이 바로 '모니터링(Monitoring)'입니다. 자신의 목소리나 모습을 직접 녹음하거나 녹화해 보세요. 일단 시작해 보면 조금이라도 더 잘하고 싶어 녹음이나 녹화를 수차례 반복하게 되는 것이 함정이지만, 그 함정에서 빠져나오지 않는 것이 핵심입니다. 함정에서 빠져나오지 마세요. 만족스러울 때까지 실컷 녹음하고 실컷 녹화해 보세요. 그리고 나서 자신이 말한 것을 확인하고 나면, 대부분의 반응은 이렇습니다.

'헐, 내 목소리가 이래?'

'뭐야, 내 영어가 이렇게 구리다고?'

아마 생각보다 많이 버벅대고, 생각보다 많이 오그라들 것입니다. 누가 들을까 무섭기도 하겠죠. 하지만 그 무서움을 마주할 용기가 있는 자만이 자기 자신을 객관적으로 평가할 수 있습니다. 그리고 그런 객관적인 평가는 성장과 발전에 있어 필수적인 요소입니다. 평가의 목적은 평가 그 자체가 아닙니다. 평가를 통해 부족한 점을 발견하고 이에 대한 개선 방법을 떠올릴 수 있을 때 평가는 비로소 가치 있어집니다. 스스로 제3자가 되어 자기 자신의 발음을 객관적으로 평가해 본 후 고칠 점을 파악했다면, 다시 녹음하거나 녹화해 보세요. 스스로에게 어떤 피드백을 줘야 할지 모르겠다면, 자신보다 영어를 잘하는 사람에게 피드백을 받아 다시 녹음하거나 녹화해 보세요.

여기서 꿀팁 하나는 바로 훌륭하고 모범적인 영어 구사자를 정해 이 사람을 길잡이 삼아 따라 녹음해 보는 것입니다. 아무런 길잡이 없이 혼자서 무작정 녹음하거나 녹화하는 것보다 훨씬 학습 효과가 좋습니다. 그 사람의 영어와 자신의 영어를 비교하며 보다 구체적인 문제점과 개선점을 찾을 수 있기 때문입니다. 점점 개선하여 결과적으로 그 사람과의 차이점은 줄이고 공통점은 높여 보세요.

저는 교환 학생으로 있던 중에 발음 연습을 따로 해 본 적이 없습니다. 제 목소리를 체계적으로 녹음하고 교정해 볼 생각도 못했죠. 하지만 교환 학생이 끝난 직후 한국으로 돌아와 약 2~3주간은 집중적으로 영어를 녹음하고 교정하는 과정을 거쳤습니다. 그 이유는 바로 토익스피킹(TOEIC Speaking) 시험 때문이었습니다. 토익스피킹은 시험 특성상 주어진 시간 안에 틀에 맞춰진 정답을 말해야 하는 영어 시험이었기 때문에 저는 제한 시간에 맞춰 충분한 정보를 제대로 말하는지 확인하고자 제가 영어로 말한 것을 녹음해야 했습니다.

이때 제가 제 목소리만 녹음해서 들어 봤다면 아마 쉽게 만족하고 끝났을지도 모릅니다. 그런데 저는 모범 답안을 말하는 여성분의 발음과 발성, 어조, 강약, 분위기 등을 참고하여 이 사람과 비슷해질 수 있도록 따라 말하며 녹음을 계속해서 시도했습니다. 그렇게 하다 보니 2~3주만에 제 영어 발음은 확연히 깨끗해졌고 전달력도 높아졌습니다. 바로 제가 따라 한 모범 답안을 말한 그 여성분처럼 말입니다. 단언컨대 제가 미국에서 있었던 2~3달보다 한국에 돌아와 녹음하며 연습했던 2~3주가 발음 개선에 있어서는 더 효과적이었습니다.

또한 저는 유튜브 영상을 촬영하는 직업을 가지고 있기 때문에 제 영어를 영상으로 녹화할 일이 잦습니다. 때문에 저는 제 영어를 항상 들을 수밖에 없고, 이 덕분에 어떻게 말할 때 듣기 편하고 어떻게 말할 때 듣기에 부담스럽거나 부자연스러운지 자연스럽게 파악할 수 있었습니다.

모니터링하는 것은 거울을 보는 것과 같습니다. 얼굴에 뭐가 묻지는 않았는지, 옷 매무새는 바른지, 머리가 헝클어지지는 않았는지 등을 확인하고 싶으면 거울을 봐야 하듯이, 목소리가 주눅들어 있지는 않은지, 발음이 부정확하지는 않은지, 내가 말한 단어가 다른 단어로 헷갈리게 들리진 않는지 등을 확인하고 싶으면 모니터링해야 합니다. 거울을 보고도 얼굴에 묻은 먼지를 떼어 내지 않으면 아무런 소용이 없듯이, 모니터링을 해 놓고도 부족한 점을 고쳐 다시 연습하지 않으면 아무런 소용이 없습니다. 정확한 발음은 신뢰감을 주고 매력적인 전달력은 호감을 줍니다. 자신의 발음을 향상시키고 싶다면, 반드시 스스로의 발음을 모니터링하고 개선할 점을 한 가지라도 찾아 고쳐 보세요.

"A speech should not just be
a sharing of information,
but a sharing of yourself."
"말은 단지 정보를 공유하는 것이 아니라,
당신 자신을 공유하는 것이다."

- Ralph Archbold -

원어민 뺨치게 발음해 보기!

이젠 여러분이 직접 발음해 볼 차례입니다. 아래에 주어진 영어 문단을 뒤에 나올 7가지 단계에 따라 직접 말하며 녹음해 본 뒤 여러분이 녹음한 내용을 제가 말한 영상과 비교해 보도록 하세요.

Alright. My favorite moment of the month was the day before my wedding anniversary. Chris and I have been married for two years, and we wanted to celebrate our wedding anniversary by serving other people. We wanted to serve breakfast at Denver Rescue Mission where they serve breakfast, lunch, and dinner to homeless people. About 300 to 400 people came, and I really enjoyed helping make the breakfast, serving it, and saying "Good morning" to each one of them. I invited my friends as well to help, and I think they all had fun.

해석 자, 이번 달에 가장 좋았던 순간은 제 결혼기념일 전날이었습니다. 크리스와 저는 결혼한지 2년이 되었는데, 저희는 결혼기념일을 다른 사람을 도우며 기념하고 싶었습니다. 저희는 덴버의 한 무료 급식소에서 아침밥을 드리기로 했습니다. 그곳은 노숙자에게 아침, 점심, 저녁을 무료로 제공하는 곳입니다. 300~400명 정도가 오셨는데, 저는 아침밥을 준비하고, 이를 건네고, 한 분 한 분께 "굿모닝"이라고 인사하는 것이 너무나 즐거웠습니다. 제 친구들도 초대했는데, 다들 즐거운 시간을 보낸 것 같습니다.

❶ 영어 문단에서 각 단어의 강세를 찾아 보세요.

❷ 영어 문단에서 연음할 부분을 표시해 보세요.

❸ 영어 문단에서 의미에 따라 끊어 읽을 부분을 정해 보세요.

❹ 영어 문단에서 강조할 만한 중요 단어들을 골라 보세요.

❺ 1~4번까지 다 했다면 이제 소리 내어 발음하고 이를 녹음해 보세요.

❻ 녹음한 것을 들어 봅시다. 어색하거나 부자연스러웠던 부분이 있다면
그 부분이 어디인지, 그리고 어떻게 개선할지 적어 보세요.

_____

_____

_____

_____

_____

_____

_____

_____

❼ 여러분이 녹음한 것을 제가 말한 영상과 비교해 보시고
이를 참고하여 다시 녹음해 보세요.

QR코드를 스캔하시면
제가 말한 영상을 시청하실 수 있습니다.

step 7

태도 : 남다른 학습을 이끄는
남다른 태도 "Inspiration"

제가 지금까지 말씀드린 외국어 학습법들은 효과적인 학습법이지만, 그 학습법들을 꾸준히 실천하게 하고 진짜로 효과를 발휘하게 해주는 것은 결국 '마음가짐'입니다. 무언가를 포기하지 않고 즐겁게, 그리고 성공적으로 배울 수 있으려면 남다른 학습법 이전에 '남다른 태도'를 가져야 합니다. 바로 이 남다른 태도가 남다른 학습법을 지속시켜 줍니다. 따라서 저는 제가 외국어를 공부하면서 가졌던 저의 태도와 마음가짐 중 몇 가지를 여러분께 공유해 드리고자 합니다.

(1) 자신 있지는 않아도 부끄러워할 필요는 없다

대부분의 우리는 "저 잘 못해요", "제 영어는 초중급 수준밖에 안돼요"와 같이 스스로의 영어를 과소평가하는 경향이 있습니다. 이렇게 우리가 스스로를 과소평가하는 이유는 바로 스스로를 남들과 비교하기 때문입니다.

하지만 생각해 보세요. 우리가 아는 영어 단어의 개수만큼 독일어 단어를 안다면, 우리는 스스로의 독일어 실력이 꽤 좋다고 평가할 것입니다. 또한 우리가 어설프게나마 영어 문장을 만드는 수준만큼 스페인어로도 문장을 만들 수 있다면, 우린 우리가 스스로 스페인어에 소질이 있다고 생각하지 않을까요? 그런데 왜 우리는 '영어'에 있어선 스스로에게 이다지도 냉정한 것일까요? 완벽하다는 자신감은 없어도 떳떳함은 잃지 마세요. 전혀 부끄러워할 필요가 없습니다.

H. 잭슨 브라운 주니어(H. Jackson Brown, Jr.)의 명언 중 제가 좋아하는 말은 "Never make fun of someone who speaks broken English. It means they speak another language."인데, 이는 "틀린 영어를 구사하는 사람을 놀리지 말라. 이는 그가 또 다른 언어도 할 줄 안다는 뜻이다"라는 말입니다. 이 문구는 스스로의 부족한 영어 실력이 절대 부끄러운 게 아님을 알려 주기도 하지만, 외국어에 서툰 타인을 볼 때에도 그를 무시하기보다는 오히려 그가 또 다른 언어도 할 줄 안다는 사실이 얼마나 훌륭한 일인지 생각해 보라는 것을 의미합니다. 실력이 서툴다는 것은 이게 적어도 그의 두 번째 언어라는 뜻이니까요.

우리가 우리의 영어를 과소평가하는 이유는 아마 우리가 영어 공부에 투자한 시간과 비용에 비해 영어를 못한다고 생각하기 때문일 것입니다. 한국에서는 초등학교 때부터 고등학교 때까지 거의 10년에 걸쳐 영어를 배우는데, 요즘 아이들은 유아 때부터 영어를 접하는 것이 너무나도 당연하고 대학 때는 물론 사회에 나와서까지 영어를 배우는 일이 흔합니다. 그러니 한국에서 웬만한 성인이 영어를 배운 기간을 계산하면 거의 20년 가까이 되고, 게다가 영어 사교육비는 한 달 평균 수십만 원에 달해 세계 최고를 기록해 왔으니 원어민 수준의 영어 실력을 기대해 볼 만도 하죠. 하지만 현실은 전혀 그렇지 않으니 대부분의 한국인들이 "나는 영어를 잘 못한다"고 말하는 것 같습니다.

잘 못하는 것이 잘못하는 것은 아닙니다. 그러니 부끄러워하지 마세요. 죄책감도 갖지 마시고요. 위와 같은 생각은 여러분의 기만 죽이는 게 아니라 '지금까지 이렇게 했는데도 이 정도밖에 못하는데, 앞으로 해 봤자 얼마나 더 잘하겠어?', 혹은 '10년 동안 공부한 게 이 정돈데 유창해지려면 대체 얼마나 더 공부해야 한다는 거야? 난 영어랑 안 맞나 봐. 안 할래'라는 비관으로 앞으로의 노력까지 부질없어 보이게 만듭니다. 물론 이전까지의 영어 교육이 학생들이 영어에 흥미를 갖도록 동기를 부여하지 못하는 주입식인 경우가 많았던 것은 사실이고, 머릿속에 입력하는 것은 많지만 배운 것을 발산하는 기회는 거의 전무해 가성비가 떨어지는 방식이었던 것 또한 부정할 수 없습니다. 하지만 그에 대한 창피함은 교육자의 몫이지, 학습자의 몫은 아닙니다.

하지만 여기엔 우리가 부정할 수 없는 또 하나의 반가운 사실이 있습니다. 바로 어린 아이가 스스로 걸을 수 있게 되기 전엔 수천 번을 넘어진다는 사실입니다. 바꿔 말하면, 수천 번은 넘어져야 걸을 수 있게 된다는 것이죠.

걸으려면 먼저 넘어져야 합니다. 넘어져야 걷습니다. 처음에는 한두 발짝 걷다 넘어지고, 두세 발짝 걷다 넘어지던 아이가 나중엔 열 발짝쯤 가서 넘어지고, 스무 발짝쯤 가서 넘어집니다. 여기서 중요한 건 아이가 넘어지고 나서 '다시 일어나는 것'입니다. 넘어지고 나서 일어나지 않는 아이는 걷지 못합니다. 넘어졌을 때 펑펑 울기는 해도 다시 넘어질 것을 두려워하지 않는 아이가 결국 걸음마를 뗍니다. 우리가 그렇게 걸음마를 뗐습니다. 우리는 알았나 봅니다. 넘어지는 것이 자랑스러운 일은 아니어도 결코 부끄러운 일이 아님을.

저는 어디선가 아이가 넘어질 것이 걱정돼 이를 보호하고자 무조건 보행기를 태우기보다는 아이가 직접 바닥에 넘어져 보게끔 하라는 육아 지침을 본 적이 있습니다. 그 이유는 아이에게 넘어지는 경험이 꼭 필요하기 때문이라고 합니다. 아이가 스스로 걷다 직접 넘어져 봐야만 넘어지는 것이 얼마나 아픈지 몸소 인지할 수 있게 되고, 그로부터 잘 걷고자 하는 동기를 얻을 수 있으며, 그 후엔 어디서 균형이 깨져 넘어졌는지 기억해 점차 균형을 잘 잡을 수 있게 된다고 합니다.

그렇다고 해서 아이가 정신력이 강해 수십 번, 수천 번의 실패에도 다시 일어나는 것은 아닐 것입니다. 저는 걷고자 하는 몸의 본능 다음으로는 부모의 역할이 컸을 것이라고 생각합니다. 부모는 아이가 수십 번, 수천 번을 넘어져도 "왜 넘어졌냐"고 다그치지 않습니다. 오히려 "이만큼이나 걸었구나"라고 하며 박수를 치며 좋아합니다. 그리곤 다시 걸어 보라고 하지요. 바로 이처럼 한 발자국의 발전에도 까르르 웃으며 세상을 다 가진 것처럼 두 팔을 벌려 환호하는 부모의 얼굴이 아이에게 큰 동기이자 용기가 되는 것일 겁니다.

우리의 영어 학습에 결여된 것은 바로 이러한 부모의 존재가 아니었을까요? "이만큼이나 해낸 게 얼마나 대견한지 몰라. 또 넘어지더라도 괜찮아. 넘어지는 건 자연스러운 거야. 소리 내어 울어도 좋아. 일어나고 싶을 때 일어나자. 준비됐을 때 한 발자국만 더 걸어 보는 거야"라고 말하며 손을 꼬옥 잡아 주고 격려해 주는 그런 부모 같은 존재 말입니다. 여러분, 여러분은 영어 때문에 몇 번이나 넘어지셨나요? 제가, 그리고 이 책이 여러분의 손을 꼬옥 잡아 주는, 그런 부모 같은 역할을 할 수 있으면 좋겠습니다. 실패를 실패가 아닌 성공의 과정으로 볼 수 있게끔 격려할 수 있기를 희망합니다.

우리는 대한민국에서 영어로 넘어져 봤기에 넘어짐의 아픔을 압니다. 어쩌다 넘어졌는지도 압니다. 그리고 무엇보다 '왜' 걸어야 하는지를 압니다. 제대로 된 걸음마를 스무 걸음 만에 떼면 어떻고, 서른 걸음 만에 떼면 어떻고, 마흔 걸음 만에 떼면 어떻습니까. 마찬가지로 제대로 된 영어 한 마디를 스무 마디 만에 하면 어떻고, 서른 마디 만에 하면 어떻고, 마흔 마디 만에 하면 어떻습니까. 몇 걸음 만에, 몇 마디 만에 했는지가 중요한 것이 아닙니다. 할 수 있게 되었다는 것이 중요합니다. 그러니 넘어졌을 때 다시 일어나기를 주저하지 마세요. 삶을 보다 자유롭고, 풍성하고, 아름답고, 찬란하게 보내기 위해 나의 무대를 세계로 넓히는 데에 있어 늦은 때란 없습니다. 부끄러워할 시간은 없습니다. 그러니 부끄러워하지 말고 앞으로 몇 번은 더 넘어질 각오로 영어를 해 봅시다.

(2) 틀리는 건 설레는 일이다

"틀리는 건 설레는 일이야"라고 말해 보세요. 인생의 명대사가 될 수도 있습니다. 틀린다는 것은 이미 머릿속에 있던 틀린 지식을 발견하는 것입니다. 틀리지 않았다면, 틀린 줄 몰랐을 것입니다. 그래서 틀리는 건 설레는 일입니다. 그러니 틀린 걸 지적 받거나 인지할 때마다 '왜 또 틀렸지...'라며 아쉬워할 게 아니라 '와! 천만다행이다. 하마터면 틀린 지식이 평생 머릿속에 있을 뻔했네!'라고 기뻐해야 합니다.

나아가 '오늘은 뭘 틀릴까?'라는 기대를 가진다면 어떨까요? 애초에 모든 것을 올바로 알고 있다면 좋겠지만, 현실적으로 우리는 틀리기도 하고 실수도 하는 존재입니다. 그러니 기왕 틀리는 거, 틀리는 데에 대한 두려움은 줄이고 기대감은 높이도록 하세요. 이렇게 하면 학습 스트레스는 최소화되고 최대한 많은 정보를 습득할 수 있습니다. 저는 문밖을 나서며 '오늘은 뭘 틀릴까? 그를 통해 뭘 배울 수 있을까?' 하고 상상했습니다. 머릿속에 있던 잘못된 정보를 알아채고 고칠 수 있다는 건, 내 몸에 있는 나쁜 바이러스를 발견해 치료할 수 있다는 것과 같은 의미입니다. 오히려 아무것도 틀리지 않은 날은 '이런, 오늘은 하나도 지적을 못 받았어. 틀릴 기회가 없어서 발전할 기회를 놓치고 말았네'라고 생각하며 서운해하셔야 합니다. 왜냐하면 우리 머릿속에 틀린 지식이 하나쯤은 있을 텐데 이를 발견하지 못한 것이니까요.

QR코드 스캔하여 영상 시청하기!
어색한 표현 & 발음을 고치는 방법과 마인드

(3) 독학(獨學)이란 없다

세상에 독학할 수 있는 것은 없습니다. 첼로 연주를 한 번도 들어보지 못한 사람이 첼로를 연주하여 아름다운 선율을 만들어낼 수 있을까요? 세상에 홀로 있는 사람이 남들과 소통하는 수단인 언어를 배울 수 있을까요? 배워야 할 지식을 자기 혼자서도 충분히 습득할 수 있다는 믿음은 정말이지 어리석은 믿음입니다. 혹시 자신의 주변에서 자신이 가장 똑똑하다면, 이는 참 심각한 문제입니다. 자신보다 더 똑똑하고 지혜로운 사람을 곁에 두어야 합니다.

'독학했다'라는 말은 소위 '자습'을 하며 읽은 책, 시청한 영상, 들은 수업, 그리고 주변 사람들로부터 들은 조언을 모두 무색하게 만드는 일이기에 어찌 보면 대단히 교만하고 무례한 말이기도 합니다. 우리는 학교를 다니면서 만났던 선생님, 학원에서 수업해 주셨던 강사분들, 하다못해 자신이 풀었던 문제집과 옆에서 조언해 준 친구의 크고 작은 도움을 받습니다. 우리는 독학하지 않습니다. 아니, 독학할 수 없습니다. 만약에 독학한다면, 그것은 추앙 받을 만한 일이 아니라 처절하고도 슬픈 일입니다. 무언가를 배울 자료나 스승이 자기 자신뿐이라는 의미이니까요. 특히 '소통'하겠다고 배우는 영어를 '홀로' 배운다는 것은 더더욱 말이 안 됩니다.

그러니 독학하지 마세요. 대신 자습하세요. 그리고 만나는 모든 사람을 선생님으로 삼으세요. 저는 저와 영어로 대화하는 꼬마 아이부터 유튜브 영상, 영어로 써 있는 간판, 영어 사전 할 것 없이 제 주변의 모든 것을 수업으로 여기며 자습했습니다.

(4) 자존심을 지켜라

학창 시절, 선생님들께서는 종종 "공부는 자존심으로 하는 거 아니다"라고 말씀하셨습니다. 이는 모르는 게 있어도 자존심 세우며 아는 척하지 말고 모르면 모른다고 솔직하게 밝히고 겸손한 자세로 배우라는 뜻이었을 겁니다. 지당한 말씀입니다.

하지만 저는 반대로 자존심을 세우라고 말씀드리고 싶습니다. 모르는 단어가 나오면 '내가 모르는 단어가 있다니...'라며 자존심 상해하고, 못 알아듣는 말이 있으면 '내가 못 알아듣는 말이 있다니!'라는 생각에 스스로 용납할 수 없어 곧바로 공부하지 않고는 참을 수 없어야 합니다. 자기 자신을 이미 고수라 여기든 고수가 될 사람이라 여기든, '고수'로서의 자존심을 부리며 배워내겠다는 생각을 해야 진짜 고수가 될 수 있습니다.

(5) 이보다 더한 건 없다

그런데 아무리 고수로서의 자존심을 부려도 '이건 아니다' 싶은 때가 있을 것입니다. 저에겐 그때가 바로 교환 학생을 다녀온 후 미국 대학원에 진학하고자 토플(TOEFL)을 준비하던 때였는데, 영어로 된 수많은 전문 용어가 난무하는 내용을 읽고 들으려니 너무 어려워서 화가 날 정도였습니다. 어찌나 어려웠던지 "도대체 이걸 외국인더러 어떻게 풀라는 거야? 나 원 참, 어이가 없네. 나 못해!"라는 말이 입에서 절로 나올 정도였죠.

그때 지금의 남편이 제게 이렇게 말해 주었습니다.

"이것보다 어려운 영어는 없어. 그러니 이걸 이해하면 다 이해하는 거야. 이걸 정복하면 영어를 정복하는 거야!"

이 말을 듣고 저는 생각했습니다.

'이게 끝판왕이라면 도전해 볼 만한데? 이것만 하면 된다 이거지? 그래, 이보다 더한 건 없다!'

그렇게 저는 게임에서 끝판왕을 깬다는 마음으로, 산의 정상으로 가는 마지막 오름길을 오르는 거라고 믿으며 포기하지 않고 공부에 임했습니다. 그러니 한때 꿈꾸던 하버드대학교대학원에서 요구하는 토플 점수를 얻기까지 달릴 수 있었습니다.

물론 토플보다 더 어려운 영어는 존재합니다. 하지만 '이것만 하면 다 할 수 있다'는 신념이 실제로 저로 하여금 다 할 수 있게 해 주었습니다. 여러분도 지금 접하고 있는 영어가 세상에서 가장 어려운 영어는 아닐지라도, '지금 접하고 있는 영어만 깨부수면 못할 것이 없다!'라는 생각으로 접근해 보는 건 어떨까요?

(6) 안전지대에서 벗어나라

영어 실력이 성장하기를 원한다면, 지금 여러분이 접하고 있는 영어가 이때까지 접해 온 영어 중 가장 어려운 영어여야 합니다. 그래서 짜증나고, 스트레스 받고, 한숨이 나오고, 불편해야 합니다. 그래야 정상입니다. 성장에는 성장통이 따르기 때문이죠.

영어에서는 이런 말을 많이 합니다.

"Get out of your comfort zone!(안전지대를 벗어나라!)"

안전지대(comfort zone)에만 머문다면 안전하기야 하겠지만, 성장은 있을 수 없습니다. 물론 안전지대 바깥은 안전하지 않습니다. 위험합니다. 불안전지대(uncomfortable zone)는 그야말로 불안함과 두려움으로 가득 차 있을지 모릅니다. 하지만 우리는 불안전지대에 스스로를 내던져야 합니다. 안전지대를 벗어날 때 우리는 비로소 성장하기 때문입니다.

믿기 힘들다면, 아니 믿고 싶지 않다면, 살면서 '나 그때 참 많이 성장했지'라는 생각이 드는 순간을 떠올려 보세요. 결코 편안하고 안락한 순간이 떠오르진 않을 것입니다. 아마도 힘들고 좌절했던 때가 떠오를 것입니다. 이렇듯 우리는 고통의 과정을 거치며 성숙합니다. 유감스럽게도 말이죠.

힘들다면 정상입니다. 괴로워야 마땅합니다. 편하다면, 자신이 과연 잘하고 있는 건지 의심해야 합니다. 반대로 버겁다면, 어쩌면 이것은 옳을 길을 가고 있다는 증거일지도 모릅니다. 계속해서 모국어로 된 책만 읽고, 모국어로만 대화하며 사람을 사귀고 이야기를 나눈다면 당신은 편안한 안전지대에 너무 익숙해져 버린 것일지도 모릅니다. 불편한 순간을 즐기세요. 우리는 성장통을 원해야 합니다. 그래야 성장할 수 있으니까요.

제가 대학교에 다닐 적에 김회권 교수님께서 저를 포함한 학과 학생들에게 영어 원서를 읽으라고 귀에 못이 박힐 만큼 말씀하셨던 게 생각납니다. 하루는 '어휴. 이젠 귀에 박힌 못을 뺄 때도 됐다' 싶어 도서관에 가서 'Eat, Pray, Love(먹고, 기도하고, 사랑하라)'라는 도서를 야심 차게 대출했습니다. 그리고 집에 가는 지하철 안에서 책을 펴 들었습니다. 흔들리는 지하철 안에 앉아 한 손에는 책을, 다른 한 손에는 전자사전을 놓고 마치 대학 지성인이라도 된 듯한 기분을 느끼며 한 줄 한 줄 읽어 내려갔지만, 한 장을 채 넘기지도 못하고 포기했습니다. 못 읽겠더군요. 매 문장마다 모르는 단어가 한둘도 아니고, 사전만 찾다가 시간이 지나 버리니 풀죽은 채로 그냥 책을 덮어 버리고 말았습니다. 아니, 책은 작고 가벼운데 머리말조차 머릿속에 넣기가 왜 그리 힘든 건지, 저는 '아, 영어 원서는 내가 넘볼 수 있는 수준이 아닌 거였어'라고 생각하며 선을 그었습니다.

그런데 미국에 교환 학생을 갔더니, 책을 읽고 토론하는 모임이 있었습니다. 무슨 배짱이었는지 저는 냉큼 가입했습니다. 관심 있는 주제에 대한 배움을 놓치고 싶지 않았나 봅니다. 이 모임은 한 명의 미국인과 다수의 한국인이 조를 이루어 같은 책을 한 챕터씩 읽고 모여 이야기를 나누는 모임이었는데, 한 권을 한꺼번에 다 읽어야 한다는 부담이 없어 '이번 기회에 원서 읽기에 재도전해 보자'라는 생각으로 매주 읽어 갔습니다. 수월하지만은 않았습니다. 그러나 그게 제 욕심을 꺾지는 못했습니다. 혼자서 읽을 때보다 즐거워서였을까요? 만나서 이야기할 상대가 있으니 저 혼자서는 생각지 못한 것들을 듣고 배울 기대가 커서 그랬을까요? 어쩌면 '나만 이해 못하고 할 얘기가 없으면 안 된다'라는 생각이 제게 자극이자 동기 부여가 된 걸지도 모르겠습니다. 이렇게 원서 읽기에 재시동을 걸었습니다. 그게 편하지(comfortable) 않았음에도 말이죠. 저는 한 챕터씩 꾸준히 읽어 갔고, 일주일에 한 시간씩 제 가슴과 머리에 지혜를 차곡차곡 쌓는 동시에 영어로도 책을 읽고 토론할 수 있다는 자부심을 기를 수 있었습니다. 그렇게 첫 번째 책을 마치고 보니, 두 번째 책은 신기하리만큼 훨씬 수월하게 읽혔습니다.

미국 교환 학생 시절에 경험한 책 모임이 너무 좋았던 기억을 혼자만 누리기 아깝다는 생각에 저는 한국에 돌아오자마자 책 모임을 열어 책 모임의 리더가 되었습니다. 이때가 바로 '드림(Dream)'이라는 이름의 동아리를 만들어 '꿈을 드린다'라는 뜻을 품고 대학생들을 상대로 영어 교육도 해 주고 책 읽는 것도 도와주던 시절이었습니다. 당시 김회권 교수님께서는 이런 저를 '김교수'라고 부르기 시작하셨습니다.

영어로 된 책을 읽는 것이 처음엔 결코 쉽진 않았습니다. 원서 읽기 모임을 이끄는 것도 익숙하진 않았죠. 이것은 저의 '안전지대(comfort zone)' 바깥에 있던 일이기 때문입니다. 불편했고, 어색했고, 좌절감을 안겨 주기도 했지만 불편했고, 어색했고, 좌절감을 안겨 줬기 때문에 저는 결코 멈추지 않았습니다. 그렇게 저는 저의 안전지대를 점차 확장해 갔던 것입니다. 불편하던 것이 편해지고, 어색하던 것이 익숙해지고, 좌절감을 주던 것이 나중엔 성취감을 줍니다. 이렇게 우리는 자꾸만 우리의 안전지대 바깥으로 나가 우리의 안전지대를 확장해야 합니다. 그래야만 비로소 우리는 한계를 뛰어넘어 성장할 수 있습니다.

"Life begins at the end of
your comfort zone."
"삶은 안전지대의 끝에서 비로소 시작된다."

- Neale Donald Walsch -

(7) 기회를 만들라

기회는 스스로 생기지 않습니다. 기회는 만드는 것입니다. 제가 교환 학생을 가기 전에 교수님을 보채 가며 했던 공부, 교환 학생을 가서 생전 처음 해 본 도전들과 새롭게 만난 인연들, 교환 학생을 갔다와서 적극적으로 벌인 갖가지 활동들, 그리고 후에 에듀테이너로 인정받기까지 수년간 지속한 일들 중 그 어떤 것도 저절로 생겨난 건 없었습니다. 전부 제가 손수 벌인 사건들이었지요. 일을 내세요. 일을 벌이세요.

세상엔 두 부류의 사람이 있습니다. 감나무에 직접 올라가 감을 따는 사람과 감나무 밑에 누워 감 떨어지기만을 기다리는 사람. 감나무 밑에서 감만 쳐다보며 태평을 부리기엔 우리 인생은 너무도 짧습니다. 감을 맛보고 싶다면, 감에 손을 뻗어야 하지요.

이를 처음 느낀 것은 제가 미국에서 교환 학생을 하면서 미국인 대학생에게 한국어 튜터가 되어 주었을 때였는데요. 그 튜터링 프로그램은 제가 교환 학생 중이었던 엠포리아대학교의 한인 학생회에서 개설한 것이었습니다. 한인 학생회에서는 모든 한국인 학생들에게 미국인 대학생을 대상으로 한국어를 가르치는 것에 관심 있으면 지원하라고 공지했고, 저는 냉큼 지원했습니다. '이런 기회가 또 어디에 있을까!' 싶어 말이죠. 유학하러, 아니 적어도 교환 학생 하러 온 학생이라면 100% 지원하고도 남으리라 생각할 만큼 특별하고 의미 있는 기회인 듯했습니다.

그런데 웬걸! 지원자가 많지 않았습니다. 튜터링 프로그램을 직접 개설할 역량은 없어도 찾아온 기회는 날려 버리면 안 되는데, 제가 다 아까웠습니다. 저는 이 기회를 잘 살려 보리라 마음 먹고 한국어 수업 커리큘럼을 세워 한 학기 동안 베키(Becky)라는 학생에게 기초

적인 한국어를 가르쳐 주었습니다. 일주일에 한 번씩 만나다 보니
친해져서 어느 날은 한국 음식을 해 먹기도 하고, 유명한 한국 드라
마를 같이 보기도 했습니다. 베키는 절친해진 저에게 빵 굽는 법을
알려 주겠다며 제빵 수업을 해 주기도 했고, 미국 밥상을 차려 자신
의 남자친구를 소개하는 저녁 자리도 만들었으며, 발렌타인 데이 때
는 컵케이크를 만들어 저의 기숙사로 가져다 주는 서프라이즈까지
선사했습니다. 한국어를 배우고 싶었던 베키도 저와의 인연을 깊게
하기 위해 감나무에 올라섰던 것이 아닐까요?

"나의 한국어 튜터, 베키!
네가 만들어 준 딸기 케이크 달콤했는데,
네 성격은 더 달콤하구나!"

"저건 내 고추장이 아니라 베키 거야!
혼자서도 떡볶이를 자주 만드는 나의 튜티 베키! 자랑스럽다!!"
"고마워, 아란! 다른 한국 음식도 만들도록 최선을 다해 볼게."
"고맙긴! 사진 전부 올려 줘!"

미국 학교에서 공식적으로 준 한국어 튜터 인증서

감나무에 올라가는 사람이야말로 감을 따낸다는 믿음을 굳혀 준 사건들은 여럿 있었습니다. 막상 미국에 갔지만 영어를 쓸 일이 별로 없어 실력을 폭발적으로 늘리기 어려울 것 같다는 직감을 하자마자 저는 한 미국인 친구에게 물었습니다. "혹시 주변에 나 같은 국제 학생과 친해지고 싶어 하는 사람 있을까? 내가 한국 문화도 알려 줄 수 있는데!" 그러자 그 친구는 "마침 미국인과 교류하고 싶은 외국인 학생을 찾는 아주머니가 있었어!"라며 티나(Tina)라는 아주머니를 연결해 주었습니다.

저는 티나 아주머니 댁에 매주 놀러 가서 주말마다 시간을 보냈습니다. 같이 장을 봐다가 한국 요리를 해 먹기도 하고, 티나 아주머니 아들들에게 간단한 한국말이나 태권도 자세를 가르쳐 주기도 했죠. 아이들은 새로운 세상을 만난 듯 신기해했습니다. 그러자 티나 아주머니께서는 제가 아이들이 다니는 학교에 가서 한국에 대해 발표하면 좋겠다며 학교 측에 연락을 취해 저를 초청 강사로 섭외하도록 하셨습니다. 얼떨결에(?) 저는 한복을 입고 해당 학교에 가서 한국에 대해 가르쳤습니다. 한 시간짜리였지만 마치 한국 대사라도 된 듯한 자부심을 가지고 한국의 지리적 위치, 역사, 문화, 음식, 인사말 같은 걸 알려 주었습니다. 그리고 준비해 간 사탕을 나누어 주며 퀴즈를 냈더니 교실은 광란의 도가니가 되었습니다. '이렇게 좋아할 줄이야!' 저에게도 잊지 못할 추억이 되었습니다.

그리고 몇 주 뒤 한인 학생회에서 공지 이메일 한 통을 받았습니다. 인근 초등학교에서 한국에 대해 알려 줄 사람을 뽑는다고요. 저는 이 기회 또한 놓칠 수 없다는 생각에 바로 답장 이메일을 보냈고, 부디 지원자들 중 제가 뽑히기를 간절히 바랐습니다. 그런데 놀라운 것은 지원자가 저밖에 없었다는 것입니다. 왜 아무도 지원하지 않았는지 이해할 수 없었지만 저는 다행스러운 마음으로 한국에 대한 발표를 이전보다 더 다채롭게 준비했습니다. 한국에서 가지고 간 둥글레차 티백도 가져가서 교실에서 즉각 물에 우려 아이들에게 맛보게 해 주기도 하고, 제가 입을 한복뿐 아니라 아이들에게 입힐 한복에 전통 부채까지 한인 학생회에서 빌려다가 아이들에게 부채춤도 알려 주었습니다. 제가 영어가 완벽한 것도 아니었고 부채춤 전문가도 아니었지만, 아이들에게는 타국에 관한 작은 경험과 노출이 큰 배움일 수 있다는 생각으로 적극적으로 임했습니다.

이 모든 일은 제가 한 미국인 친구에게 "혹시 주변에 국제 학생이랑 친해지고 싶어 하는 사람 없어?"라고 물어본 한 마디로 시작되었습니다. 먼저 물어보지 않았다면 이어지지 않았을 티나 아주머니와

의 인연이 저를 일일 한국·대사로 만들어 준 것입니다. 둥글레차 티백을 가져간 것도, 아이들의 체구에는 맞지도 않을 성인용 한복과 부채까지 가져간 것 모두 누가 시켜서 한 것이 아니라 제가 벌인 일이었습니다. 누군가는 그런 저를 보고 "That's too much.(너무 오버야.)"라고 할지 모르겠지만, 저는 "Yes, I wanted to be extraordinary.(응. 난 비범하고 싶었어.)"라고 말하겠습니다.

이런 저의 성향은 미국행 비행기에 올라타면서부터 발휘됐는지도 모릅니다. 저는 우연히 비행기 옆자리에 앉았던 한 미국인 아저씨와 어설프게나마 대화를 나누게 됐는데, 제가 미국에서 1년간 공부할 거라고 하니 아저씨는 저를 응원해 주셨습니다.

Aran Kim IS VERY FRIENDLY YOUNG LADY. I ENJOYED THE VISIT ON THE TRIP TO KANSAS CITY. I WISH HER THE BEST OF LUCKY GOOD HEALTH. ENJOY YOUR TRIP THREW LIFE. BEST WISHES BILL

"김아란 양은 매우 친화력이 좋은 젊은 숙녀입니다.
캔자스 시티로 가는 비행 중에 나눈 대화가 즐거웠습니다.
그녀에게 모든 행운과 건강을 빕니다. 삶 가운데 펼쳐질 여행을 즐기십시오.
- 축복을 담아, 빌(Bill)"

그래서 저는 이 우연한 만남을 인연으로 만들고 싶다는 생각이 번뜩 들어 "아저씨는 제가 펼쳐 갈 1년간의 여정에서 처음으로 대화해 보는 미국인이에요. 이것도 인연인데, 제가 아저씨를 잊지 않도록 짧은 메모라도 남겨 주시겠어요?" 하며 저는 제 일기장을 내밀었습니다. 그랬더니 아저씨께서는 흔쾌히 글을 남겨 주셨습니다. 그리고 공항에서 학교까지 갈 교통편이 없다면 자신이 저와 학생들을 태워 주겠다고까지 하셨습니다. 차편은 이미 마련되어 있었던 탓(?)에 그 아저씨와의 만남은 거기까지였지만, 그냥 지나치고 까먹을 수도 있던 만남인데 수년이 흐른 뒤까지 제가 그 아저씨의 성함이 빌(Bill)이라는 걸 기억하며 추억할 수 있는 이유는 제가 비행기에서 미국인 옆자리에 앉은 '우연'을 '기회'로 만들었기 때문입니다.

실제로 주변에서는 제가 외국인들과 나누는 우정과 추억, 그리고 적극적인 대외 활동을 부러워했습니다. 감 맛이 좋아 보였던 모양입니다. 물론 감나무에 올라가는 일은 무섭습니다. 떨어질 위험을 감수해야 하니까요. 그러나 위험을 감수하지 않고 성취할 수 있는 것은 없습니다. Comfort Zone(안전지대)에서 벗어나야 합니다. 당신을 대신해서 당신의 만남을 인연으로, 우연을 기회로 만들어 줄 사람은 없습니다.

> "Opportunities don't happen.
> You create them."
> "기회는 스스로 생기지 않는다.
> 기회는 당신이 창조하는 것이다."
>
> - Chris Grosser -

(8) 지금 시작하라

가끔 이렇게들 말씀하십니다.

"제가 아직 원어민과 이야기할 실력이 아니라서요. 조금만 더 공부하고 대화를 시도해 볼게요."

위 말에 고개가 끄덕여지시나요? 그렇다면, 혹시 아래와 같은 말에도 고개가 끄덕여지시나요?

"제가 아직 수영할 실력이 아니라서요. 조금만 더 공부하고 물에 들어가도록 할게요."

어떤가요? 아마 십중팔구는 갸우뚱한 표정을 지으실 겁니다.

수영할 실력이 아니기 때문에 오히려 물에 들어가야 하듯, 원어민과 대화할 실력이 아니기 때문에 오히려 원어민과 마주해야 합니다. 수영을 배울 때에도 백날 수영 선수만 관찰하고, 비싼 수영 강습을 듣고, 물 안에서 팔의 각도는 어때야 하고, 숨은 언제 쉬어야 하는지를 열심히 필기하고 머리로만 달달 외운다 한들 물에 직접 들어가 보지 않으면 아무런 소용이 없다는 것을 우린 이미 잘 알고 있습니다. 그런데 아이러니하게도 언어에 있어선 '아직 시작하려면 한참 더 준비해야 할 것 같다'라는 잘못된 생각에 사로잡혀 있습니다. 언어를 구사하는 것은 학문을 연구하는 것이 아닙니다. 오히려 스포츠를 하는 것, 악기를 연주하는 것, 춤을 추는 것과 더 비슷합니다. 직접 해야 늡니다. 수영을 잘하고 싶으면 직접 물에 뛰어들어야 하듯이, 영어를 잘 말하고 싶으면 직접 말해야 합니다.

혹자는 이렇게 질문할지도 모릅니다.

"수영을 못하는데 괜히 물에 들어가서 익사할 수도 있잖아요? 어느 정도의 지식을 충분히 갖추고 준비 운동을 제대로 한 다음 들어가는 게 맞는 거 아닌가요?"

맞습니다. 중요한 건, 여러분께서 준비 운동을 이미 충분히 하셨다는 겁니다. 그 '어느 정도의 지식'은 이 책을 읽고 있을 정도라면 충분히 갖추고도 남았다는 이야기입니다. 그동안 수영장에 들어가지는 않고 수영장 테두리만 몇 년째 돌고 있었다면, 이제 물에 몸을 담구어 보세요.

일단, 물에 들어가자마자 완벽하게 수영해야 한다는 생각부터 버려야 합니다. 처음엔 물에 가라앉는 것이 당연합니다. 물을 먹는 날도 많을 것입니다. 그렇지만 여기서 분명한 건 허구한 날 준비 운동만 하는 것보다는 차라리 물을 먹더라도 물에 들어가서 움직이는 것이 훨씬 더 많은 교훈을 줄 거라는 사실입니다. 실수를 저질러도 물 안에서 저지릅시다. 즉, 틀리더라도 '실제 상황'에서 틀리자는 말입니다.

지금 바로 시작하세요. 일단 시작하고 보는 겁니다. 지금 당신의 실력이라면 충분합니다. 여러분이 기다려 온 최고의 타이밍은 지금입니다. 내일도, 내년도 아닙니다. 기억하세요. 아무것도 하지 않으면 아무 일도 일어나지 않습니다.

"You don't have to be great to start,
but you have to start to be great."
"시작하기 위해 대단할 필요는 없다.
하지만 대단해지기 위해선 시작해야 한다."

- Zig Ziglar -

WOW!
< 나도 할 수 있다! >

새로운 마인드 장착하기!

❶ 앞서 배운 8가지 마음가짐 중
자신이 반드시 적용해야 할 세 가지를
아래에 정리해 보세요.

1. 적용할 마음가짐 1 : _____

2. 적용 예시 : _____

_____

_____

3. 버려야 할 태도 및 생각 : _____

_____

_____

1. 적용할 마음가짐 2 : _____

2. 적용 예시 : _____

_____

_____

3. 버려야 할 태도 및 생각 : _____

_____

_____

1. 적용할 마음가짐 3 : _____

2. 적용 예시 : _____

_____

_____

3. 버려야 할 태도 및 생각 : _____

_____

_____

유지 및 향상 : 지속적인 연결 고리 "Connection"

제가 제아무리 미국 교환 학생을 통해 실력을 늘렸다 해도 교환 학생을 마치고 한국에 돌아와 원래 한국에서 살던 대로만 살았다면, 그 실력은 머지않아 녹슬었을 것입니다. 가만히 있는데 실력이 유지될 리는 만무하니까요. 그건 마치 아무것도 먹지 않고도 계속해서 같은 양의 똥을 싸게 될 것이라 생각하는 것과 마찬가지입니다.

환경은 완전히 달라졌으면서 실력은 그대로일 거라 생각하는 사람들은 해외에 다녀온 지 6개월도 안 돼 이런 말을 하곤 합니다.

"지금은 영어를 전부 까먹었어."

교환 학생을 다녀온 사람도, 워킹홀리데이를 다녀온 사람도, 해외 어학연수를 다녀온 사람도, 오랫동안 유학을 경험한 사람도 대개의 경우 해외에 있을 때 영어 실력의 정점을 찍지, 한국에 돌아와서는 정점을 찍지는 못합니다.

그런데 특이하게도 저는 한국에 돌아와 영어 실력의 정점을 찍었습니다. 그런 제가 교환 학생을 마치고 한국에 온 뒤 첫 1~2년간 특히나 많이 들은 질문이 있습니다.

"넌 어떻게 영어 실력이 떨어지질 않아?"

그 질문에 답하려다 제가 느낀 건, 제가 딱히 영어를 공부하려고 노력한 게 아니었다는 것입니다. 그렇다면 제가 영어권 국가에서 쭉 살거나 한국에서 외국인 친구들과 어울린 게 아니었음에도 어떻게 영어 실력을 유지를 넘어 향상까지 시킬 수 있었는지 알려 드리겠습니다.

(1) 유학(You學)하기

첫째로는, 공교롭게도 제가 관심 있는 주제의 정보가 영어로 된 것이 많았기 때문에 계속해서 영어로 정보를 접할 수밖에 없었다는 것입니다. 제가 미국에서 한국에 돌아오자마자 틈만 나면 봤던 것 중 하나가 바로 프랜시스 챈(Francis Chan)이라는 미국인 목사님의 설교 동영상이었습니다.

1시간짜리든 2시간짜리든, 저는 이분의 영상을 주구장창 보고 들었습니다. 걸어가면서, 버스를 기다리면서, 공강 시간에, 지하철에서, 침대에 누워서, 열심히 들었습니다. 영어 공부를 할 의도로 들은 건 아니었는데, 그 덕에 제 영어 듣기 실력은 녹슬 틈이 없었습니다. 실제로 막상 외국에 나가서도 외국인이 떠드는 걸 한두 시간 동안 집중적으로 들을 일이 드물다는 것을 감안하면, 저는 한국에서도 해외 생활을 하는 것과 같은 효과를 반쯤은 본 셈입니다.

여러분도 유튜브(YouTube)를 활용해 '유학(You學)'해 보세요. 유튜브로 접하고 즐길 수 있는 것은 무궁무진합니다. 그리고 영어를 공부하려고 영어 강좌를 시청하는 것도 좋지만, 본래 자신이 관심 있어 하거나 좋아하는 영상을 영어로 접하는 것도 좋습니다.

메이크업부터 마술, 요리, 과학, 외국어까지 유튜브 선생님, 즉 '유(You)선생'과 함께라면 못 배울 것이 없다고 해도 과언이 아닐 정도로 유튜브에는 유익한 정보를 제공하는 영상이 넘쳐납니다. 또한 영화배우 인터뷰, 각종 뉴스, 스탠드업 코미디, 패션, ASMR, 몰래 카메라 실험, 개인의 일상을 담은 브이로그 등 재미로 즐길 거리도 넘쳐나니 시간을 때우더라도 영어로 된 콘텐츠로 시간을 때우면 한국에서도 영어 듣기 실력이 녹슬지 않도록 할 수 있습니다.

다만 귀를 얼만큼 쫑긋 세워 듣느냐가 자신이 들은 영어 표현을 뇌리에 얼만큼 강하게 박히게 하느냐를 결정하니, 눈은 감더라도 귀는 쫑긋 세우세요. 앞서 제가 했던 말 기억하시죠? 단순히 흘려 듣는 것이 아니라 온몸의 세포가 깨어 있다는 느낌으로 몰입하여 들어야 효과적입니다.

(2) 배워서 남 주기

영어를 안 까먹으려는 의도로 한 건 아니었지만 얼떨결에(?) 영어 실력 유지에 도움이 된 두 번째 일은 바로 '나누기'였습니다. 저는 영어를 나누고 영어로 나누는 활동을 매일같이 했습니다. 교회에선 아동과 청소년들을 대상으로, 그리고 대학교에선 대학생들을 대상으로 매주 무료 영어 수업을 해 주고 영어 도서를 읽고 토론하며 질문하는 모임을 이끌었습니다. 또한 현대 사회 노예 문제에 대한 인식을 제고하기 위한 교육을 영어로 진행하기도 했는데, 당시 노예 문제에 대해 인식하기 시작한 대학생들이 무언가를 같이 실천해 보자고 제안해 함께 캠페인을 열기도 했습니다. 당시 저는 캠페인을 준비하기까지 필요한 모든 자료를 영어에서 한국어로 번역해야 했고 영어로 된 노예 관련 다큐멘터리까지 한국어로 번역해서 배포하느라 계속해서 영어를 쓸 수밖에 없었습니다.

저는 제가 배우고 경험한 것들을 저 혼자만 누리는 것은 불공평하다고 생각했기 때문에 혼자만 알고 누리기엔 아까운 것들을 남들에게 많이 전파한 것뿐이었습니다. 교환 학생 중 여름 방학 때 노숙인 보호소에서 인턴으로서 아이들을 가르치며 제게 주어진 교육의 기회와 건강한 환경이 모두에게 주어진 것은 아니라는 것을 깨닫게 되었고, 그로 인해 '배워서 남 주자'라는 철학을 가지게 되었습니다. 그리고 그 철학을 작게나마 실천하는 제 모습이 스스로 마음에 들었습니다. 그래서 저는 교환 학생을 다녀온 후 크고 작게 1년 반 정도 나누는 활동을 지속했고, 그 덕분에 저는 영어를 까먹을 틈이 없었습니다.

(3) 지속적인 대화 상대 찾기

언어를 쓰지 않으면 언어 실력은 정체하는 것이 아니라 '추락'합니다. 하루 안 쓰면 하루치만큼 추락합니다. 수십 년을 쓴 한국어 단어도 외국에 살다 보면 가물가물할 정도입니다

고로 영어 대화 상대를 찾아야 합니다. 이것이야말로 가장 직접적이고도 효과적인 방법입니다. 물론 전문적으로 영어를 가르쳐 줄 원어민 선생님을 둘 수 있다면야 더할 나위 없이 좋겠지만, 전문 강사가 아니어도 편하게 대화할 수 있는 친구가 있다면 도움이 될 것입니다. 여러 명일 필요가 없습니다. 딱 한 명이면 됩니다. 제가 미국에 있을 때 파티에 다니면서 계속해서 새로운 사람들을 몇 백, 몇 천명을 만나는 데에만 시간을 투자했다면 아마 영어를 지금만큼 잘하지는 못했을 것입니다. 왜냐하면 처음 만나는 사람들과는 대화 소재가 대개 뻔하게 정해져 있기 때문입니다. 만나서 반갑다고 하고, 어느 나라에서 왔으며 전공은 무엇인지 등을 묻고 답하는 것처럼 항상 하

는 말만 하게 됩니다. 하지만 저는 깊이 친해진 친구들이 몇몇 있었고, 그 친구들과 정말이지 다양한 주제로 몇 시간씩 대화할 수 있었습니다. 그러다 보니 자연스레 다양한 어휘를 접하게 됐고, 크고 작은 일상과 소식을 영어로 설명해야 했으며, 이런저런 감정을 영어로 표출해야만 했습니다.

다시 한 번 말씀드리지만, 여러 명일 필요가 없습니다. 딱 한 명의 외국인 친구를 사귀십시오. 그리고 의미 있는 우정을 나누십시오. 그러면 영어가 의미 있는 언어가 됩니다. 우정을 나누게 해 주는 언어가 되는 거니까요.

저는 교환 학생을 마치고 한국에 돌아와서는 외국인 친구를 사귈 기회가 딱히 없었고, 현재의 남편이자 당시 장거리 연애를 하던 남자 친구 크리스와도 거의 'Good morning(굿모닝), Good night(굿나잇)'과 같은 문자만 주고받는 날이 대다수였지만, 미국에서 깊이 친해진 소수의 친구들과 간간히 이메일을 주고받고 가끔은 음성 메시지도 주고받았습니다. 그리고 고맙게도 잊을 때마다 화상 통화를 걸어온 외국인 친구도 있었습니다. 그리 잦은 건 아니었지만 어떻게 살고 있는지, 어떤 추억을 그리워하고 있는지 등을 함께 이야기하다 보면 영어 공부가 되는 것도 되는 거였지만 영어가 내게 쓸모 있는 언어라는 것을 계속해서 인지할 수 있었습니다. 세계 공용어가 인종과 국경을 넘어 소중한 인연을 이어 가는 것을 가능하게 하고, 영감을 주는 대화를 이어 준다는 것을 실제로 경험하게 해 주었으니까요.

요즘 시대에는 해외로 나가지 않고도 영어로 대화할 수 있도록 만들어진 채팅 앱이 천지에 넘쳐납니다. 나아가 사람을 사귀고 언어를 교환할 수 있는 모임 및 스터디도 셀 수 없이 많은 데다 어떤 온라인 영어 화상 통화 프로그램은 365일 24시간 언제든지 이용이 가능할

뿐만 아니라 통화 내용이 자동으로 녹화까지 되어 원하는 만큼 반복 재생하며 복습할 수도 있습니다.

이렇듯 역사상 세계적인 교류가 가장 활발한 시대를 살고 있으면서도 외국인을 만날 기회가 없다고 하는 것은 핑계에 불과합니다. 외국어를 말하지 않으면서 외국어로 말하겠다고 하는 것은 물에 들어가지 않고 수영을 잘하겠다는 발상과 마찬가지입니다. 그러니 영어가 의미 있는 언어가 될 수 있도록 소중한 외국인 친구를 딱 한 명만이라도 사귀어 보세요!

(4) 영어로 독서하기

아무리 쑥스러움이 많고 낯을 가린다 해도, 아무리 돈 없는 빈털터리라 해도, 심지어 듣고 말할 수 없는 농인이라 해도 도전할 수 있는 공부법이 있습니다. 바로 '책을 읽는 것'. 영어로 책을 읽는 것은 영어로 대화하는 것보다 도전 장벽이 낮습니다. 실제로 영어 울렁증 때문에 원어민을 만나 영어로 대화하려고 하면 심장이 쫄깃해지는 사람도 도서관에서 책 한 권 대출하는 것쯤은 손쉽게 할 수 있기 때문입니다. 원어민과의 채팅에서 다음 말을 영어로 어떻게 써야 할지 몰라 구글 번역기만 돌리다 채팅 속도가 너무 느려져 '이러다 대화가 불가능해지는 거 아닌가?'라는 생각에 발만 동동 구르는 사람도 책을 읽으면서는 상대방이 기다릴까 봐 초조해하지 않아도 됩니다.

원어민과 대화할 땐 좋든 싫든 원어민이 말하는 속도에 맞춰 들어야 하고, 알아듣든 못 알아듣든 원어민의 말은 입 밖으로 나오자마자 사라져 버립니다. 그러니 원어민의 말을 하나하나 제대로 곱씹기란 불가능에 가깝습니다. 하지만 책 속의 활자는 언제나 그 자리에 있습니다. 따라서 자신이 원하는 속도에 맞춰 천천히 읽어도 괜찮고, 자기 취향에 맞게 읽고 또 읽어도 괜찮습니다. 시간과 장소에 상관없이 방 안에서든, 비행기 안에서든, 지하철 안에서든, 화장실 안에서든, 원하는 장소에서 원하는 만큼 오랫동안 펼쳐 놓고 읽을 수 있습니다. 게다가 필기를 할 수도 있고 몇 번이고 복습까지 할 수 있으니 영어로 책을 읽는 것은 원어민과 실시간으로 대화하는 것과는 또 다른 매력이 있습니다.

저는 제가 본받고 싶었던 중국계 인물인 프랜시스 챈(Francis Chan)이라는 사람의 통찰과 가치관을 흡수하고 싶어 그가 영어로 쓴 책을 읽었습니다. 이것 역시 영어를 공부하고자 읽었던 게 아니라 그가 쓴 글을 이해하고 이를 다른 이들에게도 알려 주고 싶어 영어 독서 스터디를 열어 읽었던 것이었기 때문에 스트레스 없이 무척이나 재미있게 몰입할 수 있었고, 그의 글을 한 장 한 장 넘기면서 마음에 새기는 것은 하나의 취미이자 낙이 되었습니다. 사실 그의 이야기는 동영상으로도 많이 들었고 실제 컨퍼런스에 참석해서 듣기도 했지만, 책 속의 글로 그의 이야기를 접할 땐 글로만 전해질 수 있는 여운이 꽤 오래 남았습니다.

영어로 책 읽기에 도전하고 싶으시다면 일단 얇고 쉬운 책을 골라 보세요. 영어를 공부하기 위해서가 아니라, 자신이 좋아서 읽고 싶은 책을 영어로 읽어 보십시오. 모국어로 읽었던 동화나 성경을 영어로 읽는 것도 좋습니다. 그러면 이미 알고 있는 내용을 영어로 보는 것이기 때문에 부담없이 받아들일 수 있습니다. 마치 휴대폰의 언어를 영어로 설정하는 것과 같은 효과이지요.

그리고 책을 통해서는 좋은 어휘와 문장을 특히 더 많이 접할 수 있습니다. 누구든 말을 할 땐 생각나는 대로 내뱉어도 글을 쓸 때엔 한 번 더 생각하고 쓰게 됩니다. 문자를 보낼 때든 학교 숙제를 할 때든 '글'을 적으면서는 '흠, 조금 더 나은 단어가 없나?'라고 고민해 보게 되지요. 특히 책을 쓰는 저자라면 한 문장을 두고도 몇 번이나 고심하고, 단어 하나를 고르더라도 사전을 뒤적거리기까지 하니 책을 통해서는 평소 회화에서는 잘 쓰지 않아 잊혀지려던 단어도 이따금씩 발견하고 문맥을 통해 이해할 수 있기 때문에 어휘력을 쌓는 데에 도움이 됩니다.

뿐만 아니라, 어휘력을 가장 높은 수준으로 끌어올리고자 한다면 '독서'는 필수라 할 수 있습니다. 최고 수준의 어휘는 '말'이 아닌 '글'을 통해 접할 수 있으니까요. 모국어로도 가장 어려운 어휘는 말이 아닌 글에서 찾을 수 있습니다. 도서나 논문, 연구 결과 발표문 등을 생각해 보세요. 평소 대화 상황에서는 접하기 어려운 어휘와 문장들이 난무할 것입니다. 그러니 국내에서 어휘력을 최대치로 끌어올리고자 한다면 영어로 적힌 글을 가까이 해야 합니다.

문학이든, 비문학이든, 기사든, 에세이든, 그 무엇이든 좋습니다. 하다못해 페이스북이나 인스타그램에 올라와 있는 글이나 온라인 블로그 댓글을 읽어도 좋습니다. 지금 당장 한 권의 영어 책을 집어 들든, 한 페이지의 영어 기사를 읽든, 한 사람의 영어권 SNS 스타를 팔로우해 두든 하세요. 귀와 입뿐만 아니라 눈으로도 영어를 접할 수 있는 환경에 스스로를 노출시킨다면 최대한의 정보 습득(input)이 가능해지지 않을까요?

(5) 어차피 할 거 영어로 하기

어차피 할 것을 영어로 해 보세요. 영어 공부에 시간을 따로 내기 어렵다면 더더욱 그래야 합니다. 기왕 들고 다니는 휴대폰의 언어를 영어로 설정하고, 기왕 듣는 노래를 영어로 듣고, 기왕 하는 기도를 영어로 해 보세요. 그렇게 영어와 친해지는 것이 결국 우리의 최종 목적지 아니겠습니까? 영어를 배우는 목적이 늘 접하게 되는 일상의 반경을 영어로 넓혀 가는 것이라면 말이죠.

어차피 할 거, 원래 하던 거, 평소에 하던 거, 기왕에 할 거 영어로 하기 시작해 보세요. 저는 교환 학생으로 미국에 있을 때 어차피, 원래, 평소에, 기왕에 페이스북에 쓸 글을 영어로 썼습니다. 그러면 외국인 친구들도 보고 소통할 수 있을 테니까요. 따로 어렵게 시간을 들여 하는 것이 아니었기 때문에 부담없이 1년간 이를 지속할 수 있었고, 이로 인해 저는 자연스럽게 제 생활에 매우 밀접한 영어 표현을 사용하게 되었습니다. 그러다가 저는 살면서 그때그때 얻게 되는 통찰이나 깨달음을 잊지 않고자 일기처럼 노트에 적어 두는 것 또한 영어로 쓰기 시작했고, 어느 날부터는 기도도 영어로 하기 시작했습니다.

이렇게 기존에 하던 것을 영어로 하기 시작하면 영어가 삶 속에 자연스럽게 스며들게 됩니다. 이를 시작하는 데엔 딱 하루밖에 걸리지 않습니다. 하지만 일단 시작하고 나면 수일, 수개월, 수년의 습관을 형성할 수 있습니다. 저만 해도 영어로 기도를 적은 지가 벌써 수년째입니다. 그러니 일단 시작해 보세요.

기도가 어색하다면 살면서 감사한 일, 느끼는 감정, 나아가고자 하는 방향 등을 영어로 적어 보세요. 일기처럼 말이에요. 배우는 언어가 자신의 일상을 표현하는 수단이 되면 흥미가 올라갑니다. 남의 이야기가 아닌 나의 이야기를, 남이 하고 싶은 말이 아닌 내가 하고 싶은 말을 적는 것이기 때문에 공부할 동기도 커지고 공부한 것이 기억에도 훨씬 오래 남습니다. 그리고 누가 아나요? 영어로 일기를 쓰다가 언젠가는 영어로 책을 쓰게 될지.

WOW!
⟨ **나도 할 수 있다!** ⟩

국내에서도 즐겁게 실력 유지하기!

앞서 배운 5가지 방법을 활용해
스스로의 영어 실력을 즐겁게 향상시켜 보도록 하세요.

❶ 유학(You學)하기!
'유(You)선생'과 함께 영어를 공부해 보세요.
관심 있거나 보고 싶은 영어로 된 유튜브 영상들을
몇 가지 골라 적어 보세요.

✎
_____

_____

_____

_____

❷ 배워서 남 주기!
내가 배운 영어, 누군가는 모를 수 있습니다.
아는 만큼만 알려 주면 됩니다.
조카도 괜찮고 친구도 괜찮습니다.
배운 걸 전파하고 알려 줄 수 있는 대상이 누구일지 생각해 보세요.
그리고 언제 어디서 어떻게 가르쳐 주면 좋을지 아래에 적어 보세요.

✎
_____

_____

_____

_____

❸ 지속적인 대화 상대 찾기!

모임에 참석해도 좋고, 앱을 활용해도 좋습니다.

영어로 대화할 만한 상대 한 명을 찾아 친해져 보세요.

어떤 수단을 활용해서 만나고 싶은지,

누구와 어떤 얘기를 영어로 하고 싶은지 아래에 적어 보세요.

_____

_____

_____

_____

❹ 영어로 독서하기!

읽고 싶은 영어책이나

영어권 국가의 SNS 인물의 게시물 등,

영어로 읽고 싶은 것 한 가지를 골라 즉시 읽어 보세요.

글을 읽다가 아는 단어가 나오면 이를 활용해 예문을 적어 보고,

혹 모르는 단어가 있으면 아래에 뜻과 발음을 정리해 보세요.

_____

_____

_____

_____

❺ 어차피 할 거 영어로 하기!

일상 속에서 원래 하던 것들 중

영어로 시도해 볼 만한 것을 고른 뒤

아래에 적고 실천해 보세요.

_____

_____

_____

_____

step 9

문화 : 언어는 문화의 거울
"Reflection"

　언어는 문화를 반영합니다. 언어를 깊이 있게 이해하기 위해서는 그 언어를 사용하는 사람들의 문화를 이해하는 것이 중요합니다. 왜냐하면 언어는 문화와 밀접한 관련이 있기에 언어는 문화에, 문화는 언어에 영향을 미치기 때문이죠.

　평소 우리가 쓰는 한국어에도 한국 문화가 잘 드러나 있습니다. 예를 들어 밥을 중요시 여기는 한국 문화에서는 "밥은 먹고 다니냐"라는 말로 인사를 하고, 무언가를 자주 하면 "밥 먹듯이 한다"라고 표현합니다. 또는 누군가와 친해지고 싶을 땐 "밥 한번 먹자"라고 말하기도 하고, 고마운 마음을 표현하고 싶을 땐 "밥 한끼 살게"라고 말하곤 합니다. '밥'과 관련된 단어들 역시 다양합니다. 이를테면 밥을 짓는 식재료는 '쌀'이라 부르고, 쌀을 익히고 난 후엔 이를 '밥'이라 부르며, 밥이 질게 지어지면 이를 '진밥'이라 부르는 반면 밥에 물기가 적게 지어지면 '된밥'이라 부르고, 밥이 아주 되게 지어져 상태가 고들고들하면 '고두밥'이라 부르며, 밥이 식으면 '찬밥'이라 부르죠.

　마찬가지로 추운 곳에 사는 에스키모인에게는 '눈'을 표현하는 단어가 많고, 비가 자주 내리는 곳에 사는 영국인에게는 'drizzle, mist, shower, sleet, downpour'과 같이 '비'와 관련된 단어가 많습니다. 다양한 종류의 비에서 미묘한 차이를 느끼며 이야기할 기회가 다른 문화권보다 상대적으로 많기 때문이죠. 문화가 언어에 영향을 끼치는 것입니다.

반대로 언어가 문화와 인식을 지배하기도 합니다. 예를 들어 '설명충'이라는 말이 만들어지고부터는 자신의 지식을 나누려는 사람들이 줄어들었고, '오글거린다'는 표현이 쓰이기 시작하면서부터는 낭만이 사라졌으며, '스트레스'라는 단어가 사용되기 시작하면서부터는 사람들이 실제로 스트레스를 받는다고 느끼는 일이 잦아졌고, '왕따'라는 단어가 생기고부터는 교내 따돌림이 심해졌다고 합니다.

이처럼 한국어라는 언어에 한국 문화가 반영되어 있듯이, 영어라는 언어에도 서양 문화가 반영되어 있습니다. 따라서 저는 미국 문화를 접하고 나서 영어라는 언어를 더 잘 이해하게 되었습니다. 예전에는 '대체 왜 이렇게 말하는 거야?'라고 생각하며 무작정 암기해야만 했던 부분들이 '문화'라는 렌즈를 통해서 보니 '아! 이래서 그렇구나'라고 납득할 수 있게 되었습니다. 그러니 영어가 더 재미있어지고, 보다 자연스러워졌습니다.

> "If culture was a house, the language was the key to the front door, to all the rooms inside."
>
> "문화가 집이라면, 언어는 그 집으로 들어가는 문과 모든 방의 열쇠이다."
>
> - Khaled Hosseini -

(1) 결론부터 말하는 문화

"한국말은 끝까지 들어 봐야 한다"라고 할 만큼 한국어에서는 중요한 말을 끝에 가서 하는 경우가 많습니다. 한국어로 된 글도 서론만 읽고서는 그 글이 어떠한 결론을 담고 있을지 예측하기 어려울 정도입니다. 이 같은 문화는 글이나 문단을 통해서만 드러나는 것이 아니라 한 개의 문장에서도 드러납니다. 예를 들어 "나는 너를 죽을 만큼 사랑해"라는 문장과 "나는 너를 죽을 만큼 미워해"라는 문장은 서로 전혀 다른 의미를 가지고 있는데, '사랑해/미워해'라는 이 둘의 결정적인 차이는 문장 맨 마지막에 가서야 나옵니다. 따라서 한국어에서는 마지막 단어를 읽기 전까진 어떤 말을 하려고 하는지 추측하기 어려운 경향이 있습니다. 그 이유는 바로 문장의 뜻을 크게 좌지우지하는 역할을 하는 '동사'가 한국어 문장에서는 맨 마지막에 나오기 때문입니다. 한국어 문장은 '주어-목적어-동사'의 순서로 구성되니까요.

"나는 한국에서 가장 잘 알려진 에듀테이너가 영어 학습에 관해 쓴 책을 읽고 있다"라는 문장에서도 '나'라는 사람이 결국 무엇을 하고 있는지는 문장 맨 마지막에 나옵니다. 뿐만 아니라 목적어인 '책'도 그를 꾸미는 말인 '한국에서 가장 잘 알려진 에듀테이너가 영어 학습에 관해 쓴'이라는 말 뒤에 등장합니다. 그러나 영어에서는 이와 반대되는 순서로 말하죠.

영어에서는 결론부터 말하는 경향이 있습니다. 따라서 한국어와는 다르게 문장의 의미를 결정짓는 가장 중요한 역할을 하는 '동사'가 주어 바로 다음에 나옵니다.

예를 들어 "I love you.(나는 너를 사랑해.)"와 "I hate you.(나는 너를 싫어해.)"라는 문장에서도 목적어인 'you(너)'를 듣기도 전에 '사랑한다(love)'는 건지 '싫어한다(hate)'는 건지 바로 알 수 있습니다. 또한 "나는 한국에서 가장 잘 알려진 에듀테이너가 쓴 책을 읽고 있다"라는 한국어 문장을 영어로 옮기면 "I am reading a book that is written by the most well-known Korean edutainer."라고 할 수 있는데, 이때 가장 중요한 정보인 "내가 책을 읽고 있다(I am reading a book)"라는 부분이 영어 문장에서는 맨 앞에 나와 있는 것을 볼 수 있습니다. 그리고 읽고 있는 책이 어떤 책인지를 수식하는 'that is written by the most well-known Korean edutainer(한국에서 가장 잘 알려진 에듀테이너가 쓴)'이라는 부분은 목적어인 'book(책)' 뒤에 나오는 것을 알 수 있죠. 일단 '책'이라는 말부터 던져놓고 그 뒤에 책에 대한 부연 설명을 붙여 나가는 식인 겁니다. 이러한 이유 때문에, 우리가 영어를 배울 때 명사를 던져 놓고 명사 뒤에서 이에 대한 부연 설명을 하기 위해선 '관계대명사(which, who, that), 관계부사(where, when)' 등을 써야 한다는 걸 그렇게도 열심히 공부해야 했던 것입니다.

이처럼 '결론부터' 말하는 문화를 이해하고 나면 영어라는 언어에 왜 '가주어'가 있는지도 짐작해 볼 수 있습니다. 저는 영어 문법을 배울 때 '영어 문장에선 주어가 길어지면 주어를 문장 맨 뒤로 보내고 가주어인 it을 주어 자리에 놓는다'라는 개념을 아무 생각 없이 '그냥 그런가 보다'하며 외웠었는데, 지금 생각해 보면 영어권 원어민들이 가주어라는 것까지 쓰면서 어떻게든 동사를 빨리 나오게 하는 이유는 이들이 결론부터 이야기하고 결론부터 궁금해하는 습성이 있기 때문입니다.

따라서 "사람이 어릴 때 제2언어를 배우고 다양한 국가의 사람들에게 이 언어로 말할 수 있게 된다는 것은 값을 매길 수 없을 만큼 귀중하다"라는 문장을 영어로 말할 때 "To be able to learn a second language and speak it to people from different countries when one is young is priceless."와 같이 긴 주어로 말하기보다는 가주어 it을 써서 "It is priceless to be able to learn a second language and speak it to people from different countries when one is young."이라고 주어를 짧게 만들어 말하는 것이 이들 문화엔 훨씬 더 적합합니다. '어릴 때 제2언어를 배우고 다른 나라 사람들에게 이 언어로 말하는 것'이 결국 어떻다는 건지 긴 주어를 듣는 내내 궁금해하며 답답할 수 있기 때문이죠. 따라서 '값을 매길 수 없을 만큼 귀중하다(It is priceless)'는 결론부터 말한 뒤 무엇이 값을 매길 수 없을 만큼 귀중한지는 뒤에서 차차 서술해 나가는 것이 영어에서 말하는 방식입니다.

또한 영어로 이야기를 전개하거나 글을 쓸 때에도 중요한 핵심부터 서술하는 경우가 많습니다. 그러니 이러한 점까지 고려해 영어를 써야 진정 영어를 자연스럽게 사용할 수 있습니다.

(2) 개인주의 문화

개인보다 집단을 중요시 여기는 한국에서는 이름을 말할 때에도 본인이 속한 가족이 공유하는 '성(family name/last name)'을 먼저 말하고 나서야 자신의 '이름(first name)'을 말합니다. 제 이름을 '아란김'이 아니라 '김아란'이라 하는 것처럼 말이죠.

하지만 개인주의적인 성향이 드러나는 영어에서는 이름을 말할 때 자신의 '이름(first name)'을 먼저 말합니다. 그래서 'Kim Aran(김아란)'이 아니라 'Aran Kim(아란김)'이라고 하는데, 실제로는 성을 소개조차 하지 않을 때가 훨씬 더 많습니다. 대부분의 경우 저는 제 자신을 그냥 "I'm Aran.(저는 아란입니다.)"라고만 소개합니다. 이렇게 이름을 말하는 것과 같은 사소한 부분에도 문화가 녹아 있다는 것이 참으로 흥미롭습니다.

생각해 보면, 한국에서는 상대방을 이름으로 부르는 경우가 생각보다 많지 않습니다. 절친한 친구나 자신보다 나이가 어린 사람이 아닌 이상 '~씨, ~님'이라는 존칭을 붙여 말하는 것이 예의이고, 관계에 따라 '선배, 언니, 오빠, 형, 누나, 이모, 큰아빠, 외숙모, 작은할머니'와 같은 호칭으로 부르기도 합니다. 하지만 영어에서는 상대방이 선배든, 언니든, 형이든, 교수님이든, 삼촌이든, 그 누가 되었든 간에 '이름'으로 부릅니다. 부모가 아닌 이상 말이죠. 친척들을 관계에 따른 호칭으로 부르는 것이 익숙한 한국인들에게 삼촌을 이름으로 부른다는 것은 적잖이 충격일 것입니다. 저는 정말 가깝게 지내는 작은할아버지가 계시지만, 작은할아버지의 존함은 모릅니다. 숙모님도 명절 때마다 뵙긴 하지만, 숙모님의 성함을 떠올리려 하면 떠오르지가 않습니다. 제가 이상한 걸까요? 저는 숙모님의 성함을 감히 여쭤 본 적도 없고, 그래야 할 이유도 딱히 없었습니다. 하지만 제 미국인 남편 크리스는 이런 저를 보며 깜짝 놀라더군요. 어떻게 친척 이름을 모르냐면서요. 저 역시 그런 크리스를 보며 깜짝 놀랐지요. 여러분께서는 여러분의 고모, 작은아버지, 이모할머니의 성함을 전부 아시나요? 아마 저처럼 모르는 경우가 드물지 않을 겁니다.

미국에서 개인의 이름을 직접 부르는 문화가 신기하게 여겨졌던 또 다른 일은 바로 새엄마나 새아빠가 생겨도 이들을 '엄마'나 '아빠'라는 호칭으로 부르지 않고 이름으로 부른다는 것이었습니다. 가령 새엄마 이름이 제니퍼(Jennifer)라면 "Hey, Jennifer!"와 같이 새엄마를 부르는 것이 영어권에선 당연하고도 자연스러운 일입니다. 한국에서는 상상도 못할 일이지만 영어권에서는 그렇게 해야 자연스러운 영어입니다.

QR코드 스캔하여 영상 시청하기!
듣는 사람마다 깜놀하는 생애 최고의 미국 문화 충격

반면 한국에서는 상대방의 이름을 감히 직접 부르기보다는 가능한 한 직함으로 부르는 것이 적절할 때가 많습니다. '김선생, 이부장'과 같이 말이죠. 심지어 이름을 모르는 처음 보는 사람을 부를 때에도 '선생님'이라는 호칭으로 부르거나 '어머님, 아버님'이라고 부르는 경우도 많습니다. 재미있는 것은 친근하다고 느끼는 사람을 부를 때나 누군가를 존중 및 존경심을 담아서 부를 때에 가족 관계에서나 쓰는 호칭을 사용한다는 것입니다. 이를테면 식당에서 주인 아주머니를 '이모'라는 호칭으로 부르는 것도 그 예가 될 수 있을 것입니다.

하지만 영어권 문화에서 처음 보는 사람을 부를 때 한국에서 그랬던 것처럼 'teacher(선생님)', 혹은 'mom(어머니), dad(아버지)'라고 부른다거나 식당 종업원을 부를 때 'aunt(이모)'라고 부르면 상당히 어색하고 부적절하게 여겨질 것입니다. 영어권 문화엔 이 같은 문화가 없기 때문이죠.

(3) 나이에 상관없이 동등한 문화

제가 한국에서 영어를 가르쳤을 때 몇몇 학생들이 죄송스럽다는 표정을 하며 이렇게 물어본 적이 있습니다.

"선생님을... You라고 불러도 되나요?"

이에 저는 "물론이죠! You라고 하셔야 해요. You 말고는 쓸 단어도 없어요"라고 했습니다. 영어에서는 남녀노소 구분 없이 상대방을 'You'라고 칭하기 때문입니다.

한국에서는 나이 많은 사람을 존중하고 공경하는 문화가 있어 예의를 차리는 경우가 많은데, 그것이 언어에도 그대로 반영되어 있습니다. 이를테면 '존댓말'이라는 것이 아예 따로 있어 '밥'을 '진지'라하고, '나이'를 '연세, 춘추'라고 하며, '자다'를 '주무시다'라고 하고, '했어'를 '하셨어요'라고 합니다. 그러나 영어권 문화에서는 관계를 형성하는 데에 있어 나이가 끼치는 영향이 거의 없습니다. 따라서 존댓말이라는 것이 없는 것은 물론 나이를 물어보지조차 않습니다. 저는 미국에서 수많은 친구를 사귀었지만 그들의 나이를 모릅니다. 그들도 제 나이를 모를 테지요. 언젠가 한번은 50~60대 여성이 자신의 지인에게 20대인 저를 소개하면서 "This is my friend, Aran. (여긴 내 친구 아란이야.)"라고 하는 걸 들으면서 더더욱 확신했습니다. 나이에 상관없이 친구가 될 수 있음을 말이죠. 저의 한국인 지인도 어떤 50대 미국인 여성과 대화하다 그의 친구가 하늘나라에 갔다는 이야기를 듣고서 젊은 사람이 죽어 안타깝다고 생각했는데 알고보니 그 사람의 친구가 100세가 넘은 할머니였다는 것을 듣고는 깜짝 놀랐다고 합니다.

영어권에서는 그만큼 나이에 상관없이 친구(friends)가 될 수 있습니다. 가족(family), 이웃(neighbors), 동료(coworkers), 친구라고 하기엔 그다지 친하지 않은 지인(acquaintances) 등이 아니면 전부 친구입니다. 즉, 친하면 친구인 것이죠. 선후배라는 단어도 딱히 없습니다. 종종 선후배 사이이거나 언니 동생인 사람들이 영어권 국가에 가서 "Are you guys friends?(너희들 친구야?)"라는 질문을 받게 되면 "Umm... We are not friends.(음... 우린 친구는 아니야.)"라고 하는 경우가 있는데, 이건 틀린 말입니다. 이를 듣는 영어권 원어민은 '그럼 가족인가? 아님 방금 처음 만난 사이인가?'라고 생각할 수 있습니다. 만약 "We are not the same age.(우린 동갑은 아니야.)"라는 말을 덧붙인다면, "So what?(그래서? 그게 무슨 상관인데?)"라는 말이 되돌아오거나 '아니, 그게 친구 아니면 뭔데?'라는 표정을 지을 것입니다.

정확히 말해 영어의 'friends'라는 단어는 한국어의 '친구'라는 단어와 동의어가 아닙니다. 영어권에서 말하는 'friends'는 '친구'보다 훨씬 더 범위가 큰 단어이지요. 친하기만 하면 되고, 동갑일 필요도 없습니다. 영어권에서는 그만큼 나이가 서로를 대하거나 친구를 사귀는 데에 있어 상관이 없습니다.

때문에 영어로 자기소개를 할 땐 올바른 영어 표현을 쓰는 것뿐만 아니라 이 같은 영어권 문화를 제대로 이해하는 것에도 주의해야 합니다. 영어권에서 자기소개를 할 때엔 한국에서처럼 '나이'를 소개하는 습관에서 벗어나세요. 자기소개를 하면서 나이를 소개하는 건 마치 자기소개를 하면서 자신의 생일을 소개하는 것과 같을 정도로 뜬금없는 개인 신상 정보를 너무 구체적으로 공유하는 것이기에 어색하고 이상하게 들립니다.

마찬가지로 상대방에게 나이를 물어보는 것은 별자리나 발 사이즈를 물어보는 것처럼 아무 상관없는 정보를 뜬금없이 캐묻는 꼴이 될 수 있습니다. '아니, 관계를 맺고 유지하는 데에 전혀 필요하지도 않은 이런 개인적인 질문을 왜 아무 맥락 없이 하지?'라고 생각하며 당신을 무례하다고 판단하거나 "대체 나이는 왜?"라고 궁금증 가득한

표정으로 되묻게 될지도 모릅니다. 딱히 특별한 목적이 있지 않으면
잘 묻지 않는 질문이니까요.

QR코드 스캔하여 영상 시청하기!
미국에서 이상하게 취급 받는 한국인의 행동 8가지

"그러면 도대체 미국에선 어떻게 상대방에게 존중을 표하나요?"라고
질문하는 분들이 꽤 계신데, 영어에서는 나이가 있다고 해서 존중을 표
해야 한다는 생각 자체가 없습니다. 그리고 존중은 말로 표현하는 게
아닌 행동으로 보여 주는 것입니다. 예의 있게 행동하시면 됩니다.

(4) 저맥락 문화 (Low Context Culture)

미국에서 교환 학생으로 있을 때 들었던 수업 중 '대인 관계 의사소
통(Interpersonal Communication)'이라는 수업이 있었는데, 그때
배운 것 중 특히 공감되고 인상적이었던 것은 한국이나 일본과 같은
아시아 국가에서 소통할 때엔 '고맥락 문화(High Context Culture)'
가 통하는 반면 영어권 국가에서는 '저맥락 문화(Low Context
Culture)'가 흔하다는 것이었습니다.

쉽게 말해 고맥락 문화는 돌려 말하는 문화이고, 저맥락 문화는 직
접적으로 말하는 문화입니다. 고맥락 문화에선 말 그대로 살펴야 할
맥락이 많습니다. 가령 시어머니께서 "아가, 설거지는 내가 하마"라
고 하셨다 해도 이분과의 관계, 이분의 성격, 이날의 상황이나 분위

기 등을 고려해 눈치껏 맥락을 파악하여 겉으로 표현되지 않은 진짜 속뜻까지 헤아리는 것이 중요합니다. 예전 한 TV 프로그램에서 한 외국인 며느리가 자신의 시어머니가 설거지를 하겠다고 한 말을 곧이곧대로 받아들여 "네, 어머니. 설거지는 어머니가 하세요 그럼"이라고 했다가 눈치 없는 며느리가 되었다는 에피소드를 소개하기도 했습니다.

실제 이러한 예시를 들은 미국인 학생들은 "그럼 아시아 사람들은 위선적인 건가요?", "거짓말을 해야 하는 건가요?"라고 질문하기도 합니다. 한국에서는 그렇게 하는 것이 '예의'이자 '존중'을 표하는 행위인데, 영어권 사람들에겐 이것이 위선, 혹은 거짓말로 인지된다는 것이 신기한 문화 충격이었습니다.

생각해 보면 고맥락 문화에서는 의견을 표현할 때에도 상대방의 체면을 생각해 완곡하게 의견을 전달하는 것이 예의일 때가 많습니다. 예를 들어 "다음에 하자"라는 말은 진짜로 다음에 하자는 제안이라기보다 거절의 표현으로 많이 쓰입니다. 실제로 제 미국인 남편 크리스가 한국어를 배울 때 "다음에 하자"라는 말을 배우며 신기해했던 이유가 바로 그것입니다. 크리스는 "다음에 하자"라는 말에 들어간 낱말들의 문자적인 뜻뿐만 아니라 이 안에 담긴 한국인의 돌려 말하는 문화까지 배워야 했습니다.

뿐만 아니라 한국인들은 좋은 걸 제안해도 의례적으로 사양하는 경우가 많으니 '한국인에게 무언가를 제안했을 때 이들이 거절한다 해도 최소 세 번은 물어봐야 한다'라고도 배웠다고 합니다. 이는 한국 문화를 배우는 수업이 아닌, 한국 언어를 배우는 수업에서 강조하여 가르치는 부분이란 것이 흥미롭지 않나요?

그만큼 문화는 언어에 영향을 끼칩니다. 한국 문화에서는 '눈치'라는 개념이 중요하기에 '눈치'라는 단어를 잘 쓰지만, 영어권에선 '눈치'라는 개념이 거의 없기 때문에 '눈치'라는 단어조차 없습니다. 소통할 때 눈치를 주거나 눈치를 보며 맥락을 파악하는 것이 한국어에서만큼 중요한 요소가 아니기 때문입니다.

저맥락 문화에선 맥락이 비교적 덜 중요합니다. '말하는 바가 곧 뜻하는 바이며, 뜻하는 바가 곧 말하는 바(They say what they mean, and they mean what they say)'이기 때문에 미국과 같은 저맥락 문화를 가진 국가에서 영어로 소통할 땐 무례를 범하지 않는 선에서 직접적으로, 직설적으로 말하는 것이 보다 자연스럽습니다. 고맥락 문화에서처럼 '거절해도 세 번쯤은 물어봐 주겠지'라고 생각했다가는 큰 코를 다칠 수 있습니다. 그러니 영어로 소통할 땐 이러한 '저맥락 문화'를 염두에 두어야 합니다.

"Language is the road map of a culture.
It tells you where its people come from and
where they are going."
"언어는 문화의 지도이다.
사람들이 어디서 왔는지, 그리고 어디로 가는지 알려 준다."

- Rita Mae Brown -

(5) 반대로 말하는 Yes와 No

외국인 친구 애니켄(Anniken)이 그랬습니다. "한국인들은 Yes를 No라고 하고, No를 Yes라고 해! 왜 말을 반대로 하지?" 허허. 반대로 한국인들은 또 그럽니다. "미국인들은 Yes를 No라고 하고, No를 Yes라고 해! 왜 말을 반대로 하지?" 저도 처음엔 너무나 헷갈렸습니다. Yes라고 말해야 할 때 No가 튀어나오고, No라고 말해야 할 때 Yes가 튀어나오기 일쑤였으니까요.

미국에서 유학하던 한 한국인 친구도 이에 공감하며 이렇게 말했습니다. "친구가 "You don't want water?(너 물 안 마실 거야?)"라고 해서 "Yes(응)"이라고 했더니 물을 따라 주더라고. 그래서 의아하게 생각하고 물을 마시지 않고 있었더니 친구가 또 다시 "You don't want water?"이라고 묻길래 "Yes!"라고 했더니, 그 미국인 친구가 결국 "You mean <u>no</u>?(아니라는 거지?)"라고 묻더라? 그제서야 알았어. 내가 거꾸로 대답하고 있었다는 걸."

참 재미있죠? 한국어로 "너 배 안 고파?"라고 물으면 "응, 안 고파"라고 하는 게 자연스러운 대답이지만 영어로 "You are not hungry?(너 배 안 고파?)"라고 물으면 "No, I'm not.(아니, 안 고파.)"라고 하는 게 자연스러운 대답입니다. 이렇다 보니 한국인인 우리가 "You are not hungry?"라는 말을 들었을 경우 배가 고프지 않다면 "Yes!"라고 답하고 싶겠지만, 이 말을 들은 원어민은 '배고프다'라고 말한 것이라 생각하여 자꾸만 음식을 권할 것입니다. 왜냐하면 이들 귀에는 "Yes!"가 "Yes, I am.(응. 고파.)"라고 말한 걸로 들리기 때문입니다.

영어로 "You are not hungry?"라는 말을 들었을 때 배가 고프지 않다면 "No"라고 답해야 합니다. Yes는 긍정문을 이끌고 No는 부정문을 이끌기 때문입니다. "Yes, I am (hungry)."이나 "No, I'm not (hungry)."와 같은 문장은 있을 수 있지만 "Yes, I'm not (hungry)."이나 "No, I am (hungry)."와 같은 문장은 잘 쓰지 않습니다.

이와 같이 답변 방식에 차이가 있는 이유는 애초에 생각하는 방식에 차이가 있기 때문입니다. 한국에서는 상대방의 질문에 '반응(respond)' 하지만, 영어에서는 상대방의 질문에 '메아리(echo)'칩니다. 이를 좀 더 쉽게 풀어서 설명하면, "너 배 안 고파?"라는 질문을 받았을 때 한국에서는 "네 말처럼 배가 안 고픈 게 맞아. → 응. 나 배 안 고파."라고 반응(respond)합니다. 하지만 영어에서는 "You are not hungry?"라는 질문에 "You are not hungry?(너 배 안 고파?) → not hungry(배 안 고파) → No, I'm not (hungry).(아니, 나 배 안 고파.)"라고 메아리(echo)를 치듯 답하는 것입니다.

(6) 반대로 말하는 Come과 Go

반대로 말하는 게 Yes와 No뿐만은 아닙니다. Come과 Go도 반대로 말하는 경우가 있습니다. 예를 들어 약속 장소에서 기다리고 있는 친구에게 "가고 있어"라는 말을 영어로 할 때 "I'm going."이라고 할 것 같지만 "I'm coming."이라고 말합니다. 상대방의 입장에서 생각하여 내가 '오고(come)' 있다고 말하는 것이죠. 참 신기하죠?

(7) 이혼과 재혼을 금기시하지 않는 문화

미국에서는 워낙 이혼과 재혼이 흔해서 그런지 이에 대해 터놓고 이야기하는 편입니다. 제 생애 최고의 문화 충격도 바로 이에 관한 것이었는데요. 어느 날은 미국인 친구 집에 놀러가 친구 부모님께 인사를 드리고 친구가 집에서 키우는 말을 타고 뒷마당을 한 바퀴 돌았습니다. 그 사이 친구 부모님 옆에는 어떤 남성분이 와 계셨는데, 그분이 친구 부모님과 함께 맥주잔을 기울이며 담소를 나누고 계셨기에 저는 당연히 친구 부모님의 친구분이실 거라 생각했습니다. 그래서 다가가 인사를 드리려고 하자 친구 아버님께서 제게 그분을 이렇게 소개하셨습니다.

"자, 여기 인사해. 우리 아이 친아빠."

저는 제 귀를 의심할 수밖에 없었습니다. '아이의 친아빠라니...? 그럼 당신은... 누구...?' 그 사이 친구는 제게 "네가 처음에 인사드렸던 분은 나의 새아빠셔. 이분이 내 친아빠시고"라고 말하는 겁니다. 저는 혼란스러워하며 생각했습니다.

'그러니까 친아빠와 새아빠가 있다는 것까지는 알겠는데, 왜 친아빠와 새아빠가 엄마를 가운데 두고 같이 맥주를 마시면서 주말 오후를 함께 보내고 있는 거야??'

저는 속으로는 이렇게 외쳤지만 겉으로는 침착하게 말했습니다. "아, 원래 두 분께서 친구이시구나?" 그러자 친구가 "아니"라고 하는 겁니다. 그래서 전 "아, 그럼 두 분이 엄마를 통해 알게 되셨는데... 어쩌다 보니 코드가 맞아서 가끔 어울리시는 거야?"라고 물었습니다. 그랬더니 그것도 아니라는 겁니다.

친구는 사실 친아빠와 새아빠가 서로를 그다지 좋아하지 않는다고 말했습니다. 그럼 도대체 왜 한가로운 이 주말 오후에 같이 맥주를 마시느냐고 물었더니 '자기를 위해서' 그렇게 하는 것이라고 하며 이렇게 말했습니다. "엄마가 아빠랑 헤어졌다고 해서 나까지 아빠랑 헤어지면 안 되잖아. 내 삶 속에 아빠가 계속 계실 수 있도록 세 분께서 노력해 주시는 거야."

미국에선 이혼한 뒤에도 자녀가 양쪽 부모와 골고루 시간을 보낼 수 있도록 많은 신경을 기울입니다. 주말이면 다른 쪽 부모와도 시간을 보내라고 직접 데려다 주기도 하고, 서로가 아무리 미워도 졸업식

만큼은 같이 보기도 하고, 학예회나 결혼식 같은 데엔 심지어 새로 생긴 애인, 또는 재혼한 사람을 데리고 함께 참석하기도 합니다.

그러면서 자연스럽게 쓰이는 단어가 바로 stepmom(의붓엄마), stepdad(의붓아빠), stepson(의붓아들), stepdaughter(의붓딸)입니다. 한국에서는 새엄마를 새엄마(의붓엄마)라 부르면 엄마로 인정하지 않는 것 같은 인상을 받습니다. 그래서 아이가 새엄마를 새엄마라고 부르다가 마침내 '엄마'라고 부르면 새엄마가 감동을 받아 눈물을 훔치는 장면이 영화 같은 데에 등장하기도 합니다. 또 한국에선 의붓아들을 의붓아들이라 부르면 정이 없는 부모인 것만 같습니다. 하지만 미국에서는 '의붓'에 해당하는 'step'이라는 말을 아무렇지도 않게 사용합니다. 페이스북 같은 데에 글을 올릴 때 "오늘 의붓딸이랑 소풍 옴!", "엄마랑 의붓아빠 결혼기념일 축하드려요!"라고 자연스럽게 언급합니다. 심지어 어느 날은 제가 우연히 처음 만난 미국 여성분과 이런저런 이야기를 나누는데, 이분이 자신이 엄청나게 사랑하는 아들 이야기를 하면서도 계속해서 'stepson(의붓아들)'이라고 칭하셨던 것을 기억합니다. 저는 생각했습니다. 'step자는 죽어도 안 빼는구나.'

이를 통해 저는 stepmom, stepdad, stepdaughter, stepson과 같은 단어가 정이 있고 없고를 드러내는 역할을 하지 않고 그저 객관적인 호칭으로 쓰이는 것 그 이상, 그 이하도 아니라는 것을 깨닫게 되었습니다. '그래. stepmom을 부르는 호칭이 stepmom 말고 또 뭐가 있겠어. 삼촌을 삼촌이라 부르고 고모를 고모라 부르듯 stepmom 역시 객관적인 호칭일 뿐이야.'

어떻게 보면 이런 단어를 쓰는 순간 자신이나 자신 부모의 이혼 경력을 자연스럽게 밝히는 셈인데, 미국에선 그걸 덜 터부시한다는 인상을 받았습니다. 이처럼 인식과 문화에 따라 어떠한 국가 및 언어에서는 잘 쓰이지 않는 단어가 다른 국가 및 언어에서는 아무렇지 않게 쓰이기도 합니다.

(8) 비언어도 언어다 : 몸짓과 표정

나라와 언어마다 '제스처' 역시 다르다는 것을 알고 계시나요? 그리고 의사소통에 있어 제스처 같은 신체 언어가 말보다 더 많은 걸 표현한다는 것도 아시나요? 미국의 명문대 UCLA의 메라비언 (Mehrabian) 교수가 진행한 유명한 연구 결과에 따르면, 의사소통에서 '말(verbal language)'이 차지하는 비율은 오직 7%에 불과하다고 합니다. 그렇다면 나머지 93%를 차지하는 것은 무엇일까요? 그것은 바로 '비언어적인 요소(non-verbal language)'입니다. 우리는 말이 아닌 비언어적 요소로 더 많이 소통합니다. 실제 의사소통에서 '신체 언어(body language)'가 차지하는 비율은 약 55%나 되고, '어조'가 차지하는 비율은 약 38%씩이나 된다고 합니다.

따라서 의사소통에서 정말 중요한 것은 '무엇을' 말하느냐보다 '어떻게' 말하느냐일지도 모릅니다. 어떤 몸짓과 표정, 그리고 어떤 목소리와 말투로 표현하는가에 따라 입으로 내뱉는 말과는 전혀 다른 의미가 전달될 수도 있기 때문입니다. 따라서 영어를 배울 때에도 영어권의 신체 언어를 함께 배워야 합니다. 가령 한국에서 쓰는 제스처가 미국에선 통하지 않는 경우도 있고, 미국에서 쓰는 제스처가 한국에서는 정반대의 의미를 가지고 있어 오해를 불러일으키기 쉬운 것들도 있습니다. 자, 그럼 지금부터 대표적인 미국의 신체 언어들을 배워 보도록 할까요?

"The most important thing in communication,
is hearing what isn't said."
"대화에서 가장 중요한 것은
말로 표현되지 않은 것을 듣는 것이다."

- Peter Drucker -

❶ 내가 개냐?

한국 vs. 미국 제스처 (ft. 남편 크리스)

첫째로, "이쪽으로 와"라고 할 때 한국인은 손등을 위로 가게 하고 손가락을 까딱이며 손짓하지만, 미국인은 손등을 아래로 가게 하고 손가락을 까딱이며 손짓합니다. 마치 "멍멍아~ 이리 와 봐!"라고 하는 것처럼 말이죠. 그래서 미국에 도착해서 입국 심사를 할 때, 혹은 미국에서 누군가가 자신을 그렇게 부른다면 우리는 상당히 기분 나쁠 것입니다. '내가 개냐?' 싶은 생각이 들거나 '내가 뭘 잘못했나?' 싶은 생각이 들 수 있죠.

하지만 실제로 미국에선 우리가 개한테나 쓰는 손짓을 사용하여 사람을 부릅니다. 심지어 나이가 많은 어른을 부를 때에도 이 같은 제스처를 씁니다. 만약 우리가 평소에 하는 것처럼 손등을 위로 가게 하고 손가락을 까딱이며 손짓한다면 미국인은 '흠, 더워서 저러나?'라고 생각할지도 모릅니다. 실제 제 미국인 남편 크리스가 그렇게 생각했다고 하네요. 재미있죠?

❷ 싸우자고?

둘째로, 한국에서 인사할 땐 턱을 내리면서 목례를 하지만, 미국에서는 턱을 치켜듭니다. 한국인인 우리에겐 이게 마치 시비를 거는 듯한 느낌이 들 수도 있지만, 미국에선 이것이 '인사'입니다. 그러니 미국에서 친구와 눈이 마주쳤을 때 친구가 턱을 들었다 내리면 절대 오해하지 마세요. 시비를 거는 것이 아닙니다. 이는 바로 '나 너 봤다. 안녕!'과 같은 신호입니다.

❸ 도전하냐?

셋째로, 악수입니다. 한국에선 악수할 때 가볍게 손을 흔듭니다. 예를 갖추기 위해 상대의 손을 두 손으로 감싸며 악수하거나 고개를 숙이며 악수하기도 합니다. 하지만 미국에서 이렇게 악수하면 상대방이 오해하기 십상입니다.

미국에선 일단 악수로 인사하는 경우가 한국에서보다 훨씬 잦은데, 손에 힘을 상당히 실음으로써 성의를 표합니다. 만약 손에 힘을 주지 않고 살살 악수한다면 '이 사람은 자신감이 없나?' 혹은 '인사를 성의 없이 하네?'라고 생각할지도 모릅니다. 그러니 미국에서 악수할 땐 손에 힘을 주고, 고개를 숙이는 대신 눈을 맞추고, 미소를 띠며 "Hi!" 하고 인사를 건네는 것이 좋습니다. 또한 미국인과 악수할 때 그 사람이 여러분의 손을 꼭 잡는다면 '뭐 이렇게 힘 자랑을 해?'라고 생각할 것이 아니라 '이만큼이나 나를 반가워하는군!'이라고 해석하시면 됩니다.

참고로 한국 군대에서는 반드시 상급자만이 악수를 청할 수 있고 하급자는 악수에 응하기만 할 수 있다고 배운다고 합니다. 또한 하급자가 악수를 받을 때엔 손에 힘을 빼는 것이 예의라고 하는데요. 그 이유는 악수를 청한 상급자가 원하는 세기로 원하는 길이만큼 악수할 수 있도록 자연스럽게 허용하기 위해서라고 합니다. 만약 아랫사람이 윗사람의 악수를 힘있게 받으면 그 윗사람은 '이 사람 지금 나한테 도전하나?'라고 생각할 수도 있다고 합니다. 이처럼 문화와 사회에 따라 어떠한 행동이 한쪽에서는 예의 있는 행동으로, 다른 한쪽에서는 예의 없는 행동으로 인식될 수도 있다는 것이 참으로 흥미롭지 않나요?

❹ 넌 위아래도 없냐?

언젠가 아멜리아(Amelia)라는 미국인 친구가 그랬습니다.

"어떤 한국인 여자가 한국인 남자한테 고개를 숙여 인사하는 걸 봤어. 그런데 남자는 고개를 숙이지 않는 거야! 여자와 남자는 동등한데 어째서 한국에서는 여자만 남자한테 고개를 숙여 인사하는 거야? 아란이 넌 그러지 마!!!"

이 말을 들은 저는 빵 터졌고, 친구에게 그건 성별 때문이 아니라 나이 때문이라고 설명하며 오해를 풀어 주었습니다.

한국에서는 나이가 많은 사람에게 고개 숙여 인사하는 것이 당연합니다. 윗사람을 보면 반사적으로 나오는 반응이지요. 하지만 영어에서는 '윗사람'이라는 단어조차 존재하지 않습니다. 고개 숙여 인사하는 문화도 없지요. 그런데 저는 그걸 알면서도 미국에 있을 때 나이가 많은 사람만 보면 자꾸만 고개가 숙여졌습니다. 특히 생김새가 비슷한 아시아 국가 출신의 교수님만 보면 배꼽 인사가 자동으로 튀어나오는 걸 어찌할 수 없었습니다. 나보다 나이가 많은 사람에게 고개를 빳빳하게 세운 채 "Hi!"라고 인사말만 건네는 거나 심지어 손을 흔들며 인사하는 것이 상당히 어색했고 어딘지 모르게 무례를 범하고 있다는 느낌을 지울 수 없었습니다. 하지만 익숙해져야 했습니다. 이렇듯 미국에서는 교수님에게도, 노인에게도, 시부모님에게도, 고개를 빳빳이 세우고 인사합니다. 심지어 손까지 흔들죠. 그러니 미국에서 자신보다 어려 보이는 사람이 고개도 숙이지 않은 채 "Hi!"라고 인사한다고 해서 '넌 위아래도 없냐?'라고 생각하시면 안 됩니다. 미국에선 정말로 위아래가 없으니까요.

❺ 어딜 똑바로 쳐다봐?

오히려 미국에서 예의를 따질 때 중요시하는 건 바로 '눈을 똑바로 쳐다보느냐' 하는 것입니다. 한국에서는 상대방의 눈을 너무 빤히 쳐다보면 예의에 어긋난다고 생각합니다. 실제로 한번은 제가 중학생일 때 선생님께 꾸중을 들었던 때가 있었는데, 그때 선생님의 말씀을 경청하고 있다는 걸 보여 주기 위해 고개를 치켜올리고 선생님의 눈을 계속 쳐다봤습니다. 하지만 오히려 "어딜 쳐다보냐"라는 말을 듣고 더 혼쭐이 나고 말았죠.

미국에서는 인사할 때나 악수할 때, 그리고 대화할 때 우리보다 눈을 훨씬 더 많이 맞추는 편입니다. 이렇게 '아이컨택(eye contact)'

을 하지 않으면 자신에게 관심이 없다고 생각하거나 자신을 무시한 다고 오해할 수 있습니다. 그러니 영어로 소통할 땐 말만 잘하는 것 이 중요한 게 아니라 눈을 똑바로 쳐다보는 것과 같은 '비언어적인 요소'도 신경 쓰는 것이 좋습니다.

❻ 버르장머리하고는!

이밖에도 미국에서 처음 살아 보며 겪었던 신선했던 일은 여러 가 지가 있습니다. 예를 들어 저는 남에게 무언가를 건넬 때 꼭 두 손으 로 건넸는데 미국인은 열이면 열 한 손으로 건네고 한 손으로 받더군 요. 당시 저는 '어라?' 싶었지만, 사실 미국에서는 한 손으로 건네도 전혀 무례한 것이 아닙니다. 아니, 한 손으로 주는 게 당연합니다. 지금 생각해 보면 오히려 미국인들이 두 손으로 건네고 받는 제 모습 을 보며 '왜 굳이 불편하게 두 손으로 주지?'라고 생각했을 법합니 다.

미국 생활에 점차 적응하면서 저도 한 손으로 물건을 주고 받으려 고 했는데, 처음엔 이게 자연스러운 행동이라는 걸 머리로는 알면서 도 스스로가 버르장머리 없는 사람이 된 것 같은 기분을 감출 수 없 었습니다. 그때 느꼈습니다. 한국 문화가 얼마나 제게 뼛속 깊이 스 며들어 있는지를 말이죠. 다른 나라 문화를 알아야 비로소 자기 나 라 문화를 제대로 이해할 수 있다는 말은 정녕 사실입니다. 저는 미 국 문화를 배우면서 한국이란 나라가 얼마나 공손함을 중요시 여기 는지, 그리고 그 공손함을 표하기 위한 몸짓과 제스처가 일상 속에 서 얼마나 많이 쓰이는지를 실감하게 되었습니다.

❼ 미국만의 비언어

희한한 미국 제스처

Interesting American Gestures

희한한 미국 제스처 여섯 가지

몸짓과 표정, 제스처는 문화마다 다르게 형성됩니다. 심지어 미국 중에서도 하와이에서만 흔히 쓰는 제스처가 따로 있을 정도이니, 한국에서만 살던 제게 있어 미국의 비언어는 적잖이 새로웠습니다. 이렇듯 다양한 미국의 비언어를 접할 때마다 저는 '어쩌다 손을 비비는 제스처가 그런 의미를 띠게 됐을까?', '와! 눈알을 위로 굴리는 표정이 한국에서도 쓰이면 너무 유용하겠는데?' 등의 생각이 들었고, 다른 나라와 문화권에서는 어떤 참신한 몸짓이 쓰이고 있을지도 궁금해졌습니다.

새로운 문화권에서 쓰이는 비언어를 재빠르게 알아채고 이해하려면 눈치가 빨라야 합니다. 따라서 외국 영상을 볼 때나 외국인과 대화할 때 이들의 말에만 집중할 것이 아니라 이들의 표정, 몸짓, 손짓 등을 주의 깊게 관찰하는 습관을 들이고 이를 통해 이들이 어떤 의미와 뉘앙스를 전달하려고 하는지 살피는 것이 중요합니다.

혹시라도 헷갈리고 아리송한 몸짓이나 제스처가 있다면, "방금 그 이야기하면서 손가락은 왜 겹친 거야?", "손목을 흔드는 건 무슨 뜻이었어?"와 같이 직접 물어보세요. 그리고 의미를 배웠다면 바로 사용해 보시고요!

❽ 문화에 따라 다른 인사말

미국에 있을 때 저녁 7시쯤이면 같이 운동하던 에밀리(Emily)라는 친구가 있었습니다. 만나는 시간이 저녁 때인지라 이 친구를 만났을 때 저의 첫마디는 늘 "저녁은 먹었어?"와 같은 것이었습니다. 그런데 어느 날 에밀리가 제게 이렇게 말했습니다.

"아란이 너는 먹는 것에 참 관심이 많구나. 내가 뭘 먹었는지 늘 궁금해하네?"

아, 저는 그제서야 "밥은 먹었냐"라는 제 인사가 미국인에게 얼마나 곧이곧대로 들렸을지 생각하게 됐습니다. 저는 특별히 에밀리가 무엇을 먹었는지 정말 궁금해서 물어본 게 아니었습니다. 이 책을 읽고 있는 한국 사람이라면 누구나 알겠지만 "밥 먹었냐"라는 말은 한국 문화에서 정말 밥 먹었냐는 질문이 아닌 그저 단순한 인사말인 경우가 많습니다.

하지만 미국 문화에서는 누군가를 만났을 때 "밥은 먹었냐?(Have you eaten?)"라는 말로 인사하지 않습니다. 대신 "당신 기분(컨디션)은 어떠냐?(How are you?)"라는 말로 인사합니다. 이처럼 인사말은 나라와 문화에 따라 제각기 다릅니다. 그러니 미국의 언어를 구사하려면 "How are you?"와 같이 미국 문화에 걸맞는 인사말을 주고받아야 할 것입니다.

❾ 인식의 차이에 따른 언어의 차이

인식이 달라지면 언어가 달라지기도 합니다. 예를 들어 미국은 동성애가 한국에서보다 비교적 용인되는 사회였는데, 2015년경 미국 전역에서 동성애 결혼이 합법화되면서 성 소수자에 대한 관심이 보다 커졌습니다. 이렇듯 성 소수자에 대한 관심이 커지고 이것이 훨씬 더 흔하게 언급되는 주제가 되면서 자연스럽게 남성과 여성의 성기를 모두 가지고 태어난 성, 즉 '간성(intersex)'이라 불리는 제3의 성에 대한 인식 또한 생겼고, 성전환 수술을 한 트렌스젠더는 물론 물리적인 수술을 하지 않고도 정신적으로 성을 바꾼 사람도 트렌스젠더로 인정하게 되었으며, 스스로의 성별을 정의하지 않는 사람 등도 존중 받는 분위기입니다.

실제로 제가 처음 만났을 때는 분명 남자였는데 몇 달 뒤에 자신은 사실 여자가 되고 싶었다고 말하며 커밍아웃한 친구가 있었습니다. 이 친구는 성전환 수술을 하지는 않았지만 스스로를 트렌스젠더라고 정의한 뒤 호르몬 주사를 맞고 있었는데, 하루는 "오늘 헬스장에 등록하러 갔는데 등록지에 왜 굳이 성별란을 만들어 놨는지 모르겠다"라고 하며 불편한 감정을 드러낸 적이 있습니다.

이제는 많은 이들이 성별을 묻는 것 또한 많은 배려가 필요한 영역임을 인지하고 있습니다. 따라서 설문 조사를 할 경우 필수적인 경우가 아니라면 성별을 묻는 란을 아예 삭제하기도 하고, 혹은 스스로의 성별을 어떻게 정의하느냐에 따라 충분히 정확하게 답변할 수 있게끔 다양한 보기를 주는 추세입니다.

다음에 제시된 내용은 실제 설문 조사에서 성별을 체크하는 란의 예시입니다. 살펴보시면 '트랜스젠더 여자/남자(Trans-girl/boy), 무성(Agender), 중성(Androgynous), 양성(Bi-gender), 제3의 성

(Genderqueer)' 등 선택할 수 있는 성별의 보기가 다양함을 알 수 있습니다.

* How do you define your gender? The young people we talked with used the following terms; which of these best describes how you define your gender? (Choose as many as you want.)

○ Girl	○ Agender	○ All genders
○ Boy	○ Androgynous	○ In the middle of
○ Tomboy	○ Bi-gender	boy and girl
○ Female	○ Non-binary	○ Intersex
○ Male	○ Demi-boy	○ Not sure
○ (Young) woman	○ Demi-girl	○ Rather not say
○ (Young) man	○ Genderqueer	○ Others (Please
○ Trans-girl	○ Gender non	state) : _____
○ Trans-boy	conforming	_____
○ Gender fluid	○ Tri-gender	

* 당신의 성별을 어떻게 정의하십니까? 저희가 이야기한 젊은 층들은 아래와 같은 용어를 사용했습니다. 이 중 어떤 것이 당신의 성별을 가장 잘 설명하고 있습니까? (복수 선택 가능)

○ 여자 아이	○ 무성	○ 모든 성
○ 남자 아이	○ 중성	○ 남성과 여성의 중간 성
○ 톰보이	○ 양성	○ 간성
○ 여성	○ 남성도 여성도 아님	○ 잘 모르겠음
○ 남성	○ 일부 남성	○ 답변하지 않겠음
○ 젊은 여성	○ 일부 여성	○ 기타 (직접 규정하시
○ 젊은 남성	○ 제3의 성	오) : _____
○ 트렌스젠더 여자	○ 규범을 따르지 않	_____
○ 트렌스젠더 남자	는 성	
○ 어떤 성별이든 가능	○ 3개의 성	

앞서 나온 설문 조사를 통해 알 수 있듯이, 미국은 성 소수자에 대한 인식이 비교적 열려 있고 그만큼 한국보다 성별을 나타내는 어휘의 범위가 훨씬 넓고 다양합니다. 또한 3인칭 여성을 지칭하는 대명사인 she와 3인칭 남성을 지칭하는 대명사인 he뿐만 아니라 '트렌스젠더' 같은 성별을 지칭하는 3인칭 대명사도 있어야 한다는 필요성이 대두되어 3인칭 복수 대명사로만 쓰이던 they가 트렌스젠더를 지칭하는 대명사로도 쓰이기 시작했습니다. 따라서 트렌스젠더인 제 친구도 자신을 they라고 칭해 달라고 부탁했습니다. 하지만 이 친구를 늘 he라고 부르던 것이 입에 붙어 있던 저는 이 친구를 자꾸만 they가 아닌 he라고 부르는 실수를 했고, 그때마다 제 실수에 용서를 구해야 했습니다. 본래 they는 3인칭 복수 대명사를 칭할 때 쓰는 단어이기 때문에 한 사람을 지칭할 때 쓰는 것에 익숙해지기까지는 꽤 많은 시간과 의식적인 노력이 필요합니다. 그래서 이런 불편함 때문인지 자신을 he로도 she로도 불리길 거부하는 이들을 위한 3인칭 대명사로 ze와 같은 단어가 만들어지기도 했습니다. 신기하지 않나요? 이처럼 언어는 인식의 차이에 따라 변화하고 진화합니다.

❿ 문화 차이에 관한 대화

외국인과 만나면 무슨 이야기를 해야 할지 모르겠다며 난처해하는 경우가 많은데, 저는 국적을 불문하고 남녀노소가 처음 보는 사람과도 흥미롭게 나눌 수 있는 이야깃거리가 바로 '문화'라고 생각합니다. 문화 차이에 대해 이야기하면 누구나 재미있어 하고, 자연스레 질문이 오갈 수밖에 없으니까요.

제가 외국인과 이야기하기 좋아하는 문화 차이 이야기는 크게 세 가지입니다. 첫째로는 '나이' 이야기입니다. 외국인과 대화하다 우연히 나이 이야기가 나오거나 상대방이 제게 나이를 물어보면, 저는 "Do you want to know my Korean age or how old I actually am?(내 한국 나이를 알고 싶어, 아니면 내가 진짜 얼마나 살았는지를 알고 싶어?)"라고 되물으며 씩 웃습니다. 그러면 상대방은 눈이 동그래지며 이렇게 묻습니다. "Wait. What? Your Korean age is different?(잠깐. 뭐라고? 너 한국 나이가 달라?)" 그러면 저는 한국에선 엄마 뱃속에 있던 시간도 나이로 쳐주기 때문에 사람들이 태어나자마자 1살이 된다고 말해 줍니다.

이 개념에 대한 외국인들의 반응을 보는 게 상당히 흥미로운데, 대부분은 엄마의 뱃속에서 생명체로 머문 시간까지 나이로 쳐주는 게 멋지다고 말합니다. 그런데 이때 이들에게 진짜 충격을 주는 건 한국에서는 매년 1월 1일이 되면 모든 사람들이 나이를 한 살 더 먹는다는 사실입니다. 극단적인 예를 들자면 한국에서는 12월 31일에 태어났다 하더라도 그 다음 날인 1월 1일이 되면 2살이 됩니다. 물론 갓난아이 때야 생후 며칠, 몇 주, 몇 개월과 같은 식으로 나이를 계산하지만 시간이 흘러서는 1월 1일에 나이를 한 살 먹은 것으로 쳐서 계산합니다. 따라서 제가 미국인 친구에게 제 한국 나이가 국제적으로 쓰는 만 나이보다 생일 전엔 2살이 많고 생일 후엔 1살이 많다고 설명하면 그들은 이렇게 말합니다. "그럼 한국 사람들은 생일을 안 챙겨?", "그럼 생일 땐 나이를 안 먹는 거야?", "매년 1월 1일에는 성인이 되는 사람들 때문에 술집이 난리 나겠네?" 그리고 몇몇은 1월 1일이 되는 00시에 제게 생일 축하 노래를 불러 주기까지 했습니다. 나이가 드는 날은 생일이라고 인식하기 때문입니다.

제시카(Jessica)라는 친구는 제 한국 나이를 듣더니 이렇게 말했습니다. "But that's not how old you are!" 저는 이 말을 "그런데 그게 네 나이는 아니잖아!"라는 의미로 해석해서 '이게 내 진짜 한국 나이 구만, 무슨 소리야?'라고 생각했는데, 엄연히 따지고 보면 제시카의 말이 맞습니다. 'how old you are'이라는 영어에서 'how old'는 '얼마나(how) 오래됐는지(old)'를 의미하는 것이니까요. 저는 'how old'를 그저 '나이가 몇 살인지'라고 번역해 버렸지만, 제시카는 제가 실제로 태어난 지 얼마나 오래됐는지(how old)를 이야기하고 싶었던 것입니다.

그리고 이러한 이야기에 이어 한국에선 초반에 나이를 묻는 것이 아주 흔하다는 것도 소개합니다. 나이에 따라 사용하는 언어 자체가 달라지기 때문에 그렇다고 설명하고, 나이에 따라 관계를 다르게 정의하며 관계에 따라 서로를 칭하는 단어들 또한 따로 존재한다는 것도 언급하죠. 그러면서 미국에선 나이에 상관없이 'friends'라고 칭하는 데에서 느낀 문화 충격까지 이야기하면 문화와 언어를 접목한 대화가 가능해집니다. 다른 공통 관심사가 없더라도 말이죠.

그리고 나이 이야기에 이어 제가 외국인과 이야기하기 좋아하는 또 다른 문화 차이는 바로 '식문화'입니다. 나이 많은 사람을 우대하는 한국 문화를 소개하는 것에 이어 자연스럽게 꺼내기 좋은 소재이기도 하고, 누군가와 식사하러 갔을 때 한국 문화를 알려 주겠다며 꺼내기에도 좋은 얘깃거리입니다. 그 중 대표적인 것 하나가 한국에선 밥을 먹을 때 식탁에서 가장 나이가 많은 사람이 제일 먼저 수저를 들어야 나머지 사람들이 식사를 시작할 수 있다는 것인데요. 아주 사소한 것 같지만 외국인과 식사를 할 때 아주 재미있는 대화 소재가 될 수 있습니다.

예를 들어 "우리도 한국식으로 해 보자!"라고 하며 모인 사람 중 누가 제일 나이가 많은지 파악하기 위해 돌아가면서 나이를 말해 보게 될 수도 있고, 나이가 가장 많은 사람이 "내가 제일 먼저 먹기 시작할게! 너희는 내가 한 입 먹고 나서 먹어!"라고 하며 나름의 문화

체험을 시도하며 흥미로워할 수도 있습니다.

이외에도 한국과 미국의 서로 다른 '음주 문화'에 대해 이야기할 수도 있습니다. 가령 미국에서는 만 21세가 되어야만 합법적으로 술을 마실 수 있는 반면 한국에서는 만 18세나 19세가 되면 술을 마실 수 있다는 것, 그리고 보통 안주와 함께 술을 마시고 술을 마신 후엔 국물 음식으로 해장한다는 것, 또 한국에서는 공공장소와 야외에서 술을 마실 수 있다는 것 등을 외국인 친구에게 이야기해 보세요. 깜짝 놀랄 것입니다. 덧붙여 한국 술집에서는 벨을 눌러 "띵동!"하고 종을 울리면 종업원이 와서 서빙해 준다거나 계산할 때 팁을 내지 않는다는 것을 이야기하면 아주 부러워할지도 모릅니다.

그리고 제가 다루기를 즐기는 또 하나의 문화 차이는 바로 한국과 미국이 명절을 어떻게 다르게 보내는지에 대한 것입니다. 미국에서는 추수감사절(Thanksgiving), 부활절(Easter), 할로윈(Halloween), 크리스마스(Christmas)와 같은 큰 명절을 보낼 때 모두 '가족 중심적'으로 보냅니다. 얼마나 가족 중심적이냐 하면, 미국의 가장 큰 명절이라 여겨지는 크리스마스엔 평소 24시간 문을 여는 상점, 식당, 편의점이 모두 문을 닫을 정도로 가족 중심적입니다. 이곳에서 일하는 직원들 역시 가족과 시간을 보낼 수 있어야 한다고 믿기 때문이죠.

미국 할로윈의 모든 것 | 미국 시댁 인터뷰

그래서 미국에선 보통 크리스마스에 사람들이 비행기를 타고서라도 가족을 보러 가고, 가족과 함께 하루 종일 방콕으로 지내는 경우가 많습니다. 따라서 온 거리가 텅 비게 되지요.

반면 우리나라의 크리스마스는 가족보다는 '연인' 중심입니다. 그래서 크리스마스 전까지 애인을 만들고야 말겠다는 농담 반 진담 반인 다짐을 하기도 하고, 연인 없이 솔로로 보내는 것이 아쉬워 23일 날 잠들고 26일날 깨어나겠다는 웃픈 다짐을 하기도 한다고 말해 주면 무척 재미있어 할 것입니다. 또 한국에선 크리스마스에 사람들이 연인과 야외 데이트를 즐기거나 친구들과 파티를 하기 때문에 상점, 식당, 놀이공원, 영화관 등이 더더욱 활발하게 영업하고, 따라서 어디를 가든 사람들로 붐빈다고 말해 줍니다. 그래서 오히려 미국인처럼 크리스마스를 방콕으로 집에서만 보내면 조금 서글프다고 인식하는 경향도 있다고 이야기하면 한국에만 있을 땐 생각해 보지 못한 다양하고도 새로운 관점과 질문들을 접하게 될 것입니다.

타 문화를 제대로 이해할수록 우리는 우리 자신의 문화에 대해 더 객관적이고 깊이 있게 이해하게 되고, 마찬가지로 우리 자신의 문화를 객관적이고 깊이 있게 이해할수록 타 문화도 제대로 이해할 수 있게 됩니다. 또한 타 문화는 기본적으로 존중하는 것이 맞지만, 이를 받아들일 때에 배울 점과 비판할 점까지 두루두루 고려하며 받아들이는 것이 진정 성숙한 태도일 것입니다.

일상이 미드 | 내가 미국 시댁과 크리스마스를 보내는 법

"It is not our differences that divide us.
It is our inability to recognize, accept,
and celebrate those differences."
"우리를 갈라놓는 것은 우리의 차이가 아니다.
우리를 갈라놓는 것은 그 차이를 인지하고, 받아들이고,
기념하는 능력의 부재이다."

- Audre Lorde -

문화까지 섭렵해 보기

❶ 미국 문화 중 가장 새롭고 신선하게 느껴지는 문화와
그렇게 느껴지는 이유를 아래에 적어 보세요.
가능하다면 영어로도 적어 보세요.

_____

_____

_____

_____

❷ 더 알고 싶은 미국 문화는 무엇인가요?
미국인과 대화할 기회가 생겼을 때 머뭇거리지 않고
물어볼 수 있도록 아래에 질문을 영어로 적어 두세요.

_____

_____

_____

❸ 외국인에게 소개하고 싶은 한국 문화가 있나요?
기회가 생겼을 때 일목요연하게 이야기할 수 있도록
아래에 그 내용을 영어로 적고 말하기까지 연습해 보세요.

_____

_____

_____

영어 활용하기 : 배웠으면 써먹기
"Action"

영어를 배웠으면 이를 활용하고 써먹는 것이 진정 영어를 배운 목적을 실현하는 방법이자 영어 실력을 유지하는 가장 이상적인 방법일 것입니다. 자, 그렇다면 배운 영어를 사용할 수 있는 효과적인 방법엔 무엇이 있을까요?

(1) 배워서 남 주기

"배웠으면 가르치고, 받았으면 나누라."

위 말이 제 삶의 모토인 만큼, 저는 제가 배운 것에 감사하며 그저 열심히 가르치고 나누었을 뿐입니다. 그런데 어쩌다 보니 이것이 제 영어 실력을 녹슬지 않게 만들어 준 비결이자 계속해서 발전할 수 있게 해 준 원동력이 되었습니다.

어른들이 공부하라고 잔소리할 때 흔히들 하는 말이 있죠? 바로 "배워서 남 주냐"라는 말인데, 네. 배워서 남 줍니다. 배워서 남 주고, 남 주려고 배우는 것만큼 의미 있는 일도 없습니다.

학교나 직장에서 친구 혹은 지인들과 함께 스터디를 만들어 여러분이 배운 걸 다른 이들에게 알려줘 보세요. 가르치면서 훨씬 더 많이 배우게 되는 것은 물론 배운 것들이 기억에도 더 오래 남게 됩니다. 가능하다면 보육원에서 가르치는 봉사를 하거나 동아리 혹은 동호회 같은 걸 개설하는 것도 좋습니다. 너무 과하다고요? 과하게 잘하고 싶다면 과하게 노력해야 합니다. 요즘 같은 때엔 사람을 직접 만나지 않고 온라인으로 활동할 수도 있습니다. 유튜브나 블로그를 통해서도 자신의 지식과 재능을 나누는 것이 얼마든지 가능하니까요.

"When you learn, teach.
When you get, give."
"배웠으면 가르치고, 받았으면 나누라."

- Maya Angelou -

(2) 배워서 돈 벌기

배운 영어를 써먹으며 돈까지 벌 수 있다면? 그야말로 금상첨화일 것입니다. 그렇다면 영어로 돈 버는 방법에는 무엇이 있을까요? 일단 배운 영어를 활용해 과외 수업을 할 수도 있을 것이고, 설령 과외 선생님으로 일할 실력이 못 되더라도 대학교에서 외국인 유학생을 도와주는 프로그램 같은 것에 참여할 수도 있을 것입니다. 이 같은 프로그램에 참여하여 근로하면 소정의 장학금도 받을 수 있을 뿐만 아니라 새로운 사람을 사귀게 되는 즐거움까지 따르니, 가히 일석이조라 할 수 있죠.

제가 아는 사람 한 명은 지역에서 모집하는 외국인 관광객 안내 아르바이트를 했는데, 거리에서 외국인들에게 영어로 관광 안내를 해

주다 보니 영어도 계속해서 쓰게 되는 것은 물론 새삼 한국의 아름다움도 느끼고 보람차기까지 하다며 나중에 직장이 생겨도 이 일을 꾸준히 하고 싶다고 말했습니다. 온라인으로는 프리랜서 번역 일을 구해서 영어를 계속 사용하는 사람들도 있고, 제 주변의 어떤 대학생은 저소득층 초등학생의 방과 후 영어 수업을 맡아 주는 일을 했는데, 봉사인 줄 알고 지원했던 일에 생각지도 못했던 지원금이 나와 뜻밖의 소득이 생겼다고 합니다. 이처럼 형편이 어려운 이를 도움과 동시에 자신의 실력도 갈고 닦고 돈까지 버는 건 일석삼조라 할 수 있지 않을까요?

(3) 배워서 나가기

배운 영어를 쓰러 해외로 나가 보세요. 짧은 여행이라도 좋습니다. 대신 엘리베이터에서든 비행기에서든 꼭 외국인에게 말을 걸어 보세요. "Hi!", "How are you?", "Where are you from?"과 같이 간단한 말로 대화를 시도해 보세요. 거기서 어떤 이야기가 피어날지, 그리고 어떤 인연을 만나게 될지 모릅니다. 실제로 저는 외국인과 이렇게 가볍게 대화를 나누다가 SNS 친구가 되거나 명함까지 교환하게 된 적이 공항에서만 여러 번 있습니다.

어학연수도 좋고, 워킹홀리데이도 좋습니다. 다만 가서 영어를 늘리겠다고 생각하기보다는 미리 배우고 늘려 놓은 영어를 그곳에서 '사용'하겠다는 생각으로 준비해 가시는 것이 성공적인 해외 생활을 할 수 있는 방법입니다.

해외에 나가 있는 시간은 전쟁이나 마찬가지입니다. 전쟁터에서 총을 슬슬 꺼낸 다음 총알을 넣으려고 하면 어떻게 될까요? 총알을 넣는 도중 총에 맞아 죽을 수도 있습니다. 총에 총알을 미리 최대한 많이 넣어 가야 전쟁터에 가서 바로 총을 쏠 수 있습니다. 해외에 갈 때도 이와 마찬가지입니다. 아무런 준비 없이 해외에 나가면 막상 잘 들리지도 않고 입도 제대로 열리지 않아 이야기를 나눌 사람이 없어 자신감만 하락한 채로 돌아와야 할 수 있습니다. 해외에서의 시간은 아주 짧습니다. 누군가에게는 평생 한 번도 오기 힘든 기회입니다. 그 기회를 온전히 제대로 이용하려면 귀와 입을 미리미리 뚫어 놔야 합니다. 마치 탄환을 미리 장전해 놓는 것처럼 말이죠. 영어 실력을 인생 최고치로 끌어올려 놓은 뒤 해외로 나가도 만만치 않을 것입니다. 부디 해외에 나가기 전에 공부하고 연습하시기 바랍니다.

(4) 배워서 즐기기

영어가 늘면 즐길 수 있는 것도 늘어납니다. 즐기세요. 영어로 된 책, 영화, 유튜브 영상, 드라마, 토크쇼, 뉴스, 강연, 음악, 인터뷰, 기사, 컨퍼런스, 콘서트를 마음껏 접하세요. 그리고 영어로 소통할 수 있는 사람들을 한껏 사귀세요. 영어를 통해 정보와 경험, 인간관계의 폭을 넓히면서 삶의 질을 높이세요. 이것이야말로 영어를 즐기면서 발전시키는 최고의 방법입니다. 실제로 제가 미국에서 교환 학생을 마치고 한국에 돌아와서도 영어 실력을 향상시킬 수 있었던 데에는 유튜브를 즐긴 것이 8할의 역할을 했다고 봅니다.

저의 놀이터는 유튜브입니다. 음악, 패션, 자기 계발, 브이로그 등 분야를 가리지 않고 유튜브 영상을 즐겨 보는데 제 취향에 맞는 영상들 중 꽤 많은 영상들이 영어로 되어 있습니다. 그래서 영어로 된 유튜브 영상을 매일같이 보다 보니 자연스럽게 영어에 매일 노출될 수밖에 없었고, 그러면서 새로운 표현들 또한 꾸준하게 익힐 수밖에 없었습니다.

흔히들 제가 남편 크리스 덕분에 영어를 많이 썼을 것이라고 생각하지만, 사실 남편과는 연애 때부터 지금까지 붙어 있던 시간보다 떨어져 있던 시간이 더 많았습니다. 저는 한국에서, 남편은 미국에서, 그렇게 길게는 1년씩 떨어져 장거리 생활을 합니다. 이 책을 집필하는 지금도 저는 크리스와 반년째 떨어져 지내는 중입니다. 시차와 각자의 바쁜 일정 때문에 저희는 전화는커녕 문자도 할까 말까 합니다. 그렇기 때문에 남들이 생각하는 것만큼 크리스가 제 영어에 그렇게 지대한 영향을 주지는 않았습니다. 오히려 영어를 잘했기 때문에 크리스를 만나 대화할 수 있었고, 그러면서 서로가 세상에서 대화가 가장 잘 통하는 사람인 것을 알게 되어 사귀고 결혼하게 된 것이지요.

크리스가 서운할진 몰라도 제 영어에 지대한 도움을 주는 건 오히려 유튜브 영상입니다. 유(You)선생을 보면서 영어를 더 배우게 되고, 영어를 배우고 나니 더욱 폭넓게 유(You)선생을 활용할 수 있게 됐습니다. 일종의 '선순환'인 셈입니다. 여러분도 저처럼 영어를 도구로 활용하여 삶 속에서 즐거운 일들을 해 나가 보세요. 그러면 자신도 모르게 영어가 더 늘고, 영어 실력이 녹슬래야 녹슬 수가 없을 것입니다.

> "Speak a new language
> so that the world will be a new world."
> "새로운 언어를 배워라,
> 너의 세상이 새로운 세상이 되도록."

- Rumi -

배운 영어 써먹어 보기

배운 영어를 어떻게 활용하고 싶은가요?
아래의 각 주제별로 어떻게 실천하고 싶은지 직접 적어 보세요.

❶ 배워서 남 주기

_____

_____

_____

❷ 배워서 돈 벌기

_____

_____

_____

❸ 배워서 나가기

_____

_____

_____

❹ 배워서 즐기기

_____

_____

_____

PART 3

NO!
외국어 공부,
이렇게는 하지 마라!

1

피해야 할 생각

(1) '독학할래'라는 생각

독학했다는 사람 믿지 마세요. 그들은 독학한 적 없습니다. 우리는 학교에서, 학원에서, 문제집에서, 유튜브에서, 심지어 외국인 친구에게서도 크고 작은 도움을 받습니다. 이뿐만 아니라 책, 미드, 팝송, 인강 등도 공부에 활용합니다. 따라서 결코 독학한다고 할 수 없습니다. 우리는 독학하지 않습니다. 아니, 독학하지 못합니다. 타인이 제공하는 다양한 정보에 의존하며 공부했으면서 "독학했다"고 말하는 사람은 모든 공을 스스로에게만 돌리는 것이나 다름없습니다.

"영어 어떻게 배워?"라는 질문에 길게 답변하세요. 도움을 주는 자료가 너무 많고 가르침을 주는 선생님이 너무 많아 한 마디로 답할 수 없어야 합니다. 선생님을 많이 두도록 하세요. 자신이 자신의 주변을 통틀어 가장 똑똑한 사람이라 생각한다면, 그것만큼 큰 문제도 없습니다. 빨리 그러한 환경을 바꾸세요. 스승이 많은 사람이 승자입니다.

> "Learn everything you can, anytime you can,
> from anyone you can;
> there will always come a time
> when you will be grateful you did."
>
> "언제든, 그리고 누구에게든 배울 수 있는 모든 것을 배워라.
> 언젠가 그러길 잘했다는 생각이 드는 때가 올 것이다."

- Sarah Caldwell -

(2) '아직은 아니야'라는 생각

혹시 자꾸만 내면에서 '난 아직 준비가 안 됐어', '난 아직 원어민과 대화할 수준이 아니야'라는 목소리가 들리는 것 같나요? 그렇다면 제가 외면에서 그보다 더 크게 외쳐 줄게요.

"당신은 이미 충분히 준비됐어요!"

'아직은 아니야'라는 생각만큼 우리의 성장을 더디게 하는 것은 없습니다. 더 이상 우리 사전에 '아직'은 없습니다. 오직 '이제'만 있을 뿐입니다. 이제 준비하세요. 이제 시작하세요. 우리가 기다려 온 최고의 타이밍은 바로 '지금'입니다. 아직 준비가 안 됐다면, 그렇기 때문에 시작해야 합니다. 시작하는 것이 곧 여러분에게 필요했던 준비입니다.

만약 누군가 여러분에게 "나 수영을 못해서 아직 물에 들어갈 실력이 아니야. 책을 좀 더 보고 규칙 좀 마저 외워서 수영을 잘하게 되면, 그때 물에 들어갈게"라고 한다면, 여기에 뭐라고 말해 주실 건가요? 아마도 "아니, 수영을 잘하려면 일단 물에 들어가야 해!"라는 말밖엔 해 줄 말이 없을 것입니다.

영어로 말하려면 영어로 말해야 합니다. 여러분이 내뱉는 말이 아직은 창피해야 '맞는' 타이밍입니다. 그렇지 않은 시작은 없기 때문이죠.

저는 '링크드인(Linkedin)'의 공동 창립자가 "당신이 내놓은 상품의 첫 버전이 창피하지 않다면, 당신은 너무 늦게 런칭한 것이다"라고 했던 말에 동감합니다. 이 말은 그가 사업과 관련해 한 말이지만, 분야를 불문하고 부족한 시작을 하는 데 있어 많은 위로와 용기를 주고 도전 의식을 불러일으키는 말이라 생각합니다.

> "If you are not embarrassed
> by the first version of your product,
> you have launched too late."
> **"당신이 내놓은 상품의 첫 버전이 창피하지 않다면,**
> **당신은 너무 늦게 런칭한 것이다."**

- Reid Hoffman, the Linkedin co-founder -

(3) '이 공부법은 나랑 안 맞아'라는 생각

안 맞는다는 말은 옷 입어 볼 때나 쓰기로 합시다. 옳은 방법이 있다면, 나랑 맞고 안 맞고가 어디 있습니까? 맞춰야죠. 성공하는 사람은 옳은 방법에 자신을 맞추고, 그렇지 않은 사람은 자신에게 맞다고 생각하는 방법만을 찾아 헤맵니다.

옳은 방법이라면 당신에게 맞습니다. 누구나 효과를 보기에 옳은 방법일 테니까요. 제가 제시한 방법 중 누군가에게는 효과가 있는데 누군가에게는 효과가 없을 방법은 없습니다. 단언컨대, 전혀요. 제가 말한 방법 전부가, 모두에게 반드시 효과가 있는 방법입니다. 물론 어떤 공부법이 누군가에게는 수월하게 다가오겠지만, 누군가에게는 어렵게 다가올 것입니다. 같은 노력을 들여도 누군가는 빨리 효과를 보겠지만, 누군가는 시간이 더 걸려서야 효과를 볼 것입니다. 세상의 모든 것이 그렇듯 말입니다.

그런데 그렇다고 해서 "이 공부법은 나랑 안 맞아"라고 하는 건 핑계이자 거짓말입니다. 안 맞는다는 게 무슨 뜻인가요? 생각해 보면 그 방법을 쓰려면 자신이 유달리 더 노력해야 한다는 말 아닌가요? 그러니 공부법이 자신에게 안 맞는다고 말하지 말고, 자신에게 더 많은 노력이 필요하다고 말하세요. 그리고 그만큼의 노력을 들이세요. 노력을 포기하는 자신을 "공부법이 나랑 안 맞아서"라는 말로 합리화하지 말기로 해요.

(4) '해 봤자지, 뭐'라는 생각

간혹 이런 말을 하는 사람들이 있습니다.

"한국어를 잘하는 외국인들 좀 봐봐. 아무리 잘해도 외국인 티가 나는 건 어쩔 수 없더라. 나도 아무리 해 봤자 원어민 같아질 수 없을 텐데, 해서 뭐 해."

치열하게 공부하는 게 무용지물이라는 듯, 그러니 노력을 아끼는 (?) 게 마땅하다는 논리를 펼치는 비관적인 사람들이 있죠.

이 같은 생각이 잘못된 이유는 크게 세 가지입니다. 첫째로, 저 말은 모순입니다. 저 말은 결국 "외국인 티는 나기 싫다. 그런데 어차피 외국인 티가 날 바에야 노력하지 말고 외국인 티가 더(?) 나자"라는 말이나 다름없으니까요.

둘째로, 저 말은 틀린 말입니다. 원어민 같아질 수 없다고 단정할 수 없습니다. 실제로 외국어에 있어 원어민 같아진 사람들이 있습니다. 대중적으로 알려진 사람들 중에는 한국에서 활동했던 터키인 방송인 에네스 카야(Enes Kaya) 씨를 꼽을 수 있는데, 그의 한국어는 눈을 감고 들으면 100% 한국인의 것이나 마찬가지입니다. 그가 구사하는 한국어를 듣고 그가 외국인이라는 것을 짐작할 수 있는 사람은 아무도 없을 것입니다. 그가 한국에 온 것은 고등학교 졸업 후 성인이 되어서라는데, 그의 한국어는 심지어 한국인의 한국어보다도 더 한국적일 때가 있습니다. 바로 이것이 제가 외국어를 배우는 그 누구도 결코 원어민처럼 될 수 없다는 한계에 동의하지 않는 이유입니다. 누군가가 해냈다면 우리도 해낼 수 있습니다.

셋째로, 우리는 애초에 원어민 같아질 필요가 없습니다. 외국어는 원어민처럼 되려고 배우는 것이 아닙니다. 더 많은 사람과 소통하고, 더 넓은 세계를 경험하고, 더 많은 정보를 접하며, 더 큰 영향력을 행사하기 위해 배우는 것이죠. 그러니 원어민처럼 되는 것에 집착할 필요도, 집착할 이유도 없습니다. 원어민처럼 될 수 없을 거라고 해서 노력을 덜 하는 사람이 있다면, 그는 외국어 학습의 목적부터 생각해야 합니다.

2

피해야 할
공부법

(1) 번역식 영어

외국어를 배울 때 좋은 습관 중 하나는 자신이 하는 말마다 '이 말은 영어로 어떻게 할까?'라고 생각해 보는 것인데, 때로는 이 습관이 독이 될 수도 있습니다. 바로 한국에서만 통하는 표현까지도 영어로 직역하게 되기 때문이죠. 그렇게 만든 영어 문장을 보면 원어민들 사이에서 쓰이는 말이 아닌 한국식 표현을 그대로 번역해 놨다는 인상을 받을 수밖에 없습니다.

예를 들어, "사랑이 밥 먹여 주냐?"라는 관용적인 표현의 문장을 영어로 그대로 직역하면 "Would love feed you rice?"가 될 텐데, 이 문장은 영어에서는 아무런 의미가 없습니다. 한국선 '밥 먹여 주냐'가 '먹고 살게 해 주냐'라는 뉘앙스를 갖고 있는데 이것이 전혀 전달되지 않기 때문이죠. 또는 제가 앞서 언급했던 "밥은 먹었어?"와 같은 인사말도 영어로 그대로 직역해 "Have you eaten?"이라고 하면 의도한 인사말의 역할을 전혀 하지 못할 때가 많습니다. "Have you eaten?"이라고 하면 정말 밥 먹었는지를 묻는 질문이라 생각할 가능성이 높기 때문입니다.

외국인을 보면서도 '한국어를 어색하게 하는 거 보니 영어 표현을 한국어로 그대로 번역했구만' 싶을 때가 있습니다. 대표적인 것으로 "How are you?"라는 말이 있는데, "How are you?"는 제대로 번역해도 어색하고, 잘못 번역해도 어색합니다.

"How are you?"라는 인사말을 제대로 번역한 경우부터 살펴보자면, "How are you?"라는 말은 "너 상태 어때?", "너 기분(컨디션) 어때?"라는 뜻입니다. you(너)가 how(어떠냐)는 질문이기 때문이죠. 그런데 한국인에게 만나자마자 "너 기분 어때?"라고 질문한다면 "기분은 왜?"라는 답이 돌아올 것입니다. 마치 제가 미국에서 미국인 친구에게 "밥은 먹었어?"라고 질문했더니 그 친구가 "밥은 왜?"라고 물어봤던 것처럼 말입니다. 한국인은 만나서 기분을 물어보지 않습니다. 밥은 먹었냐고 물어보죠. 하지만 밥 먹었냐는 말과 기분 어떠냐(How are you?)는 말의 역할은 같습니다. 결국 '안녕하냐'는 인사말이니까요. 그러니 우리는 한국 문화권에서 쓰이는 말을 그대로 외국어로 번역하려고 하기보다는 그 말의 역할부터 파악한 후 외국어에서 그 역할을 수행하기 위해서는 어떤 말을 써야 하는지 익혀야 합니다.

사실은 "How are you?"를 잘못 번역하는 경우가 훨씬 흔한데, 대부분의 자동 번역기와 많은 한국어 강사들이 "How are you?"를 "잘 지내?"라고 번역합니다. 그 바람에 한국어를 배우는 많은 외국인들이 "How are you?"를 무조건 "잘 지내?"라고만 오해하고 "How are you?"라는 말을 써야 하는 상황이라고 생각할 때마다 "잘 지내?"라는 말하곤 합니다. 처음 만나는 사람에게도, 좀 전에 보고 또 보는 사람에게도, 기분이 알쏭달쏭해 보이는 친구에게도 "잘 지내?"라고 묻는 경우가 많죠. "잘 지내?"는 오랜만에 대화하는 사람에게 쓰는 인사말인데 말입니다.

그러니 한국어를 배우는 외국인이라면 자신이 평소 "How are you?"라는 인사말을 많이 쓴다고 해서 한국에서도 그 말이 똑같이 인사말로 자주 쓰일 거라 생각하지 말고, "식사는 하셨어요?", "어디 가?"와 같이 한국인이 많이 쓰는 인사말을 배워야 합니다.

이 생각에 보다 확신을 가지게 된 건 남편 크리스 덕분입니다. 그는 대학 시절 한국에 교환 학생으로 와서 1년간 한국어를 배웠는데, 도저히 믿을 수 없을 만큼 유창하게 실력이 늘어 제가 "어떻게 생전 접해 보지도 못했던 한국어를 이렇게 빨리 잘하게 된 거야?"라고 물었더니 그가 이렇게 답했습니다.

"영어로 쓰던 말을 한국어로 번역하려고 하기보다 한국인들이 무슨 말을 하고 사는지를 주의 깊게 들여다 보고 따라 했어."

위 말은 외국어 학습에 있어 반드시 새겨들어야 할 말입니다. 저도 한국어로 잘 쓰는 말을 영어로 그대로 번역해 쓰다가 어느새부턴가 영어 사용자들의 말을 많이 들으면서 저의 표현이 어색했던 것을 깨닫고 그들이 자주 쓰는 표현으로 고쳐 쓴 것들이 몇 가지 있습니다. 한 가지 예로, 한국에서는 괜찮은 옷을 보면 그 옷이 '예쁘다'고 표현하니까 저는 미국에서도 누군가의 셔츠를 보고 "Your shirt is pretty.(네 셔츠 예쁘다.)"고 했는데, 그 말이 틀린 말은 아니지만 영어 원어민은 그런 말을 거의 안 하는 겁니다. 그들은 물건이 '예쁘다'고 하기보다는 '마음에 든다'라고 말하더군요. 때문에 "I like your shirt.(나 네 셔츠 좋아(마음에 들어)."라는 표현이 훨씬 흔히 쓰인다는 것을 알게 됐습니다. 사실 처음에는 사람들이 "I like your earrings!(나 네 귀걸이 마음에 들어!)", "I like your shoes!(나 네 신발 마음에 들어!)"라는 말로 제 패션을 칭찬할 때마다 '왜 자꾸 내 물건이 마음에 든다는 거지? 달라는 건가...?' 싶어 당황했는데, 이건 그냥 제 물건들이 '예쁘다'고 칭찬해 준 것이라는 걸 알게 되었습니다.

자, 이렇듯 우리가 평소에 잘 쓰는 말을 번역하려고 하기보다는 원어민다운 표현을 있는 그대로 접하는 것이 훨씬 중요하다는 사실, 잘 아시겠죠? 제 경우, 번역하면 어색한 표현들이 생각보다 많다는 사실을 많은 경험과 실수를 통해 깨달았습니다. 그러나 지금 이 책을 보고 계신 분들은 앉은 자리에서 과거의 저보다 편히 배워 가시길 바랍니다.

(2) 철자 암기

단어를 외운다는 것은 철자를 외운다는 게 아닙니다. 생각해 보세요. 외국인이 '한국어'라는 단어를 외울 때 '히읗, 아, 니은, 기역, 우, 기역, 이응, 어... 히읗, 아, 니은, 기역, 우, 기역, 이응, 어...'라고 철자를 하나하나 되뇌면서 외우려 들면 정말 이상할 겁니다. 그리고 아마 '아니, '한국어'라는 소리(발음)부터 외우고 그에 맞게 철자를 쓰면 될 텐데, 왜 저렇게 하지?'라는 생각도 들겠죠.

영어도 마찬가지입니다. 물론 영어는 한국어와 달리 각각의 자음과 모음이 단 1개의 소리만을 가지고 있는 것이 아니기 때문에 단어의 발음만 듣고 100% 정확하게 철자를 쓰는 것이 까다롭기는 합니다. 하지만 발음을 알아들으면 상당 부분은 그에 맞게 철자를 추측해 쓸 수 있습니다. 많은 단어를 접하다 보면 이는 점차 수월해지죠.

설령 철자를 완벽하게 알지 못하더라도 대화할 때는 전혀 상관이 없습니다. 말할 때는 철자를 적지 않으니까요. 글을 쓸 때나 철자를 알아야 하는데, 요즘은 휴대폰으로 문자 메시지를 쓸 때든 컴퓨터 프로그램으로 글을 쓸 때든 철자를 자동으로 고쳐 주는 '자동 정정 (auto correction)' 기능이 훌륭하기 때문에 철자를 조금 틀리게 쓰더라도 알아서 고쳐 주니 철자를 외워야 한다는 강박관념에서 벗어나도 좋습니다.

그리고 단어를 외울 때 철자보다는 발음을 외우는 것이 나은 또 다른 이유는 바로 발음을 알아야 '듣기와 말하기'가 가능하다는 것입니다. 철자를 안다 해도 발음을 모른다면, 아는 단어라도 아는 단어가 아니라서 대화할 땐 결국 알아듣지 못합니다. 말할 수 없는 건 당연하고요. 반면 철자를 몰라도 발음을 안다면, 상대방이 말할 때 단번에 알아들을 수 있고 자신도 거리낌없이 말하며 소통할 수 있습니다. 그러니 단어를 공부할 땐 꼭 발음을 외우세요!

(3) 깜지 쓰기

요즘에도 그런지 모르겠습니다만, 제가 중고등학교에 다닐 때에는 영어 단어로 '깜지'를 써 가는 것이 숙제였습니다. 깜지는 말 그대로 까만 종이를 만드는 것입니다. '빽빽이'라고도 하는데, 공책에 흰 공간이 보이지 않도록 작은 글씨를 빼곡히 써서 새까맣게 채우는 것을 뜻하는 은어입니다. 당시 영어 선생님께서는 학생들에게 영어 단어를 외워 오라며 깜지 숙제를 내 주셨고, 종이가 얼마나 새까만지를 보고 학생들이 영어 단어를 공부했는지 안 했는지를 확인하셨습니다.

그런데 여러분, 깜지 쓰지 마세요. 앞서 말씀드렸듯이, 손목이 아프도록 쓰고 또 써서 외운다 한들 이것은 노력 대비 효과가 현저히 떨어지는 공부법입니다. 어떤 단어는 한 번 눈으로 보고도 외워질 테고 어떤 단어는 백날 깜지를 써도 외워지지 않을 텐데, 무작정 깜지를 쓰기만 하는 것은 시간 낭비이자 종이 낭비밖에 되지 않습니다. 제 경우 깜지 쓰기를 해서 기억하는 단어는 하나도 없습니다. 직접 사용해 봤기에 기억하는 단어가 대다수입니다. 예문을 만들고, 연상법을 활용하고, 실제로 써먹으면서 자기 것으로 만들어야 합니다.

3

피해야 할
영어 표현

(1) "제 이름은 김아란이에요!"

공동체 문화가 강한 한국에서는 이름을 말할 때 '제 이름은 김아란
입니다'와 같이 성(last name)을 꼭 소개합니다. 성은 자신의 가문
공동체가 공유하는 글자이기 때문이지요. 하지만 영어권에서는 일반
적인 상황에서 자신의 이름을 이야기할 때 성(last name)을 이야기
하지 않습니다. 개인주의적인 문화 때문인지는 몰라도 성은 말하지
않고 자신의 이름(first name)만 소개합니다. 즉, "My name is
Aran Kim."이라고 하지 않고 "My name is Aran." 또는 "I'm
Aran."이라고 한다는 것이죠.

'Aran'이라고 하지 않고 'Aran Kim'이라고 하면 'Aran Kim'이 이
름(first name)이라고 생각할 수도 있습니다. 영어 사용자에겐 생소
한 이름이니 더더욱 오해할 수 있겠죠. 성(last name)은 중요하거나
역사적인 인물, 혹은 대통령의 이름 등을 언급할 때에나 씁니다. 예
를 들어 헬렌 켈러(Helen Keller)나 도널드 트럼프(Donald Trump)
와 같은 인물의 이름을 말할 때 말이죠. 아니면 졸업식에서 졸업생
의 이름을 불러 무대로 올라오게 할 때나 시상식과 같은 격식을 갖춘

장소에서는 이름과 성을 모두 말합니다.

이밖에 실생활에서 누군가의 이름을 성(last name)까지 부르는 경우는 부모님이나 선생님과 같은 사람이 아이를 혼낼 때입니다. 한국에서도 누군가 혼날 만한 행동을 하면 "아란아"라고 다정하게 이름을 부르는 대신 "김아란!" 하고 단호하게 부르듯이, 영어에서도 이런 상황에서는 성(last name)까지 부릅니다.

(2) 이름을 띄어 적기

또 한 가지 주의할 것은 영어로 이름을 쓸 때에 이름(first name)을 한국식 음절에 맞게 띄어 적는 것입니다. 한국의 이름은 대개 3음절로 되어 있어서 'A Ran Kim'과 같이 띄어 적는 경우가 종종 있습니다. 그런데 그렇게 적으면 외국 사람들은 'A Ran'에서 A는 이름(first name), Ran은 가운데 이름(middle name)이라고 생각하기 십상입니다. 그러니 이름은 'Aran'처럼 붙여서 적는 것이 좋습니다. 혹 글자 수가 너무 많거나 철자만 봐서는 발음하기 어려울 것 같을 경우엔 'Ji-hye, Young-eun'과 같이 '-'을 활용해 표기하면 충분합니다.

(3) 이름을 대문자로 적기

이따금씩 자신의 이름을 'I'm ARAN.", "My name is ARAN KIM.'과 같이 대문자로 적는 실수를 발견하곤 하는데요. 대문자로 안 적어도 다 보이니 대문자로 적지 마세요. 대문자는 문장의 첫 글자나 고유 명사의 첫 글자에만 쓰고, 특별한 경우가 아닌 이상 어떤 말의 약자(acronym)를 표기할 때에나 사용합니다.

예를 들어 "Hello!"라는 문장의 첫 글자인 H는 대문자로 적어야 옳고, South Korea와 같은 고유 명사는 각 단어의 첫 글자를 대문자로 적어야 옳습니다. 그리고 'At the moment(지금)'의 약자인 ATM 같은 말은 대문자로 쓰는 것이 정석입니다.

이 같은 경우를 제외하고 사람의 이름을 전부 대문자로 쓰는 경우는 거의 없는데, 예외적인 경우는 바로 중요한 서류나 여권 같은 신분증 등에 이름을 쓸 때입니다. 그 이유는 I(i)나 l(L)처럼 모양이 헷갈릴 수 있는 철자들 때문에 이름을 오해할 가능성을 피하기 위함입니다. 또한 잘못 기입하면 문제가 발생할 위험이 있기 때문에 이를 방지하고자 이름을 대문자로 표기합니다.

그러니 일부 예외적인 상황을 제외하고 일반적인 상황에서 자신의 이름을 대문자로 쓰면 'ARAN이 무슨 말의 약자인 거지?'라는 궁금증을 자아내거나 혹은 자신이 엄청나게 중요한 사람이라고 강조하는 것처럼 보일 수도 있습니다. 또는 '이 사람은 영어를 어색하게 사용하네'라는 인상을 줄 수도 있으니 주의하세요. 이름도 고유 명사이고, 고유 명사는 첫 글자만 대문자로 쓰니 이름도 Aran과 같이 첫 글자만 대문자로 적으세요.

QRコ드 스캔하여 영상 시청하기!
왕초보부터 실력자까지 많이 틀리는 영어 실수 TOP 5

(4) "너 진짜 하얗다!"

한국 사람들은 외모에 관심이 많은 편입니다. 또한 타인의 외모에 대해서도 아래와 같은 이야기를 서슴없이 하는 모습을 쉽게 볼 수 있죠.

"미인이세요!"

"피부가 엄청 뽀얗네요!"

"얼굴이 작으세요!"

"에구, 피부에 뭐가 났네!"

"너 살 빠졌다?"

"살 조금만 빼면 예쁠 것 같은데..."

하지만 미국에서는 한국에서처럼 사람들이 외모에 대해 자주 언급하지 않는 편이고, 또한 미국에서 외모에 관해 이야기할 때 특별히 주의해야 할 표현들도 몇 가지 존재합니다. 그럼 지금부터는 미국에서 조심해야 할 외모 이야기 및 모르면 실수할 수 있는 다양한 표현들을 소개해 드리도록 하겠습니다.

"You are so white!(너 진짜 하얗다!)"

백인에게 "You are so white!"라는 말을 하지 않도록 주의해야 하는 이유는 바로 'white'이라는 단어는 기본적으로 '흰'이라는 뜻이지만 '백인의'라는 뜻도 있어서 "You are so white!"이라고 하면 "넌 참 백인적이다!", "넌 아주 전형적인 백인스러워!"와 같은 의미를 가진 말로 들릴 확률이 높기 때문입니다.

따라서 백인에게 "You are so white!"이라고 하면 이 말을 들은 백인은 '내 어떤 행동이 전형적인 백인의 행동이었다는 거지?', '지금 내가 인종 차별적이라고 말하는 건가?' 혹은 '나한테 백인에 대한 고정관념을 씌우는 건가?'라고 생각할 수도 있습니다.

피부가 뽀얗다고 할 땐 주로 'pale'이라는 단어를 씁니다. 그런데 피부가 뽀얗다고 칭찬하고 싶은 생각에 백인에게 "You are so pale!" 이라고 말하면 상대방이 과연 이 말을 칭찬으로 받아들일까요? 오히려 이 말을 칭찬으로 생각하지 않을 확률이 높습니다. 왜냐하면 한국에서는 사람들이 피부가 백옥 같은 연예인들을 부러워하고 피부를 희게 만들어 주는 화이트닝 크림이나 화이트 태닝이 인기 있을 만큼 희고 밝은 톤의 피부를 선호하는 경향이 있지만, 이와는 반대로 백인들은 어두운 톤의 탄 피부를 선호하는 경향이 있기 때문입니다.

한번은 백인인 제 시누이 매리앤(MaryAnne)이 "이제 날씨가 더워지는데 내 다리가 너무 하얘서 창피해 반바지를 못 입겠다"고 한 적이 있습니다. 저는 미국에 피부를 어둡게 해 주는 태닝 스프레이며 태닝 크림 등이 시중에 굉장히 많고 유튜브에서도 'How To Get Tan Without the Sun/Tanning Routine'과 같이 셀프 태닝법을 알려 주는 영상들이 수백만 조회수를 기록할 만큼 인기라는 건 알고 있었지만, 시누이가 저렇게 말하는 걸 듣고 제대로 실감했습니다.

'백인들은 피부가 너무 하얀 걸 창피해하기까지 하는구나.'

저는 시누이의 뽀얀 다리가 부럽기도 했는데 말입니다.

한번은 제 남편 크리스가 하와이 여행을 마친 후 스스로의 탄 피부를 보며 이렇게 말한 적이 있습니다. "People must think I'm really cool and have such a fun life!(사람들은 내가 엄청 멋있는 사람이고 재미있는 인생을 즐기며 사는 줄 알겠다!)" 실제로는 집 안에 콕 박혀 공부만 하는 단조로운 삶을 사는데, 딱 일주일 여행한 덕에 피부가 타서 사람들이 그걸 보고 자신을 멋지게 사는 사람으로 여길 거라 생각해 저렇게 말한 것이죠.

제가 어렸을 때만 해도 한국에서는 피부가 까무잡잡하면 촌스러워 보인다는 말을 들었고, 반대로 뽀얀 피부를 갖고 있으면 귀티가 난다는 말을 들었습니다. 아마도 까만 피부는 바깥에서 일한 것만 같은 느낌이고, 흰 피부는 고생하지 않고 실내에서 귀하게만 지낼 것 같은 느낌이라 그랬던 것일까요? 요즘에야 이런 생각이 많이 줄었고 다양한 미의 기준이 받아들여지며 미 자체를 추구하려 하지 않는 운동도 일어나지만, 동양 국가들에서는 오래 전부터 백옥 같이 흰 피부를 추구하는 경향이 있어 왔습니다.

그러나 이와는 반대로 미국에서는 피부가 그을러 있으면 은연 중에 '여유롭게 여행을 다니거나 야외 활동을 즐길 시간이 많은가 보네!'라고 생각하는 경향이 있고, 그래서 그런지 뽀얀 피부보다는 탄 피부를 선호합니다. 뽀얗기만 한 피부는 지루하게 집에만 박혀 사는 사람이라는 인상을 준다고 합니다.

그런데 흥미롭게도 인간의 심리는 자신이 가지지 못한 것을 더 원하는 것인지, 흑인은 오히려 밝은 피부를 선호하는 경향이 있다고 합니다. 그래서 아주 어두운 피부를 가진 흑인이 혐오의 대상이 되거나 부당한 차별을 당하는 경우도 있는데, 요즘엔 이러한 인식이 점점 개선되어 자신의 모습을 있는 그대로 받아들이고 사랑하자는 목소리가 커지고 있습니다.

그러니 모쪼록 백인이나 흑인에게 "너 진짜 하얗다!", "너 피부 되게 까맣다!"와 같은 말들은 삼가시기 바랍니다. 이 말이 칭찬이 아닌 부적절한 의미로 받아들여질 수 있으니까요.

(5) "너 얼굴 진짜 작다!"

한국에서는 얼굴이 작을수록 전신 비율이 좋다고 생각해 '소두', 즉 '작은 얼굴'을 갖고 싶어 하는 사람이 많고, 따라서 얼굴을 작아지게 만드는 경락, 보톡스, 마사지 등이 성행합니다. 그만큼 한국 사람들은 얼굴 크기에 민감하고 얼굴이 크면 이를 콤플렉스로 여기기까지 합니다. 심지어 머리가 큰 개그맨은 자신의 머리가 큰 것을 개그 소재로 활용하기도 하죠. 따라서 한국 사회에서는 얼굴이 크다고 하면 모욕에 가까운 말이 됩니다. 반대로 얼굴이 작다고 하면 칭찬이 되죠. 타고난 두상의 크기가 칭찬이거나 모욕일 이유가 전혀 없는데 말입니다.

어찌 됐건 외국인에게 작은 얼굴을 칭찬하겠답시고 "Your face is really small!(너 얼굴 진짜 작다!)"라고 하면, 상대방은 어리둥절해할 수 있다는 것에 반드시 주의해야 합니다. 대부분의 외국인들은 얼굴 크기에 대해 생각해 본 적도 없을뿐더러 그에 대한 평가도 평생 들어 본 적이 거의 없습니다. 따라서 얼굴이 작다는 말을 칭찬으로 받아들여야 할지 욕으로 받아들여야 할지 모를 것입니다. 마치 한국 사람에게 "와! 귓불이 참 얇으시네요!"라고 하면 '내 귓불 두께는 대체 왜 관찰한 거지? 그리고 어떤 의도로 이런 말을 하는 거야?'라고 생각하며 이 말이 칭찬인지 욕인지 분간하기 애매할 수 있는 것처럼 말입니다.

그리고 혹시라도 외국인에게 머리가 작다며 "Your head is so small!(너 머리 진짜 작다!)"라고 하면 상대방이 기분 나빠할 수 있습니다. 이 말은 곧 뇌가 작다는 뜻으로 해석돼 멍청하다는 뜻으로 받아들여질 수도 있기 때문입니다.

그러니 "Your face is really small!", "Your head is so small!"과 같은 말들을 칭찬일 거라는 생각으로 섣불리 내뱉지 않도록 주의해야 합니다. 이상하고 기분 나쁜 말로 받아들여질 수 있으니까요.

(6) "나이가 몇이야?"

저는 제 미국 친구들의 나이를 모릅니다. 그리고 그들도 제 나이를 모릅니다. 이유는 단 하나, 알 필요가 없기 때문입니다. 한국에서는 초면에 나이를 묻습니다. 나이에 따라 관계를 설정하고, 어떤 관계인지에 따라 존댓말을 쓸지 반말을 쓸지 정할 수 있기 때문에 한국에서 나이는 중요한 정보입니다.

반면 영어권 국가에서는 그렇지 않습니다. 이전에 말했듯이 나이에 따라 관계나 쓰는 언어가 전혀 달라지지 않기 때문이죠. 따라서 영어권 국가에서는 나이를 소개하는 일도 없고, 나이를 묻는 일도 드뭅니다. 미국에서는 매년 1월 1일마다 나이를 먹는 것이 아니라 생일이 되어서야 나이를 먹게 되기 때문에 혹시라도 자기소개를 하며 나이를 소개하면 '나이를 왜 말하지? 최근에 생일이라도 지났다는 말인가?'라고 생각할 수도 있습니다.

또 외국인에게 "How old are you?(너 나이가 몇이야?)"라고 묻는다면 "Why?(왜?)"라는 대답을 듣게 될지도 모릅니다. 관계를 맺는 데 있어 필요하지도 않은 구체적인 개인 신상은 왜 묻는 건지 궁금할 수밖에 없기 때문이죠. 이는 마치 한국에서도 초면에 갑자기 "별자리가 뭐예요?"라고 묻거나 "발 사이즈가 어떻게 되나요?"라고 묻는다면 대답은 해 줄 수 있을지언정 "그건 대체 왜요?"라고 하며 궁금해하게 되는 것과 마찬가지입니다.

미국에서는 나이가 몇이든 'friends(친구)'가 될 수 있습니다. 친하면 '친구(friends)'입니다. 그러나 한국에서는 나이가 어린데 선을 넘는다고 생각되면 아무리 가깝게 오래 사귄 사람이라도 "내가 네 친구냐?"라고 하기도 합니다. 그러고 보면 한국어로 '친구'라는 말은 우정을 나누는 관계라기보다 '동갑'이라는 뜻이 더 강하게 담겨 있는 듯합니다.

따라서 많은 한국 사람들은 영어를 사용하면서도 나이를 묻고 언니 동생 사이인지, 형 동생 사이인지 등을 구체적으로 규정하고 싶어 하죠. 이때 여성일 경우엔 sister, 남성일 경우엔 brother라고 칭하며 관계를 설명하려 하는 경우가 있는데, 영어에서 sister와 brother은 '자매, 형제'와 같은 혈연 관계를 지칭할 때만 쓴다는 것을 알아 두셔야 합니다. 따라서 아무리 나이가 다르다 할지라도 친한 사이라면 "We're friends.(우리는 친구예요.)"라고 하는 것이 자연스럽습니다. 쉽게 생각해서 가족이나 친척, 혹은 아예 안 친해서 지인(acquaintance)이라고 칭할 수밖에 없는 관계가 아니라면 다 친구(friends)인 것입니다.

그리고 나이가 어리니까 윗사람에게 어떻게 행동해야 한다는 개념도 없습니다. 윗사람이라는 단어조차 존재하지 않을 정도지요. 그러니 영어권에서는 나이를 물을 필요가 없습니다.

2. 나이 소개 문화

friends

"We are friends." 이렇게 얘기한답니다.
and say, "We are friends."

한국에 돌아와 느끼는 문화 충격

(7) "혈액형이 뭐야?"

미국에서 놀랐던 또 하나는 바로 자신의 혈액형을 모르는 사람들이 꽤 많다는 것이었습니다. 한국 사람 중에서는 자신의 혈액형을 모르는 사람이 거의 없을 것입니다. 혈액형마다 전형적인 성격적 특징 또한 있다고 믿는 경향이 있어 첫 만남에 혈액형이 뭐냐고 묻기도 하지요.

하지만 미국에서 "What's your blood type?(너 혈액형이 뭐야?)" 이라고 질문하면 생뚱맞고 공포스러운 질문이 되고 맙니다. 혈액형이 성격과 관련이 있다는 개념 자체가 없어서 '혈액형은 왜 묻지? 내 피가 필요한가?'라고 생각하게 될 테니까요.

(8) "왜?"

제가 미국에서 초반에 저질렀던 수많은 실수 중 또 하나는 바로 친구가 "Hey!"라고 보낸 문자에 "Why?(왜?)"라고 답장한 것이었습니다. 친구는 제가 너무 차가워 보인다고 했습니다. 그래서 저는 친구에게 "네가 날 불렀기에 왜 불렀는지 물어본 것뿐이다"라고 했더니, 그가 'Hey'는 'Hi(안녕)'과 같은 개념이고 'Hi'보다 더 친근한 인사일 뿐이라고 말해 주었습니다. 그래서 제게 대화를 하자는 의미로 "Hey!(안녕!)"이라고 인사한 건데, 제가 여기에 "왜?"라고 답한 거였다는 겁니다. 상처를 받을 만도 했습니다.

제 유튜브 채널 Aran TV의 구독자 중 한 분도 외국인 친구에게 "Hey!"라는 문자를 받고 여기에 "Why?"라고 답했더니, 그 친구로부터 "Why what?(뭐가 왜야?)"라는 답이 돌아왔다고 합니다. 기억하세요. 누군가가 "Hey!"라고 하면 "Why?"라고 하지 말고 똑같이 "Hey!"라고 맞받아치는 것이 자연스럽습니다.

QR코드 스캔하여 영상 시청하기!
원어민이 "Hello!", "Hi!"보다 더 자주 쓰는 인사말

그리고 또 하나 주의할 것이 있습니다. 예전에 크리스가 저를 "Aran!" 혹은 "Hey, Aran!"이라고 자주 불렀는데, 이때 저는 습관적으로 매번 "Why?"라고 답했습니다. "아란아!"라는 말에 "왜?"라고 답하는 것만큼 자연스러운 답도 없으니까요. 그런데 한번은 크리스가 옆에 있던 자신의 누나 매리앤에게 "아란이는 내가 부르면 꼭 why라고 답하더라"라고 하며 그게 신기하다는 듯 이야기했습니다. 저는 그게 신기했습니다. '아니, 그럼 why라고 하지 뭐라고 말한담...?' 그래서 제가 크리스에게 why라고 답하는 게 왜 신기하냐고 물었더니 영어로는 누가 불렀을 때 "What?"이라고 답하는 게 자연스럽다는 겁니다. 바로 "Aran!"이라고 부른 것에 '무슨(what)' 용건 때문이냐는 뜻으로 답하기 때문에 그렇다고 했습니다.

그러니 여러분도 이제는 외국인이 자신의 이름을 불렀을 때 "Why?(왜 불러?)"라고 하지 말고 "What?(뭐 때문에 불러?)"라고 답하도록 하세요. "Why?"라고 답하면 차가워 보인다는 오해를 받거나 '뭐가 왜야?'라며 이상하게 여길 수도 있으니까요.

(9) "나 회사 다녀!"

한국에서는 무슨 일을 하는지 묻는 말에 "회사에 다닌다"라고 답하는 경우가 종종 있습니다. 학교를 다니는 학생이나 사업을 하는 사업

가, 혹은 주부가 아니라 월급을 받는 회사원으로서 일한다는 정보를 전달하는 것이죠. 그래서 영어로도 "What do you do?(무슨 일 하세요?)"라는 질문에 "I go to a company.(회사 다녀요.)"라고 하는 경우가 있는데, 이건 다소 무의미한 표현이라 부자연스럽습니다.

"I go to a company.(저 회사 다녀요.)" 혹은 "I'm an office worker.(저는 회사원이에요.)"와 같은 말들은 '무슨 일'을 하냐고 묻는 질문에 충분한 정보를 전달하지 못합니다. 설문지 같은 데에서 'office worker(회사원), construction(건설), unemployed(무직)'과 같이 직종을 크게 분류할 때에는 쓰일 수 있겠지만, 일반적인 대화에서 직종을 묻는 질문에 답할 때엔 직종을 말해야 합니다. 즉, 일하는 장소나 직종을 구체적으로 언급하라는 것이죠.

예를 들어, 빵집에서 일한다면 장소를 말할 때 쓰는 전치사 'at'을 활용해서 "I work at a bakery.(저 빵집에서 일해요.)"와 같이 말하면 되고, 소속되어 있는 회사명을 말하고 싶을 땐 'for'을 사용해서 "I work for Samsung.(저 삼성에서 일해요.)"와 같이 말하면 됩니다. 이렇게 말하면 그 회사를 '위해서(for)' 일한다는 뉘앙스가 전달되기 때문에 해당 회사의 충실한 일원이라는 느낌이 납니다. 혹시 구체적인 회사명보다는 일하는 분야를 말하고 싶다면 전치사 'in'을 쓰세요. "I work in marketing.(전 마케팅 분야에서 일해요.)"와 같이 말하면 됩니다.

이밖에 자신이 직접 무언가를 운영하고 있다면 'run'이라는 동사를 활용하여 "I run a restaurant.(저는 식당을 운영해요.)"와 같이 말씀하시면 됩니다. 물론 구체적인 직업명을 언급하셔도 좋습니다. "I'm a teacher.(저는 선생님이에요.)", "I'm a nurse.(저는 간호사예요.)"와 같이 말이죠.

(10) "아니에요!"

미국에 처음 갔을 때 누군가 제게 "Thank you!"라고 하면 매번 "아니에요!"라고 답했습니다. 마치 한국어로 "에이, 고맙긴요. 아니에요"라고 말하듯이 자연스럽게 "No!"라는 말이 튀어나왔습니다. 심지어 손사래를 치며 "No, no, no, no, no!"라고 하기도 했죠. (대체 뭐가 아니라는 건지...)

영어에서는 상대방이 고맙다고 하면 그걸 부정하는 대신 '당신은 나에게 환영받는 존재이다'라는 의미로 "You're welcome!"이라고 하거나 '그럼, 내가 당연히 도와줘야지!'라는 뉘앙스로 "Of course!"라고 합니다. 고맙다는 말에 한국어로 답하듯이 "No!"라고 하게 되면 상대방은 '뭐지, 뭐가 아니라는 거야?'라고 생각하며 의아해할 수 있습니다.

한국에서 "아니에요!"라고 말하게 되는 또 다른 상황은 바로 칭찬을 받을 때입니다. 뭘 잘한다고 칭찬하면 꼭 아니라고 부인합니다. 겸손이 미덕이니까요. "맞아요. 제가 좀 잘하죠"라고 바로 인정하면 재수가 없거나 사회성이 없거나, 둘 중 하나입니다.

물론 미국에서도 겸손은 중요하고 아름다운 덕목입니다. 그러나 지나치게 겸손할 필요는 없습니다. 자신의 재능이나 노력을 과소평가해서도 안 되고요. 언젠가 미국인 친구들이 저더러 피아노를 칠 줄 아냐고 묻길래 제가 "손이 굳어서 잘 못 쳐"라고 했더니 장난 반 진담 반으로 "한국인들은 잘하는 것도 무조건 못한다고 하는 거 다 알아. 네가 피아노 못 친다고 해도 우리는 네 말 안 믿어"라고 했습니다. 저는 '한국인들이 그런 인상을 줄 정도로 자신의 능력을 부인하고 과소평가하던가?' 싶었습니다.

생각해 보면 미국인들은 대체로 칭찬을 비교적 쉽게 받아들이고 자신의 장점을 인정하는 편입니다. 그러니 영어를 쓸 때 칭찬에 무조건 "No"라고 반응하기보다는 아래와 같은 말들로 겸손하게 칭찬을 인정하고 감사를 표하는 건 어떨까요?

Wow! You are so understanding.
와! 넌 정말 이해심이 많구나.
I try. Thank you.
그러려고 노력해. 고마워.

Your English is so good!
너 영어 참 잘하는구나!
I appreciate it. I've been working on it.
감사해요. 노력하고 있어요.

그리고 무언가를 출중하게 잘하는 건 아니지만 딱히 아주 못하는 것도 아닐 때엔 아래와 같이 말해 보세요.

I'm not the best, but I enjoy it.
아주 잘하는 건 아니지만 좋아해요.
I'm not too bad.
실력이 썩 나쁘진 않아요.

(11) 전화 끊을 때 주의할 점

한국에서는 전화 통화를 하다가 마지막에 "그래", "알았어"라고 하거나 "어. 들어가"와 같은 말로 마무리짓는 경우가 많습니다. 꼭 "끊어"라고 말하지 않죠. 그래서 저는 미국에서 통화할 때에도 "Okay!(그래!)"라고 하거나 "Alright. I'll talk to you later.(그래. 다음에 이야기하자.)"라고 말하고 전화를 뚝 끊곤 했습니다. 그런데 어느 날 한 미국인 친구가 어떤 동양인들은 "Bye"를 말하지 않고 전화를 뚝 끊어 버린다며 상처받은 경험이 있다고 말한 적이 있습니다. 이때 비로소 저는 '아, 전화를 끊을 땐 꼭 'Bye'라고 해야 하는구나'라고 깨달았습니다.

미국인과 통화해 보시면, 아니, 전화 통화 장면이 나오는 미드나 영화만 봐도 아실 겁니다. 전화를 끊을 때 반드시 "Bye" 또는 "Bye bye"라고 말한다는 것을요. 그리고 가족이나 연인과 전화를 끊을 땐 "Love you! Bye."라고 하며 사랑한다는 말도 잊지 않습니다. 한국에서는 낯간지러워서 가족 사이에 이런 말 잘 못하는 경우도 많은데, 미국인들은 전화를 끊을 때 사랑 표현도 상당히 잘하더군요.

(12) 자리 비울 때 주의할 점

저는 뷔페 같은 곳에서 밥을 먹다가 음식을 새로 가져올 때라든가 화장실을 가느라 잠시 자리를 비울 때 아무 말도 하지 않고 조용히 다녀왔는데, 미국인들은 꼭 "I'll be right back.(금방 다시 올게.)"라는 말을 하고 자리를 뜬다는 걸 눈치챘습니다.

처음에는 '다시 올 게 뻔한데 굳이 그 말을 왜 하지?' 싶었는데, 나중에 가서는 모두가 언제나 그렇게 말한다는 것을 알게 되어 저도 그렇게 했습니다. 이처럼 미국에서는 자리를 비울 때 "I'll be right back."이라는 말을 자주 쓰기 때문에 'BRB(Be Right Back)'이라는 줄임말까지 있을 정도입니다. 미국에서 자리를 비울 땐 소리소문 없이 사라지면 무례하다고 생각할 수 있으니 "I'll be right back!"이라고 언급하시는 걸 유념하세요.

(13) 조용히 있으면 무례해질 때

미국에서는 조용히 있으면 무례해지는 경우들이 있습니다. 한국에서는 기침할 때, 목을 가다듬을 때, 또는 타인 근처를 지나갈 때나 타인과 부딪혔을 때 아무 말도 하지 않고 조용히 지나가는 경우가 많은데, 미국에서는 이럴 때마다 "Excuse me.(양해 좀 구하겠습니다.)"라고 하거나 "I'm sorry.(죄송합니다.)"라는 말을 건넵니다. 심지어는 열심히 강의하시던 교수도 강의 중간에 잠깐 목을 가다듬게 되면 꼭 강의를 멈춘 채 "Excuse me.(양해 좀 구할게요.)"라고 말한 뒤 강의를 이어 나갑니다. 그게 강의의 흐름을 끊는 것만 같아 보여도 말입니다.

그리고 자신과 충분히 멀리 떨어져 지나가는 것 같은 사람도 자신과 같은 복도를 지나가거나 상대방이 자신을 의식할 만하다고 여겨지면 그 사람에게 "Sorry.(죄송해요.)"라는 말을 필히 건넵니다. '이렇게 멀리 지나가는데 사과하는 건 너무 심한 거 아냐?'란 생각이 든 때도 여러 번 있었을 정도니 영어권에서는 "Excuse me"와 "I'm sorry"라는 말을 습관화해 두는 것이 좋습니다.

가만히 있으면 의도치 않게 무례하거나 차갑다고 오해를 받을 수 있는 또 다른 경우는 바로 상대방이 재채기를 했을 때입니다. 여기서 말하는 재채기는 "콜록콜록"하며 하는 기침(cough)이 아니라 "에취!"라고 하며 하는 재채기(sneeze)를 뜻하는데, 미국에서는 재채기를 하는 이에게 꼭 "Bless you!(축복합니다!)"라는 말을 건넵니다.

설령 한참 수업을 하는 중에 누군가 재채기를 하거나 공항에서 전혀 모르는 사람이 재채기를 해도 지체하지 않고 "Bless you!(축복합니다!)"라고 말해 줍니다. 안 그러면 서운해한다니까요?

이 문화는 수천년 전에 유래되었는데, 과거 재채기가 전염병의 한 증세였을 때 재채기하는 이에게 "건강을 빕니다" 또는 "장수를 빕니다"와 같은 말을 건넨 것에서 시작되었다고 합니다. 그러다 16세기에 그레고리(Gregory) 교황이 "축복한다"라고 말하면서 "God bless you."라는 말이 사용되었다고 합니다. 여기엔 미신의 영향도 없지 않은데, 과거엔 사람들이 재채기를 하면 영혼이 몸에서 빠져나간다고 믿었다고 합니다. 그래서 재채기 때문에 영혼이 몸에서 빠져나간 찰나에 나쁜 영이 몸에 들어가지 않도록 막는 차원에서 축복을 빌었다고 합니다.

현대의 미국인이 "Bless you!"라는 말을 할 때, 이것이 어떤 전염병과 관련 있다고 생각하거나 미신을 떠올리지는 않을 것입니다. 아주 일상적인 언어가 된 것입니다. 재채기 소리가 들리면 곧이어 누군가로부터 "Bless you!"라는 소리가 들릴 것을 기대해도 좋습니다. 여러분도 미국에서 누군가가 재채기를 하면 얼른 "Bless you!"라는 말을 건네 보세요. 그리고 재채기를 했을 때 누군가가 "Bless you!"라고 말해 주면 웃으면서 "Thank you."라고 답해 보세요. 센스 있게 말이죠!

어색하고 무례한 영어 피해 가기!

❶ 앞서 말한 13가지 내용 중
새롭게 알게 된 것이 있나요?
있다면 아래에 그 내용을 적어 보시기 바랍니다.

_____

_____

_____

_____

_____

_____

_____

❷ 앞서 말한 13가지 내용 중
본인이 특히 주의하고 유념해야 할 표현은 무엇인가요?
그리고 그 이유가 무엇인지도
본인만의 언어로 아래에 그 내용을 적어 보세요.

_____

_____

_____

_____

_____

_____

_____

PART 4

40만 구독자와의 Q&A
아란쌤,
궁금한 게 있어요!

Q1. 아란쌤은 어떤 언어로 생각하세요? 한국어? 영어?

A. 둘 다요. 미국에서 교환 학생으로 있을 때 영어로 생각하기 시작했고, 영어로 잠꼬대하기도 했습니다. 어떤 언어로 생각하는지는 어느 나라에 있느냐, 누구와 함께 있느냐, 무엇을 보거나 읽고 있느냐, 어떤 것에 대해 생각하느냐 등에 영향을 받습니다. 즉 '어떤 언어가 필요한 상황에 처해 있느냐'에 영향을 받는다고 할 수 있죠.

Q2. 저도 1년 동안 아란쌤처럼 공부하면 아란쌤처럼 될 수 있을까요?

A. 저의 대답은 "Yes and no"입니다. 그럴 수도 있고 아닐 수도 있습니다. 저보다 더 잘하실 수도 있고, 저보다 못하실 수도 있습니다. 다시 말해 제 현재의 실력을 따라잡기까지 1년이라는 시간이 채 안 걸릴 수도 있고, 그보다 더 걸릴 수도 있습니다.

언어 회화는 머리보다는 몸으로 하는 것이기 때문에, 악기를 다루는 것이나 스포츠를 하는 것과 같습니다. 제가 피아니스트 이루마 씨와 똑같은 방법으로 똑같은 시간만큼 피아노 연습을 한다고 해서 이루마 씨와 똑같은 실력이 된다는 법이 없고, 제가 김연아 씨와 똑같은 시기에 피겨스케이팅을 시작해 똑같은 훈련을 받는다고 해서 김연아 씨와 똑같은 실력이 된다는 법은 없습니다. 하지만 이것이 결코 제가 그들보다 못하리라는 뜻은 아닙니다. 마찬가지로 모두가 저와 똑같은 방법으로 똑같은 시간 동안 공부한다고 해서 저와 똑같은 시기에 똑같은 결과가 나오리라는 보장은 없습니다. 저와 비교도 할 수 없을 만큼 더 잘하게 될 수도 있고, 저보다 더 많은 시간과 노력이 필요할 수도 있습니다.

결과가 사람마다 다른 이유는 우리 모두가 처한 환경이 다르고, 또

한 제각기 타고난 재능에 차이가 있기 때문입니다. 그 재능이 언어인 사람은 남들보다 덜 노력해도 더 좋은 결과를 낼 테고, 그 재능이 언어가 아닌 사람은 남들보다 더 노력해야 같은 결과를 낼 것입니다.

그렇기에 제가 자신 있게 보장할 수 있는 것은 딱 한 가지뿐입니다. 바로 제가 소개한 공부법이 효과가 있다는 것입니다. 그 효과를 얼만큼 빨리, 얼만큼 성공적으로 내느냐는 오롯이 실천하는 사람에게 달려 있습니다.

Q3. 아란쌤은 어떻게 스스로 동기 부여를 하시나요?

A. 제 스스로를 동기 부여하고 설레게 하는 유일한 방법은 바로 더 나은 제 모습을 상상하는 것입니다. 발전해 있는 미래의 제 모습보다 저를 더 가슴 뛰게 하는 존재는 없습니다. 그래서 저는 오직 최상의 저와만 저 자신을 비교합니다. 최상의 저를 상상하면 질투나기까지 합니다. 시간을 가장 효율적으로 쓰고 재능을 가장 멋지게 사용하며 집중력을 가장 강하게 발휘하는 최상의 '김아란'을 상상하면 요즘 말로 '입틀막(입을 틀어 막는다)'할 정도로 뿅 갑니다. 저는 미래의 저의 팬입니다. 미래의 김아란이 되고 싶어 안달 난 현재의 김아란은 어느 때보다도 동기 부여를 받습니다.

제게 자극을 주는 명언이 하나 있다면, '연습은 완벽을 만든다'는 명언을 철저히 부인하는 명언, 바로 '연습은 완벽을 만들지 않는다. 오직 완벽한 연습만이 완벽을 만든다'는 말입니다.

이 명언은 저를 더 치밀하게 노력하게 만듭니다. 왜냐하면 이 명언이 너무나도 사실이기 때문입니다. 그저 막연히 '연습하다 보면 언젠간 완벽해지겠지'라고 생각하면서 연습하면 실전에서 완벽을 발휘하지 못합니다. 절대로요. 실전에서 완벽하고자 한다면, 연습에서 완벽해야 합니다. 이런 생각이 저로 하여금 연습을 멈추지 않게 했고, 앞으로도 멈추지 않게 할 것입니다.

Q4. 슬럼프는 어떻게 극복하셨어요?

A. 슬럼프라는 건 없었습니다. 물에 빠졌다고 생각해 보세요. 물 밖으로 나가야겠다는 생각밖에 들지 않을 것입니다. 물에 빠져 헤엄쳐 나와야 하는 사람에게 슬럼프에 빠질 여유가 있을까요? 저는 물에 빠져 헤엄쳐 나와야 하는 사람처럼, 영어를 배워야겠다는 목적이 분명하고 강렬했습니다. 세상에 제가 보고 싶은 변화를 만들어내기 위해선 제가 영어를 잘해야 했으니까요. 그래서 슬럼프에 빠질 여유 따위는 없었습니다. 슬럼프는 사치입니다. 나약한 의지와 귀찮은 감정에 대한 구실 좋은 핑계일 뿐입니다. 슬럼프가 왔다고 느낀다면, 애초에 왜 영어를 배우기 시작했는지 그 목적을 생각하세요.

그리고 슬럼프를 슬럼프라는 단어 말고 다른 단어로 묘사해 보십시오. 예를 들어 동기가 사라졌다거나, 육체가 피로하다거나, 실력이 늘지 않는 것 같아 실망스러운 감정이 자신을 압도한다거나 하는 식으로 말입니다. 이렇게 슬럼프가 왔다는 느낌이 들 때 슬럼프라는 단어를 쓰지 않고 문제를 조목조목 구체적으로 묘사해 보면, 진짜 자신의 문제가 뭔지 제대로 파악하고 정면으로 마주할 수 있게 됩니다. 그러면 그건 더 이상 슬럼프가 아닌 '해결할 문제'가 됩니다.

물론 저 역시 공부하다가 너무 어려워서 화난 적도 있었고, '더 이상은 죽어도 못하겠다'라는 생각이 들 만큼 지쳤던 때도 있었습니다. 제 경우 토플 시험을 볼 때마다 그랬는데, 그렇게 하는 것이 옳았습니다. 저의 도전이 마냥 편했다면, 그건 제가 한계를 벗어나지 않았기 때문이었겠죠.

공부가 질린다면 공부를 떠나 잠시 숨을 돌리는 것도 한 방법입니다. 직접적으로 공부하는 건 아니지만, 공부하고 싶어지게끔 만드는 활동이나 공부해야 할 동기를 상기시켜 주는 활동을 해 보는 건 어떨까요? 예를 들어 짧은 여행을 떠난다든지, 영어로 된 영화나 드라마를 본다든지, 아니면 좋아하는 해외 아티스트의 인터뷰를 영어 자막 없이 본다든지 하는 식으로 말입니다. 아니면 외국인과의 사교 모임에 참여해서 재미도 얻고 자극을 받으면, 배움을 지속할 동기를 얻을 수도 있을 것입니다.

위에서 언급한 활동들은 생각보다 중요한 역할을 할지도 모릅니다. 'Sharpen the saw(톱을 갈다)'라는 영어 표현도 있는데, 이 표현은 '좋은 톱을 가지려면 톱을 갈아야 한다'라는 의미를 가지고 있습니다. 아무리 좋은 톱도 주구장창 사용하기만 한다면 결국은 날이 둔해져 잘 들지 않게 될 것입니다. 이처럼 톱을 잘 사용하기 위해서는 중간중간 사용을 멈추고 톱을 갈아 주는 것이 필수이듯이, 공부를 잘하기 위해서도 사정없이 달리기만 할 것이 아니라 중간중간 적당히 휴식을 취하면서 자신에게 재미와 자극을 주며 정신을 환기시키는 것이 필수적입니다.

Q5. 모국어를 잘해야 외국어도 잘한다고요?

A. 네. 외국어를 뛰어나게 잘하는 사람들을 보면 모국어 실력도 상당합니다. 그도 그럴 것이 모국어로 모르는 단어는 외국어로도 알 수 없고, 모국어에서 사용하지 않는 표현은 외국어에서도 사용하지 않을 것입니다. 마찬가지로 모국어 발음이 부정확한 사람이 외국어 발음이라고 정확할 수 있을까요? 또한 모국어를 쓸 때 비문이 비문

인지 모르는 사람이 외국어를 쓸 때 문법이 틀린 걸 가늠할 수 있을까요? 그럴 리 만무합니다. 모국어를 사용할 때 풍부한 어휘력과 표현력, 그리고 탄탄한 논리력이 갖춰져 있다면 외국어를 구사할 때에도 이것이 반영되기 마련입니다.

저는 초등학교 때 가끔씩 국어사전을 들춰 보는 게 취미였습니다. '어디 보자. 내가 모르는 단어 좀 찾아볼까?' 하고 사전을 뒤적이는 것이 그렇게 흥미로울 수 없었습니다. 처음 보는 단어가 눈에 띄면 "우와! 모르는 단어다!" 하고 신이 나 엄마께 무슨 뜻인지 질문도 드리고, 직접 예문도 만들어 보면서 그 단어를 제 것으로 만들려고 애썼습니다. 어떤 국어사전의 맨 뒤에는 틀리기 쉬운 철자, 헷갈리는 문법, 사람들이 자주 오용하는 어휘나 잘못된 띄어쓰기 등이 정리되어 있었는데 저는 그 부분을 읽는 것이 놀이였습니다. '와. 이건 정말 나도 몰랐던 거네! 많이들 헷갈리겠는걸?' 싶은 부분은 직접 정리해서 인쇄해 집 냉장고에 붙여 두고 보기도 하고, 혹은 학교 뒷문에도 붙여 놓고 다른 학우들에게도 보라고 권유하기까지 했습니다.

모국어 문법을 분석해 보기 좋아하고, 평소 잘 안 쓰는 단어가 어디선가 쓰이는 걸 들으면 뇌리에 확 박히고, TV를 볼 때에도 자막이 어떻게 나오는지 유심히 관찰하는 저는 요즘도 국어사전 없이는 하루도 살 수가 없습니다. 늘 띄어쓰기와 철자를 확인하고, 내가 쓰려는 단어보다 더 적절한 단어가 있을까 싶어 유의어를 검색해 보는 것이 습관입니다. 어떤 작가들은 책을 쓰면서 하나의 적절한 단어를 찾기 위해 몇 날 며칠을 고민하며 보내기도 한다고 합니다. 우리가 그렇게까지는 못 하더라도, 모국어에 관심을 갖고 모국어 문장 실력을 향상시키면 결국 목표할 수 있는 외국어 문장력도 높아질 것입니다.

QR코드 스캔하여 영상 시청하기!
뉴스에 실린 나의 철학: 훌륭한 OOO이 훌륭한 외국어를 만든다

Q6. 남편이 미국인이니까 영어를 잘할 수밖에 없는 거 아닌가요?

A. 남편이 미국인이라 영어를 배우는 데 있어 손해 보지는 않았지만, 그렇기 때문에 제가 영어를 잘할 수밖에 없게 된 것은 아닙니다. 다른 말로, 영어를 잘하려면 반드시 외국인 연인이나 배우자가 있어야 하는 것이 결코 아닙니다. 그렇다고 하기에는 미국인, 영국인, 캐나다인 등과 결혼해 수년에서 수십년을 해외에서 산 사람들도 저에게 대체 어떻게 하면 영어를 잘할 수 있냐며 남편과 소통이 완벽히 되지 않아 답답하다고 토로하거나 해외에서 사회생활을 하는 데에 문제를 겪는다는 분들이 너무나 많습니다.

저는 미국에서 1년간의 교환 학생이 끝나기 3주 전에야 크리스와 사귀기 시작했습니다. 그리고 그때 이미 서로가 세상에서 가장 말이 잘 통하는 사람이라 느낄 만큼 소통에 있어 자유로웠습니다. 그후 저희는 7개월간 국제 장거리 연애를 했습니다. 그리고 크리스가 저희 부모님을 만나 결혼 허락도 받고 한국 문화도 배우고자 한국에 와서 1년간 지냈는데, 그 1년간은 크리스가 자신에게 웬만하면 한국어만 써 달라고 부탁해서 저희는 거의 한국어로 소통했습니다. 그후 크리스가 미국으로 떠난 뒤에는 다시 6개월간의 국제 장거리 연애가 이어졌고, 이후 제가 6개월간 미국을 방문했을 때 프로포즈를 받았는데 프로포즈 후 저희는 결혼하기 전까지 1년 동안 각자의 나라에서 떨어져 지내야 했습니다. 심지어 결혼하고 나서도 제 일 때문에 6

개월에서 1년씩 떨어져 지내는데, 떨어져 지낼 땐 각자 바빠서 통화도 거의 하지 않습니다. 문자만 하루에 한 번 정도 짧게 주고받을까 말까 하기 때문에 크리스 덕에 영어가 늘었다고 하는 것엔 무리가 있습니다.

이것은 제가 크리스 없이도 영어를 잘하게 되었다고 과시하기 위해서 하는 말이 아닙니다. 바로 미국인 연인이 없어도 충분히 영어를 잘할 수 있다고 격려하기 위해서 하는 말입니다.

Q7. 외국인 친구를 잘 사귀는 팁이 있나요?

A. 외국인 친구를 잘 사귀는 팁은 없습니다. 오직 '친구를 잘 사귀는 팁'이 있을 뿐이죠. 사람과 사람이 가까워지는 방법은 세계 어디든 같습니다. 좋은 사람, 함께하고 싶은 사람, 또 만나고 싶은 사람이 되는 것, 그것이 바로 팁입니다.

(1) 상대에게 흥미 갖기 : 흥미로운 사람이 되려고 하기보다는 상대에게 흥미를 갖는 사람이 되어야 합니다. Be interested rather than interesting! 현재 마주하고 있는 사람이 세상에서 가장 중요한 사람이라 여기며 호기심을 갖고 그의 이야기를 집중해 들어 보세요. 그 사람 말고 자신에게 최선의 시간을 선사해 줄 다른 이는 없다고 믿고 그 시간만큼은 그에게 관심 갖다 보면, 언젠가 관심은 당신이 받고 있을 것입니다. 우리는 '관심 가는 사람'이 아니라 자신에게 '관심 주는 사람'을 좋아하기 때문입니다.

(2) 질문하기 : 상대에게 호기심과 관심이 있다는 또 다른 표현은 바로 '질문하는 것'입니다. 저만 해도 저는 저에게 아무런 질문도 하지 않는 사람은 제게 아무런 관심이 없다고 느낍니다. 관심이 있는 사람에게는 던지고 싶은 질문이 끊이지 않는 법이니까요. 예를 들어

고향의 날씨는 어떤지, 어쩌다 지금 공부하고 있는 전공을 택하게 됐는지, 어떤 사회 이슈에 관심이 있고 관심을 갖게 된 계기는 무엇인지, 유튜브에서 즐겨 보는 영상은 어떤 종류인지, 꿈은 뭔지, 여행하고 싶은 곳은 어디인지, 살면서 얻은 교훈 중 가장 소중한 교훈은 무엇인지 등 질문할 주제는 무궁무진합니다. 물론 상대와의 관계와 친밀도에 따라 질문의 유형은 달라집니다. 초면이라면 함께 있는 장소에 대한 의견이나 공통적으로 알고 있는 지인 혹은 연예인에 대한 대화를 나누는 것도 나쁘지 않습니다.

상대에게 무례하지 않으면서도 자연스럽게 친밀감을 형성할 수 있는 적절한 질문을 던지는 센스는 영어 실력이 아니라 대화를 이끄는 능력 및 인간관계 기술에서 나오는 것이기 때문에 이 책에서 다루기에 꼭 알맞은 영역은 아닐지 모릅니다. 하지만 제가 상대방과 대화할 때 늘 머릿속에 떠올리는 생각은 '이 사람은 무슨 이야기를 하고 싶어 하는가?'입니다. 우리 모두는 내면에 이야기를 가지고 살아갑니다. 고민이 됐든, 자랑이 됐든, 관심사가 됐든, 저마다 하고 싶은 이야기를 갖고 있지요. 그래서 저는 상대가 무엇에 대해 이야기하고 싶어 할지를 생각하고, 그가 하고 싶은 이야기를 하게끔 합니다. 아주 신이 나서, 혹은 열을 내며 이야기할 기회를 실컷 줍니다. 그리고 잘 들어주기만 하면, 신기하게도 상대방은 나를 좋은 사람으로 여깁니다. 그리고 진정 잘 듣다 보면 상대를 잘 이해할 수 있게 됩니다.

상대에게 본인의 관심사에 대해 이야기할 기회를 주는 질문은 이를테면 이런 식입니다. 근래에 인턴을 시작한 사람이 있다면 "인턴하는 곳에 있는 사람들은 어때?"라고 질문하거나 "막상 일해 보니 예상과 달랐던 건 없었어? 네가 하고 싶은 일인 것 같아?"라는 질문을 던질 수 있을 것이고, 여행을 다녀온 사람이 있다면 "너 베트남에 다녀온 사진 봤어! 완전 재미있어 보이던데, 여행하면서 예상치 못했던 일이 벌어진 건 없었어?"라고 질문하거나 "그곳을 처음부터 다시 여행한다면 뭘 다르게 하고 싶어?"라는 질문을 던질 수도 있을 것입니다.

이러한 질문들은 상대의 경험과 취향에 대해 이해하고 싶은 욕구로부터 나오는 질문이며, 답변하기 그리 어려운 질문이 아니면서도 남들이 모두 하는 흔해 빠진 질문이 아닙니다. 따라서 이러한 질문을 던졌을 때 대화가 흥미로워질 확률이 높고, 상대방의 인상에도 강하게 남을 수 있습니다.

그리고 단순하게 "예", "아니오"로 답하고 끝날 만한 질문보다는 위와 같이 '왜, 어떻게, 무엇을'에 대해 이야기할 만한 질문을 던지는 것이 좋습니다. 물론 상대에 대한 진심 어린 호기심과 관심이 있다면 좋은 질문들이 자연스럽게 튀어 나오겠지만, 아래와 같이 몇 가지의 질문 정도는 외워 두는 것도 나쁘지 않겠죠?

How long have you been in Korea?
한국에 오신 지는 얼마나 됐나요?

What was interesting to you here?
여기서 흥미로운 건 뭐였어요?

What do you do for fun?
What do you like to do when you have free time?
시간 나면 뭐 하세요?

How do you relieve stress?

How do you deal with stress?

스트레스는 어떻게 푸세요?

What is your hometown like? What is it known for?

Tell me about where you are from. What is it famous for?

당신의 고향은 어떤 곳인가요? 거긴 뭐가 유명해요?

Do you have a role model? What do you want to learn from
that person?

Is there someone you look up to? Please share with me
what you hope to learn from that person.

롤모델이 있으세요? 그분에게 어떤 점을 배우고 싶으신가요?

What did you want to become when you were younger?

What was your dream in the past?

어렸을 땐 뭐가 되고 싶었나요?

Do you like dogs or cats? Why?

Are you a dog person or a cat person? Why so?

강아지를 좋아하시나요, 고양이를 좋아하시나요? (강아지나 고양이를) 왜 좋
아하시나요?

Tell me the most important lesson you've learned in your life.

What was the best lesson in your life?

살면서 배운 교훈 중 가장 큰 교훈을 말씀해 주세요.

Do you have a movie recommendation? What is it about?
Which movie should I watch? Tell me a summary!
추천하고 싶은 영화가 있나요? 그 영화는 어떤 내용인가요?

Where do you want to travel? Why?
Is there somewhere you would like to visit? What are the reasons?
여행하고 싶은 곳이 있나요? 왜 그곳에 가고 싶으신가요?

질문해 보세요. 처음 보는 사람에게도, 이미 충분히 잘 안다고 여기는 사람에게도 궁금증을 가져 보세요.
'이 사람은 어떤 사람일까?'
'이 사람의 관심사는 뭘까?'
'이 사람에게서는 뭘 배울 수 있을까?'
'이 사람의 꿈은 무엇일까?'
'이 사람이 사는 인생은 어떨까?'
'이 사람에게 내가 모르는 다른 면이 있진 않을까?'
이처럼 상대에게 호기심을 갖게 되면 이야깃거리는 생각보다 풍성해집니다. 그리고 누가 아나요? 이런 질문과 답변을 주고받다가 영혼의 친구를 만나게 될지! 실제로 제게 첫 만남에서부터 가족과의 관계를 덜컥 물어 왔던 친구가 있었는데, 질문을 듣자마자 저는 약간 당황했지만 생각해 보니 저에 대한 관심이 많아서 이런 질문을 던진 것이라 여겨져 감사한 마음으로 답변하게 되었고, 대화를 주고받다 깊은 이야기까지 나누게 되어 빠른 시간에 자매처럼 친해진 미국인 친구도 있었습니다.

(3) 좋아하기 : 상대를 좋아하세요. 호감을 표현하고, 칭찬하고, 격려하고, 긍정적인 시선으로 바라보며 다가가는 것 외에 딱히 친구를 사귀는 묘책이 있는 건 아닙니다. 그런데 상대를 무작정 좋아하는 것이 너무 부담스럽거나 추상적이라고 느껴진다면, 상대의 SNS 게시물을 좋아하는 것으로 시작해 보는 건 어떨까요? 요즘 같은 시대엔 한국에서 말하는 SNS, 즉 '소셜 미디어(Social Media)'가 워낙 발달해 전 세계 많은 사람들이 이를 매일같이 활발하게 이용하고 있기 때문에 사람들이 올린 SNS 게시물에 '좋아요' 버튼을 눌러 마음을 표시하는 것만으로도 상대와의 친밀도를 높일 수 있습니다.

제가 이를 추천하는 이유는 친해지고 싶은 상대를 팔로우하거나 SNS에서 친구가 되는 것은 연락처를 주고받는 것보다 덜 부담스럽게 다가오는 때가 많기 때문입니다. 예를 들어 공항에서 우연히 말을 튼 상대와 이야기를 더 나누고 싶다고 해서 "연락처 좀 주세요"라고 하며 덜컥 개인 정보를 요구한다면 상대가 당황할 수 있고, 혹은 파티에서 만난 친구의 친구와 친해지고 싶어 그 친구의 전화번호를 물어봐서 받아 낸다 해도 막상 자주 연락하기는 쑥스러울 수 있습니다. 특별한 용건도 없이 전화하기 애매하니까요. 따라서 제가 전화번호를 달라고 하는 대신 물어본 것들은 아래와 같습니다.

Do you have Facebook?
페이스북 계정 있으세요?

Can I add you on Facebook?
페이스북에서 당신을 친구로 추가해도 되나요?

Let me follow you on Instagram. What's your account?
인스타그램에서 당신을 팔로우할게요. 아이디가 뭔가요?

How can I find you on Instagram?
인스타그램에서 당신을 어떻게 찾을 수 있나요?

사실 상대의 전화번호를 안다 해도 SNS를 하지 않으면 그 사람의 소식을 알기 어렵습니다. 반대로 전화번호는 모르더라도 SNS에서 친구가 되면 상대가 어느 나라로 여행을 다녀왔는지, 저녁엔 뭘 먹었는지, 요즘 감정은 어떤지 등까지도 엿보기 쉽습니다. 이때 상대의 게시물에 '좋아요' 버튼을 누르는 걸 주저하지 마세요. 그건 부담 없이 상대방과 소통할 수 있는 손쉬운 방법입니다. 그리고 이렇게 하면 상대에게 자연스럽게 자신의 이름을 한 번 더 생각나게 할 수 있고, 무언의 메시지로 응원의 마음도 전할 수 있습니다. 그리고 한 발 더 나아가 가끔씩 댓글도 달고 가볍게 연락을 주고받다 보면, 막상 따로 연락하더라도 덜 어색할 것입니다. 하지만 이 같은 SNS마저 부담스럽거나 부적절하다고 여겨진다면, 아래와 같은 질문을 던져 보는 건 어떨까요?

Can I have your email?
이메일 주소 좀 받을 수 있을까요?

Are you on Linkedin?
링크드인 하시나요? (링크드인: 전 세계 4억 명 이상의 사람들이 사용하고 있는 글로벌 비즈니스 네트워크 사이트)

(4) 선물하기 : 친구를 잘 사귈 수 있는 또 다른 팁은 바로 상대에게 선물하는 것입니다. 저보다 먼저 미국에 교환 학생을 다녀온 선배 언니가 이렇게 말해 준 적이 있습니다.

"외국인들 이름을 한국어로 써 주니까 엄청 신기해 하더라! 그리고 한국에서 가져간 선물을 주니까 굉장히 좋아하는 거 있지. 그러니까 너도 몇 가지 사 가면 좋을 것 같아!"

이 말을 듣고 저는 미국에 가기 전 인사동에 들러 한국적인 무늬가 들어간 필통, 책갈피, 엽서 등을 샀습니다. 선물 주인이 누가 될지는 몰라도 '언젠가 친해질 친구가 어떤 걸 좋아하려나' 하는 마음으로 고민하며 고르는 기분이 묘하게 설렜습니다.

그러고 나서 교환 학생을 하러 미국에 갔는데, 당시 수업에 들어갈 때마다 늘 저를 스타일리쉬하다고 칭찬해 준 여학생이 있었습니다. 그 친구 이름이 케이틀린(Katelyn)인데, 케이틀린이 하루는 제게 "I love your earrings!(네 귀걸이 진짜 예쁘다!)"라고 하며 말을 건네더군요. 그때 저는 '기회다!' 싶은 마음에 다음 수업에 똑같은 귀걸이를 선물했습니다. 마침 한 짝이 더 있었거든요. 케이틀린은 너무나 감동했고, 저희는 서로 페이스북 친구가 되었습니다. 그리고 케이틀린이 제가 페이스북에 올려 놓은 사진을 보더니 저처럼 사진을 찍고 싶다고 하기에 저는 바로 케이틀린과 약속을 잡아 공원으로 사진을 찍으러 갔습니다. 이후 케이틀린과 저는 자주 만나 점심도 먹고 영화도 함께 보며 어울리게 되었고, 한 학기가 지나 가을이 될 무렵에 공원에서 사진을 다시 찍자고 약속했습니다. 실제 한 학기가 지나 가을이 됐을 때 제 친구 리즈(Liz)도 데리고 갔습니다. 제 작은 선물이 이런 인연을 가져다 주었듯이, 여러분도 친해지고 싶은 상대에게 작지만 의미 있는 선물을 건네 보세요.

케이틀린(Katelyn)과 함께 공원에서

한 학기가 지나 가을이 됐을 무렵
케이틀린(Katelyn), 리즈(Liz)와 함께

(5) 안부 묻기 : 리즈(Liz)는 교환 학생 중 봄 방학에 일주일간 다녀온 멕시코 선교 여행에서 만난 친구였습니다. 그때 리즈는 제가 교환 학생으로 가 있던 엠포리아주립대학교 근처 전문대에 다닐 계획이라고 말했습니다. 저는 선교를 마친 후 한참 뒤 문득 그게 생각나 리즈의 페이스북에 글을 남겼었습니다. "리즈, 학교는 어떻게 됐어?"

리즈는 답글을 달았습니다. 기쁘게도 학교에 합격해서 제가 사는 도시로 이사 올 생각이고, 룸메이트를 구한다고요. 웬걸! 저 역시 첫 학기에 룸메이트로 같이 살던 한국인 교환 학생 언니가 한국으로 돌아가 두 번째 학기에 함께 살 룸메이트를 구하고 있던 참이라 리즈에게 잘됐다며 같이 집을 둘러보자고 했죠. 저희는 "안부를 안 물어봤으면 어쩔 뻔했냐"며 첫 번째로 둘러본 집을 바로 계약해 룸메이트가 되었습니다.

이렇듯 우연히 묻는 안부, 순수한 관심이 사람과 사람을 이어 주곤 합니다. 그래서 저는 누군가가 생각나면 '지금이 기회다!' 싶어 이유 없이 안부 문자를 보내거나 전화하길 좋아합니다. 그때가 아니고서는 따로 시간을 내 챙겨 주기도 어려울뿐더러, 평소 아무런 대화가 오가지 않는 사람과는 관계가 멀어지게 되어 막상 함께 식사할 기회가 생겨도 깊은 이야기를 나누기 힘들기 때문이죠. 저는 제게 용건 없이 안부를 물어 주는 사람이 참 고맙습니다. 그래서 저도 주변 사람들에게 그렇게 하려고 합니다. 그러다 보면, 뭔가 급히 필요할 때 연락해도 '필요할 때만 연락하는 얄미운 사람'이 되지 않을 수 있다는 건 덤이죠.

QR코드 스캔하여 영상 시청하기!
인간관계 잘하는 법, 편견 없애는 법, 센스 있는 칭찬법,
SNS 소통법, 친구 사귀는 법

(6) 약속하기 : 안부를 주고받으면서 자주 하는 말 중 하나가 바로 "밥 한번 먹자!"입니다. 그런데 여러분, "밥 한번 먹자!"라고 해 놓고

실제 밥 한끼 같이하지 못한 사람이 살면서 몇 명이나 되나요? 아마도 꽤 많을 겁니다. 물론 한국에서 "밥 한번 먹자"라는 말이 '친해지자, 또 보자' 정도의 인사말로 여겨지긴 하지만, 저는 같이 밥 먹지 않을 사람에게 "밥 한번 먹자"라는 빈말을 건네는 게 그토록 민망할 수 없습니다.

저는 진심으로 밥 한번 먹고 싶은 사람에게는 "밥 한번 먹자"라고 말하지 않습니다. "밥 언제 먹을까"라고 말합니다. 제가 그러기 시작한 건 미국에 교환 학생을 가고 얼마 안 됐을 때였습니다. 이런저런 자리에서 미국인 친구들과 말을 섞다 "밥 한번 먹자"라는 말의 영어식 표현인 "Let's hang out sometime.(언제 한번 놀자.)"라는 말을 자주 주고받게 됐는데, 하루는 크리스티나(Kristina)라는 친구가 제게 "그런데 아란아, 대체 우리는 언제 놀 거야? 왜 날짜를 안 잡아!"라며 살짝 다그치듯 말하는 겁니다. 저는 깜짝 놀랐지만 은근히 기분 좋았습니다. 그리고 바로 날짜를 잡았지요.

크리스티나(Kristina)와 함께 피자를 만들던 날

날짜를 잡아서 만난 그날, 크리스티나와 저는 피자를 만들었습니다. 미국이란 나라에 가서 난생 처음 제 손으로 피자도 만들어 보고 사진도 실컷 찍고, 정말 재미있었습니다. 그리고 도란도란 이야기를 나누다 보니 꽤 통하는 게 많은 친구라는 것도 알게 되었습니다. 그날을 계기로 저희는 절친해졌는데, 아마도 크리스티나가 제게 도대체 언제 놀 거냐고 묻지 않았더라면 저희는 평생 친구가 되지 못했을지도 모릅니다. 그러고 싶지 않아서가 아니라, 그냥 그럴 기회가 없었다는 핑계로 말입니다. 저는 그때서야 진짜로 '밥 한번 먹을' 약속을 잡는 것이 얼마나 간단하고도 위대한 일인지 체감했습니다.

누군가 밥 먹자고 하면, "언제가 좋아?"라고 물어보세요. 바로 약속을 잡는 습관은 우리의 인간관계를 통째로 바꿀 수도 있습니다. 구체적으로 "평일이 좋아, 주말이 좋아?" 혹은 "나는 다음 주는 수요일이랑 토요일이 괜찮고, 그 다음 주는 금요일도 괜찮은데, 넌 어때?"라고 하며 두어 개의 선택지를 주는 것도 좋습니다. 제가 제안하는 또 한 가지 방법은 도움을 청하거나 도움을 주는 것입니다. 예를 들어 "나 빵은 처음 구워 보는데, 도와줄 수 있어?", "나 수영 좀 가르쳐 줘!", "내일 발표가 있는데 네가 한번 미리 들어 봐 줄래?", "너 이사하는 날 내가 짐 싸는 거 도와줄까?", "한국어 배우고 싶으면 내가 알려 줄게", "내 머리 스타일이 마음에 들면 내가 이 머리 너한테도 해 줄게! 토요일이랑 일요일 중 언제가 편해?"와 같이 말이죠. 사람이라면 도움 받는 것은 당연히 좋아하고, 도움 줄 수 있는 존재가 되는 것도 은근히 즐겁니다. 이렇게 해서 한 번의 만남이 성사되면, 두 번째, 세 번째 만남은 비교적 자연스럽게 이어질 수 있습니다.

(7) 초대하고 초대에 응하기 : '내가... 거기 껴도 돼?' 미국인들 사이에서 종종 이런 생각이 들지도 모릅니다. 전혀 상관없는 모임에

초대받는 경우가 있기 때문입니다. 예를 들어 제가 참석했던 한 크리스마스 선물 교환 파티에는 마침 자신의 어머니께서 멀리서 오셨다며 자신의 어머니를 모시고 온 친구도 있었고, 제 경우엔 제가 간 친구의 친구 생일 파티에 저를 보러 놀러 온 친구 부부를 오게끔 하기도 했습니다. 제 남편 크리스는 과학 동아리 OT든, 연구원들끼리 등산하는 모임이든, 어릴 적 친구들과 가는 캠핑이든, 교수님과의 식사 자리든, 꼭 저를 초대합니다.

그럴 때마다 '아니, 내가 왜?' 싶었습니다. '내가 거기 가서 뭐 해?', '여자친구가 졸졸 따라가는 게 꼴불견은 아닐까?'라는 생각에 "도대체 그 자리에 내가 왜 가냐니까? 이상하지 않아?"라고 하면 크리스는 그럴 때마다 "전혀 이상할 것 없어"라고 했습니다. 그래서 반신반의하며 가끔 동행하면, 그 자리엔 이미 자신의 여자친구나 남자친구를 데려온 사람들이 더러 있었습니다. 신기한 노릇이었습니다. 식당에서 사람들이 더치페이로 계산할 수 있게끔 계산서를 나눠서 제공하니 추가 인원을 데려와도 모임 주최자에게 부담이 없어서 그런 것일까요?

물론 때와 장소, 모임의 성격에 따라 다를 수 있고 모임에 참여하는 사람들의 의사를 분명 고려해야 하지만, 대개의 경우 다소 엉뚱한(?) 자리에 엉뚱한(?) 사람도 초대하고 반기는 문화가 한국보다 훨씬 더 짙게 있는 것은 분명합니다. 오죽하면 한 미국인이 한국에 처음 왔을 때 인간관계에 있어 상처를 많이 받았다고 했는데, 그 이유는 주말에 "뭐 하냐"고 물으면 친한 상대가 약속이 있다고만 할 뿐 그 약속에 자신을 초대하지 않아서라고 했습니다. 한국 사람들은 다른 이와 약속이 있으면 그 약속에 다른 사람을 초대하지 않는 것이 당연한데, 미국인은 그 약속에 자신을 데리고 갈 시늉이라도 하며 초대하는 게 예의라고 생각하는 경향이 있다는 것이었습니다.

미국에서 친구를 사귀려는 사람에게 이러한 문화는 정말 '땡큐'겠죠? 초대받으면 응하세요. 그리고 마구 초대하세요!

QR코드 스캔하여 영상 시청하기!
외국에서 친구 만드는 노하우 대공개!

(8) 칭찬하기 : 초대받은 자리에서 대화를 시작할 때, '칭찬'으로 대화를 시작해 보는 것은 어떨까요? 칭찬할 거리가 있으면 주저 말고 칭찬하세요. 칭찬할 거리가 있는데 칭찬하지 않는 건 줄 선물이 있는데 주지 않는 것과 같습니다. 이때 상대가 많이 안 들어 봤을 법한 칭찬이나 노력한 데에 대한 칭찬, 또는 정말 관심을 가져야만 알아챌 수 있는 부분에 대한 칭찬을 건네면 호감도는 더 상승합니다. 그럼 호감을 사는 칭찬의 예시 몇 가지를 살펴볼까요?

Wow. I love how and where you placed all the furniture!
Have you learned interior design?
와. 가구 배치하신 방식이나 위치가 아주 마음에 들어요!
인테리어 디자인 배우셨어요?

Your hair looks different today. It looks great!
How did you do it?
오늘 머리 스타일이 색다르네. 잘 어울려!
어떻게 한 거야?

Hey! I saw your recent photos on Instagram.
Your photography skills are out of this world!
인스타그램에서 네 최근 사진 봤어.
네 사진 실력은 차원이 달라!

I love your outfit! You have such great taste.
You should help me when I go shopping!
네 옷 정말 맘에 들어. 넌 안목이 참 훌륭해.
나 쇼핑하러 갈 때 좀 도와줘!

Q8. 원어민이 제 말을 못 알아듣고 답답해하면 어쩌죠?

A. 답답하게나마 외국어를 구사한다는 게 얼마나 대단한 일인지, 외국어를 배워 본 사람이라면 알 것입니다. 서툰 외국어를 무시하고 그로 인한 답답함을 노골적으로 표하는 사람은 아마도 외국어를 배워 본 경험이 전혀 없는 사람일 겁니다. 거기에 예의까지 없다면 그런 사람과는 굳이 같이 대화할 가치가 없습니다.

그렇다고 해서 듣는 사람 입장에서 느릿느릿한 영어가 전혀 답답하지 않을 것이란 것은 아닙니다. 같은 한국말을 해도 말이 안 통하면 답답한데, 무슨 말을 하는 건지 잘 모르겠는 외국어를 듣는 건 얼마나 답답할까요. 다만 답답함을 속으로 느끼는 것과 무례하게 겉으로 표현하는 것은 전혀 다른 문제입니다. 상대가 무례를 범하는 데에 대한 죄책감을 본인이 가지지 마세요.

다만 내 자신이 답답한 영어를 구사할지라도 원어민과 계속 대화하고 싶다면, 답답함을 이길 만큼의 가치를 주려고 해 보는 건 어떨까요? 이를테면 느리고 답답한 대화라도 이어 나가고 싶을 만큼 흥미로운 정보나 통찰력 있는 생각을 공유하거나, 유머 감각이 있거나 하는 것처럼 말이죠. 아니면 댓가로 한국어를 가르쳐 준다든지 하는 식으로 답답함 뒤에 보상이 따르게끔 하는 것도 방법입니다.

금전적인 보수를 주는 것도 아주 효율적인 보상 방법인데, 바로 이런 경우를 위해 있는 것이 선생님입니다. 원어민 선생님은 어설프게 천천히 말하는 외국인의 영어를 끈기 있게 들어 주고, 고쳐 주고, 대화를 이어 가 주는 게 직업인 사람입니다.

그들에게 이 일은 익숙하고 당연하며, 또한 돈 주고 하는 수업이니 미안해하실 필요는 더더욱 없습니다. 요즘 사람들은 수준 높은 무료 콘텐츠에 익숙해져 있어 금전을 투자해 수업을 받기보다는 어디선가 뚝 떨어지는 무료 꿀팁이 있으리라 기대하는 경향이 있지만, 돈을 들이는 것도 노력입니다. 원하는 것이 있다면 투자하세요.

Q9. 내성적인 사람을 위한 팁도 있을까요?

A. 네. 있습니다. 제가 추천하는 방법은 바로 영어로 된 유튜브 영상 하나를 완전 베껴 말하는 것입니다. 미드나 영화는 주로 두 사람 이상의 대화와 연기로 이루어져 있어 이를 베껴 말하려면 1인다역을 소화해야 하지만, 대부분의 유튜브 영상은 한 사람이 카메라를 보고 쭉 말하는 편이기 때문에 똑같이 따라 하기가 훨씬 수월합니다. 그리고 여러 영상을 대강 보며 이해하고 따라 하는 것보다는 단 하나의 영상이라도 제대로 흡수하고 똑같이 따라 하며 빙의한 듯 연기하는 것이 훨씬 더 낫습니다.

자, 그럼 유튜브 영상을 베껴 말할 땐 어떻게 하는 것이 좋은지, 처음부터 끝까지 순서대로 차근차근 말씀해 드리겠습니다. 이것은 실제로 제가 Aran TV 스태프의 영어 훈련을 도와주는 방법입니다.

1) 내용을 80%~100% 정도 이해할 수 있는 영상 하나를 고르세

요. 1분짜리 영상도 좋습니다. 이때 영어 자막(CC)이 설정되어 있는 영상을 고르면 자막까지 참고할 수 있어 도움이 됩니다.

2) 처음에는 세 번에서 다섯 번쯤 보고 듣기만 하세요. 내용의 흐름을 충분히 이해하는 데에 집중하세요. 그리고 내용을 이해했으면, 화자의 표정과 말투, 호흡을 관찰해 보세요.

3) 받아써 보세요. 들리는 만큼 최대한 받아쓰기를 하세요. 단어를 모르면 들리는 소리라도 받아 적으세요. 그리고 영어 자막(CC)과 비교해 보고 못 들은 부분은 왜 못 들었는지 분석해 보세요. 오답 노트 기억하시죠?

4) 쉐도잉하세요. 들리자마자 바로 따라 말하세요. 유튜버의 표정, 제스처, 성량, 높낮이, 호흡까지도 똑같이! 딱 1분이라도 좋으니 자다 일어나서도 유튜버와 똑같이 말할 수 있을 정도로 반복, 또 반복하여 쉐도잉하고 베끼세요.

5) 영상을 끄고 유튜버로 빙의해 보세요. 누가 보면 유튜브에 나온 그 사람인 줄 알 정도로요. 그렇게 내 것으로 만드는 1분은 그냥 저냥 해외에 있는 1년보다 훨씬 더 효과적인 배움을 가져다 줄 것입니다. 마치 피아노로 한 곡을 계속 치며 연습하면 생각하지 않고도 손이 먼저 건반을 누르게 되는 것처럼, 영어로 한 영상을 계속 따라 말하며 연습하다 보면 더 이상 생각하지 않고도 영어가 입에서 술술 나오게 되고, 그렇게 영어가 입에서 술술 나갈 때쯤 실력은 한 단계 성장해 있을 것입니다. 왜냐하면 그 문장에서 단어만 바꿔 새로운 문장도 만들 수 있게 되니까요.

6) 스스로에게 더 깐깐한 기준을 적용하고 싶다면, 녹화해 보세요. 보다 객관적으로 자신의 영어를 보고 듣게 됩니다. 이렇게 하면 자신의 발음과 표정도 확인할 수 있지만 자신의 입 모양과 유튜버의 입

모양이 어떻게 다른지 등도 비교할 수 있습니다. 녹화가 어렵다면 녹음이라도 해 보세요. 자신의 녹음본과 유튜버의 영상을 동시에 틀어서 듣고 말하는 리듬이 얼마나 일치하는지도 확인해 보세요. 이렇게 스스로에게 피드백을 해야 합니다.

그리고 이렇게 유튜버를 베껴 말하다 자신만의 고유한 말투와 분위기를 잃지는 않을지 걱정하지 마세요. 원어민의 말투를 쏙 베껴 내 것으로 만들어 유창해지면 자유자재로 자신의 말투를 덧입혀 말할 수 있게 됩니다. 일단 완벽한 본을 뜬 다음, 그 다음에 자신만의 색깔을 마음대로 입히는 겁니다. 아셨죠?

Q10. 저, 늦지 않았을까요?

A. 네. 당신이 누구든, 몇 살이든, 어디에 살든, 애가 있든 없든, 돈이 있든 없든, 늦지 않았습니다. 단언컨대 늦지 않았습니다.

늦었다는 것은 정해진 시간이 있다는 것인데, 배움에 있어 정해진 시간은 없습니다. 그럼에도 불구하고 우리가 때때로 늦었다고 착각하는 이유는 우리 자신을 타인과 비교하기 때문입니다. '쟤보다 늦게 시작했으니까, 얘보다 못하니까'와 같이 우리 자신을 타인과 비교하는 것은 우리를 좌절하게 할 뿐입니다. 설령 '난 적어도 쟤보단 나으니까'라고 비교한대도 그건 우리를 안주하게 만들어 더 위험할지도 모릅니다. 타인의 도착 지점을 우리의 시작 지점과 비교하는 것, 그리고 타인의 출발 지점을 우리의 도착 지점과 비교하는 것은 무익합니다.

우리가 비교해야 할 대상은 오직 우리 자신뿐입니다. 끊임없이 비교하세요. 과거의 나와 현재의 나를 비교하고, 현재의 나와 최상의 나를 비교하세요.

'현재의 나는 어제보다 성장했는가?'

'현재의 내가 최상의 내가 되려면 무엇이 바뀌어야 하는가?'

이 질문은 저를 미치도록 설레게 합니다. 저는 최상의 저의 팬입니다. 여러분도 자기 자신의 최상의 팬이 되세요. 그리고 그 팬에게 얼른 스타가 되어 주세요. 결코 늦지 않았습니다.

QR코드 스캔하여 영상 시청하기!
자꾸 비교하게 될 때 | 끝없는 성장의 비결

기억하세요. 우리는 꽃과 같은 존재입니다. 꽃이 피는 시기는 다 다릅니다. 민들레는 4월에 피고, 무궁화는 7월쯤 피고, 해바라기는 9월부터 핍니다. 그렇지만 우리는 어떤 꽃이 너무 이르게 핀다고, 혹은 너무 늦게 핀다고 평가하지 않습니다. 그 이유는 바로 꽃들은 경쟁하지 않기 때문입니다.

우리의 배움의 목적이 경쟁이 아니라 성장일 때, 우리는 뒤쳐지지 않습니다. 오직 앞으로 나아갑니다. 여러분의 배움의 목적이 경쟁이 아닌 성장이 되기를, 그래서 여러분 삶에 아름답고 찬란한 꽃을 피워 내기를 바랍니다.

> *"The best time to plant a tree was 20 years ago.*
> *The second best time is now."*
>
> **"나무를 심기 가장 좋은 때는 20년 전이었고,**
> **두 번째로 가장 좋은 때는 바로 지금이다."**

- Chinese proverb -

Dear _____,

You are capable. You are strong. You are glorious.
You have great potential.
The thing is whether you want to reach your potential.
The difference between the successful and the unsuccessful
lies in their desire to reach their potential.
Please want to reach your potential and reach it.
This world needs you to do so.
There are things only you can do.
Nobody can replace you. Only you can be you, and that's your power.
Be the best version of yourself and empower others to do the same.
Learning English will help.
Please remember what I shared in this book and let it inspire
you to get out of your comfort zone and grow in the way
you never knew you could.
Whenever you doubt your potential, come back to this book
and let me tell you I doubt your limits, not your potential.
Please continue to learn, grow, and have fun with me!

Blessings, ♡
Aran.

_____ 에게.

당신은 무엇이든 할 수 있어요. 당신은 강해요. 당신은 아름답고 찬란해요.
당신에겐 뛰어난 잠재력이 있답니다.
중요한건 당신이 잠재력을 펼치고 싶어 하는가죠.
성공하는 사람들과 그렇지 않은 사람들의 차이는
자신의 잠재력을 얼마나 펼치고 싶어 하는가에 있어요.
부디 당신의 잠재력을 펼치고 싶어 해주세요. 그리고 한껏 펼쳐주세요.
이 세상엔 당신이 필요합니다. 오직 당신만이 해낼수 있는 일이 있으니까요.
아무도 당신을 대체할 수 없어요.
당신이 될 수 있는 사람은 당신 한 사람 뿐이에요. 그게 당신의 힘이죠.
당신이 될 수 있는 최상의 당신이 되어
다른 이들 또한 최상의 그들이 되도록 용기를 북돋아주세요.
영어는 그 과정을 도울 게예요.
이 책에서 제가 공유 한 것들이 당신으로 하여금 안전지대 (comfort zone)에서 나와
이전에는 상상하지 못 했던 방식으로 성장하게 하도록 허락해주세요.
그리고 당신의 잠재력이 의심될 때마다 이 책을 펼치세요.
그때마다 저는 당신의 잠재력이 아닌 당신의 한계를 의심한다고 말해주겠어요.
당신이여, 계속해서 저와 함께 배우고 즐기고 성장해주세요.

축복을 담아,
김아란 두 손 모아 드림.